普通高等教育交通类专业系列教材

道路交通安全与事故预防

刘志强 赵艳萍 倪 捷 编著

机械工业出版社

本书吸收了国内外交通安全研究以及事故预防方面的最新研究成果和交通安全领域的实践经验，系统地介绍了人、车、路、道路交通环境与交通安全的关系，交通事故的发生机理，交通安全系统的分析和评价，交通事件检测的原理方法、检测技术以及交通事故预防技术。

　　本书可作为交通工程、交通运输、交通管理、安全工程等本科专业的教材和交通运输工程学科、安全工程学科的研究生教材，也可供交通管理、交通设计、公安、城市规划建设部门的技术人员参考使用。

图书在版编目（CIP）数据

道路交通安全与事故预防/刘志强，赵艳萍，倪捷编著. —北京：机械工业出版社，2022.7
普通高等教育交通类专业系列教材
ISBN 978-7-111-71229-9

Ⅰ.①道… Ⅱ.①刘…②赵…③倪… Ⅲ.①公路运输－交通运输安全－高等学校－教材②公路运输－交通运输事故－事故预防－高等学校－教材
Ⅳ.①U492.8②U491.31

中国版本图书馆 CIP 数据核字（2022）第 125617 号

机械工业出版社（北京市百万庄大街 22 号　邮政编码 100037）
策划编辑：何士娟　　　　　责任编辑：何士娟　王　婕
责任校对：陈　越　刘雅娜　责任印制：常天培
天津嘉恒印务有限公司印刷
2022 年 9 月第 1 版第 1 次印刷
184mm×260mm · 17 印张 · 1 插页 · 415 千字
标准书号：ISBN 978-7-111-71229-9
定价：79.90 元

电话服务　　　　　　　　　　网络服务
客服电话：010-88361066　　机 工 官 网：www.cmpbook.com
　　　　　010-88379833　　机 工 官 博：weibo.com/cmp1952
　　　　　010-68326294　　金 书 网：www.golden-book.com
　　机工教育服务网：www.cmpedu.com

前　　言

"节能、环保、安全"是国家的重大战略需求，安全是最大的节能，节能是最大的环保。多年来，自然灾害类（如地震与洪灾等）、事故灾难类（如安全事故等）、社会安全类（如社会冲突等）、公共卫生类（如非典、新冠肺炎疫情等）事故频发，引起人们对安全的普遍担忧。

世界上第一例有记录的道路交通事故发生在 1896 年，当时法官在报告中称此事"绝不可能再发生"。然而，一个多世纪后的今天，全世界每年约有 120 万人在交通事故中丧生，数百万人受伤或致残。

世界卫生组织于 2004 年 4 月 7 日主办的世界卫生日首次以"道路交通安全"为主题，提出"Road safety is no accident"，在随后发表的公报中宣称，全球交通事故每年造成的经济损失高达 5180 亿美元，其中发展中国家占 1000 亿美元，与他们每年获得发展援助总额相当。公报呼吁限制行车速度，严禁酒后驾车，佩戴头盔、系安全带以及安装儿童安全设备，加强紧急救护体系，推动设计更为安全的车辆和制定交通安全的标准。

我国当前的交通安全问题依然十分严重。2020 年，全年共纠正交通违法 760221159 人次，处罚 755663437 人次；全国共接报道路交通事故 1297.4 万起，造成 61703 人死亡、250723 人受伤，直接财产损失 13.1 亿元。交通事故给人民的生命财产造成巨大损失，因此研究交通事故的发生、发展、分布规律以及特征并进行有效的防治是十分必要的。

交通安全涉及人、车、路以及与环境的融合，是一个三位一体的耗散系统，只有充分地了解系统内的各个组分的特性，才能构建完整的道路交通安全系统；交通安全及预防工程是一个"3E"工程，只有通过实施教育、立法和安全工程，才能建设安全的交通体系。

本书根据国内外的研究成果和交通安全的实践，详细地介绍了道路交通安全系统中人、车、路和交通环境在交通系统中的特性以及对交通安全的影响，阐述了交通事故的发生机理，开展了交通安全系统的分析和评价，分析了交通事件检测的原理方法、检测技术和事故预防技术。根据国内目前交通事故发生的特点和规律，本书重点展开了针对当前我国交通安全形势热点问题的分析和探讨，希望借此能够对交通安全研究、管理和教育工作的开展有所裨益，并有助于我国交通安全水平的改善。

由于各学校交通专业和交通运输工程学科的课程设置及溯源存在不一致和不确定的情况，在确定授课内容时可以进行适当调整，也可以通过授课方式的改革实现教学目的。

在本书的撰写过程中，得到了许多专家老师、同仁的关心和帮助。龚标、张建华、秦洪懋、邱惠敏、王运霞等同志做了大量的资料收集和相关研究工作，公安部交管局、公安部交通管理科学研究所、江苏省交通厅科技处、江苏省公路学会提供了大量的支持和帮助，在此一并表示感谢。

　　本书撰写过程中参考了国内外大量的文献资料，限于篇幅不一一列出，在此对相关参考文献的作者、编译者表示衷心的感谢！

　　为方便大家使用，与本书配套的相关教学资源包括电子教案、网络课件、习题、拓展性学习资料、相关视频材料等已放在：http：//kc. ujs. edu. cn/site45/。同时，本课程在泛雅网络教学平台（http：//ujs. chaoxing. com/portal）建有完整的课程教学体系，可以通过邀请码或微信扫描二维码进入课程学习和交流。此外，为了更好地完善本书，我们希望能够收集到您对本书及课程改进的意见和建议，感谢您的赐教！

　　由于编者水平有限，书中难免有错漏之处，敬请广大读者批评指正。

邀请码 **94168289**
APP首页右上角输入

编　者

2021 年 12 月 02 日

目 录

第 1 章 Chapter 1

绪论

　　1885 年，德国人卡尔·本茨研制成功世界上第一辆汽车，自此汽车给人们带来了数不尽的生活便利、经济效益和社会繁荣。然而，它又引发出接连不断的人为灾祸，使人类蒙受了难以计数的损失。

　　在汽车发明之前，道路交通伤害只涉及马车、人力车、动物和人。自从小客车、大客车、货车和其他机动车开始普遍使用以后，道路交通伤害则不断增加。纽约市记录的第一起与机动车相关的伤害发生在 1896 年 5 月 30 日，伤者是一位骑自行车者；同年 8 月 17 日，伦敦记录了首例行人与机动车碰撞死亡事件。

　　美国学者乔治·威伦研究了美国和其他一些国家的交通事故、消防与犯罪问题，在他的著作《交通法院》中写道："人们应该承认，交通管理已成为今天国家的最大问题之一；它比火灾问题严重，因为每年交通事故所造成的死伤及财产损失比火灾更大；它比犯罪问题也严重，因为它与整个人类有关。不管是强者还是弱者，富人还是穷人，聪明人还是愚蠢人，男人、女人、儿童或婴儿，只要他（她）在公路或街道上，每一分钟都有死于交通事故的可能。"

1.1　全球道路交通安全状况

1.1.1　全球交通安全现状

　　近年来，全球道路交通死亡人数仍然持续攀升，2016 年造成约 135 万人死亡。然而，在过去 15 年中，尽管绝对数字有所增加，相对于世界人口规模而言，死亡率已经稳定下来，每 10 万人口约有 18 人死亡；相对于机动车辆数量而言，死亡率有所下降（图 1.1、图 1.2）。尽管这意味着全球道路交通安全问题并没有恶化，但是还远远没有达到联合国可持续发展目标。

　　从全球各年龄段人口的死因分布来看（表 1.1），道路交通伤害是所有年龄组的第 8 大死因，它也是 5 ~ 29 岁儿童和青年的主要死因。随着传染病防治工作的进展，传染性疾病和伤害造成死亡的占比有所降低，而死于道路交通伤害的人数要高于死于艾滋病、结核病和腹泻的人数。

　　除了道路交通事故造成的伤害和残疾外，道路的安全问题也影响其他公共卫生问题。当交通状况不安全时，人们较少步行、骑单车或使用公共交通工具，这也间接导致了表 1.1 所列的其他主要死因的上升。这些疾病包括缺血性心脏病、中风、慢性阻塞性肺病和糖尿病，而机动化程度的提高也与呼吸道疾病有关。预防道路交通死亡和鼓励在安全环境中积极出行将有助于减少可预防死亡的总体负担。

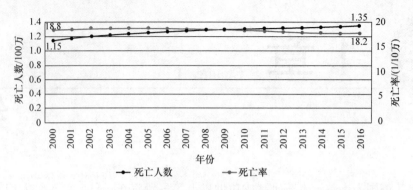

图 1.1 2000—2016 年道路交通死亡人数和每 10 万人口的死亡率

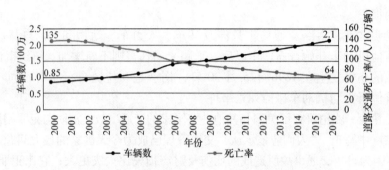

图 1.2 2000—2016 年每 10 万辆车的道路交通死亡率

表 1.1 2016 年所有年龄段的主要死因

排名	原因	占死亡总数的百分比（%）
1	缺血性心脏病	16.6
2	中风	10.2
3	慢性阻塞性肺病	5.4
4	下呼吸道感染	5.2
5	阿尔茨海默病和其他痴呆症	3.5
6	气管、支气管、肺癌	3.0
7	糖尿病	2.8
8	道路交通伤害	2.5
9	腹泻	2.4

数据来源：世界卫生组织（World Health Organization，WHO）2016 年全球卫生预测。

1.1.2 道路交通伤害的地区分布

从道路交通伤害的地区分布来看（图 1.3），2016 年，非洲和东南亚国家的区域道路交通死亡率高于全球平均水平，每 10 万人口中的死亡人数分别为 26.6 人和 20.7 人。其次是东地中海和西太平洋国家，它们的地区死亡率与全球平均水平相当，每 10 万人中分别有 18.0 人和 16.9 人死亡。美洲和欧洲国家的死亡率最低，分别为每 10 万人 15.6 人和 9.3 人。就时间历程而言，6 个区域中的 3 个（美洲、欧洲、西太平洋）自 2013 年以来死亡率有所下降。

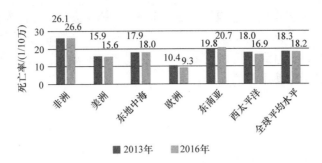

图 1.3　世界卫生组织统计的每 10 万人中的道路交通死亡率（2013 年和 2016 年）

道路交通伤害死亡率在不同地区和同一个地区的不同国家分布不相同。总体来说，中等收入和低收入国家的道路交通事故死亡率要比高收入国家高。例如，在美洲，高收入国家的道路交通死亡率为每 10 万人死亡 11.8 人；而在非洲，中等收入国家的死亡率为每 10 万人死亡 23.6 人，而低收入国家的死亡率为每 10 万人死亡 29.3 人；在欧洲，中等收入国家的道路交通死亡率（每 10 万人死亡 14.4 人）几乎是高收入国家（每 10 万人死亡 5.1 人）的 3 倍。

1.1.3　道路交通伤害的人群分布

图 1.4 所示为按道路使用者类型和世界卫生组织区域分列的死亡人数分布情况。在全球范围内，行人和骑自行车者占道路交通死亡人数的 26%，两轮和三轮摩托车驾驶员占 28%，汽车驾驶员占死亡人数的 29%，其余 17% 是不明道路使用者。非洲的行人和骑自行车者死亡率最高，达到 44%。在东南亚和西太平洋地区，很大一部分死亡都是由两轮和三轮摩托车驾驶员造成的，分别占所有死亡人数的 43% 和 36%。

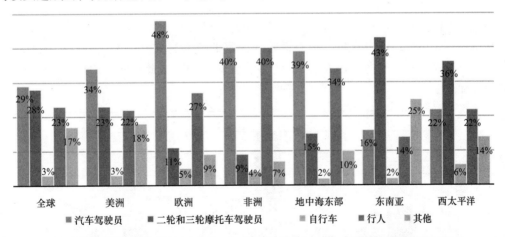

图 1.4　按道路使用者类型和世界卫生组织区域分列的死亡人数分布情况（见彩插）

虽然行人、骑自行车的人和骑两轮或三轮摩托车的人由于保护不如汽车驾驶员，更容易受到伤害，但这些道路使用者承受的沉重死亡负担也反映出基础设施和车辆设计优先考虑汽车和其他机动交通工具的现状。尽管在世界许多地方，脆弱的道路使用者比比皆是，他们中的许多人买不起或没有机会使用最安全的车辆，但在许多国家的道路规划、设计和运营中，他们基本上被忽视，很多道路仍然没有单独的骑行车道，也没有为行人提供足够的过街设施。同样，虽然已经为车辆制定了安全标准，但许多标准并未在低收入和中等收入国家销售的车辆中得到广泛执行。直到最近，更多的汽车制造商才开始在高收入国家实施标准，以确保设计也能保护车外道路使用者的安全。

1.1.4 经济水平与道路交通伤害

过去几年在减少道路交通死亡方面所取得的进展，在世界不同国家和地区各不相同。道路交通事故死亡的风险与各国的经济水平之间仍然存在着密切的联系。低收入国家道路交通事故平均死亡率为每 10 万人死亡 27.5 人，高收入国家为每 10 万人死亡 8.3 人，低收入国家的风险是高收入国家的 3 倍以上，如图 1.5 所示。低收入国家的机动车占有率在世界范围只有 1%，然而却有 13% 的死亡发生在这些国家，与这些国家的人口规模和机动车辆数量相比，低收入和中等收入国家的道路交通死亡负担过高。

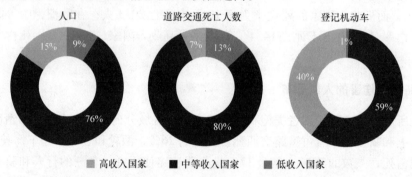

图 1.5　2016 年按国家收入类别划分的人口、道路交通死亡人数和登记机动车辆比例（见彩插）
注：收入水平基于 2017 年世界银行的分类。

与低收入国家相比，中高收入国家在减少道路交通死亡人数方面也取得了较大进展。如图 1.6 所示，2013—2016 年期间，所有低收入国家的道路交通死亡人数都没有减少，而 48 个中高收入国家的道路交通死亡人数有所减少。总体而言，在此期间，104 个国家的死亡人数有所增加。

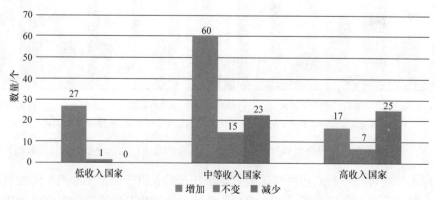

图 1.6　2013—2016 年道路交通死亡人数有所变化的国家数目（见彩插）
注：这些数据代表 2013—2016 年死亡人数变化超过 2% 的国家，不包括人口低于 20 万的国家；收入水平以 2017 年为基础。

1.2　中国道路交通安全现状

近年来，我国道路交通安全形势保持稳定，道路交通事故死亡人数呈连续下降态势，较大道路交通事故持续下降，生产经营性车辆交通事故伤亡有所下降。

1.2.1　道路交通安全整体形势

截至 2020 年年底，全国公路里程 519.81 万 km，汽车、机动车保有量分别为 28086.53 万辆、37176.44 万辆，机动车驾驶员 45570.11 万人（其中汽车驾驶员 41795.64 万人）。

2020 年，全年纠正交通违法 760221159 人次，处罚人次 755663437 人次；全国共接报道路交通事故 1297.4 万起，造成 61703 人死亡、250723 人受伤，直接财产损失 13.1 亿元，与2019 年相比，事故起数、死亡人数、受伤人数、直接财产损失分别下降 1.2%、1.7%、2.1% 和 2.4%（表 1.2，图 1.7），全国道路交通安全形势依然严峻。

表 1.2　中国交通事故情况统计

年份	事故起数	死亡人数	受伤人数	万车死亡人数	10 万人口死亡人数
1980	116692	21818	80824	104.47	2.21
1985	202394	40906	136829	62.39	3.89
1990	250297	49271	155072	33.38	4.31
1995	271843	71494	159308	22.48	5.9
2005	450254	98738	469911	7.57	7.6
2010	219521	65225	254075	3.15	4.89
2011	210812	62387	237421	2.78	4.65
2012	204196	59997	224327	2.50	4.45
2013	198394	58539	213724	2.34	4.32
2014	196812	58523	211882	2.22	4.28
2015	187781	58022	199880	2.08	4.22
2016	212846	63093	226430	2.14	4.56
2017	203049	63772	209654	2.06	4.59
2018	244937	63194	258532	1.93	4.53
2019	247646	62763	256101	1.80	4.48
2020	244674	61703	250723	1.66	4.37

注：1. 较大道路交通事故呈持续下降趋势。一次死亡 3 人以上较大道路交通事故继续下降，降幅为 9.3%，其中 5 人事故降幅为 4.8%，降幅较 2019 年均有所收窄。

　　2. 2020 年，全国共发生生产经营性车辆肇事道路交通事故 32198 起，造成 13778 人死亡，事故起数、死亡人数分别占机动车肇事总数的 15.3% 和 24.6%。

1.2.2　道路交通事故地区分布

2020 年，东北、中南片区事故死亡人数上升，中南、西南片区较大事故多发。全国有 7 个省（自治区、直辖市）事故死亡人数同比增加，其中湖南、吉林增加明显，增幅分别为 269.04%、92.54%（表 1.3）。

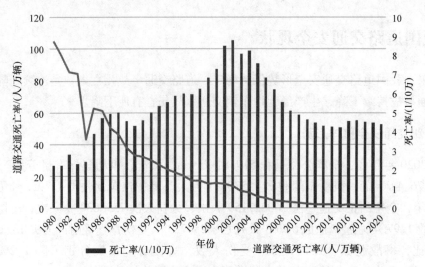

图 1.7　1980—2020 年中国道路交通事故指标统计

表 1.3　东北、中南片区事故死亡人数统计（2020 年）

地　区		死亡人数	
		数量/人	同比增加（%）
东北片区	辽宁	1933	−0.67
	吉林	1987	92.54
	黑龙江	993	−6.23
中南片区	河南	2452	−4.22
	湖北	4258	−13.17
	湖南	3314	269.04
	广东	4678	−5.15
	广西	3882	−11.35
	海南	649	−15.82

　　从较大事故情况看，中南、西南片区较大事故多发，事故起数分别占总数的 22.3% 和 22.8%。其中云南、广东、四川、广西、贵州最为突出，分别占 8.7%、7.1%、6.5%、5.8%、4.9%。山东、贵州较大事故风险明显增大，同比均增加 8 起，分别上升 88.9%、57.1%，6 大片区较大事故起数均同比持平或下降（表 1.4）。

表 1.4　中南、西南片区较大事故起数统计

地区		较大事故起数	
		2019 年	2020 年
中南片区	河南	12	13
	湖北	11	8
	湖南	10	17
	广东	33	32
	广西	37	26
	海南	7	4

（续）

地区		较大事故起数	
		2019 年	2020 年
西南片区	重庆	7	8
	四川	42	29
	贵州	14	22
	云南	43	39
	西藏	2	4

1.2.3　道路交通事故道路类型分布

2020 年，我国公路事故总体下降。从道路类型看，公路交通事故死亡人数占总数的 61.1%，所占比例同比下降 1.4%（表 1.5）。其中，高速公路、普通国省道死亡人数分别下降 5.3% 和 12.9%，农村道路（县乡村道）死亡人数同比上升 5.8%（表 1.6）。

表 1.5　按道路类型划分的道路交通事故数据统计（2020 年）

道路类型		事故起数		死亡人数	
		数量/起	占比（%）	数量/人	占比（%）
合　计		244674	100	61703	100
公路	小计	117040	47.84	37702	61.10
	高速	7923	3.24	4392	7.12
	一级	13573	5.55	4498	7.29
	二级	30281	12.38	9719	15.75
	三级	22862	9.34	6799	11.02
	四级	24210	9.89	7110	11.52
	等外	18191	7.43	5184	8.40
城市道路	小计	127634	52.16	24001	38.90
	城市快速路	7004	2.86	1546	2.51
	一般城市道路	99768	40.78	16770	27.18
	单位小区自建路	1248	0.51	124	0.20
	公共停车场	387	0.16	19	0.03
	公共广场	107	0.04	12	0.02
	其他道路	19120	7.81	5530	8.96

表 1.6　按行政等级公路划分的道路交通事故数据统计（2020 年）

行政等级	事故起数		死亡人数	
	数量/起	占总数（%）	数量/人	占总数（%）
合计	117040	100	37702	100
国道	30436	26.00	11309	30.00
省道	25553	21.83	8403	22.29

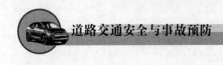

（续）

行政等级	事故起数		死亡人数	
	数量/起	占总数（%）	数量/人	占总数（%）
县道	29497	25.20	9066	24.05
乡村道	31544	26.95	8920	23.66
其他	10	0.02	4	0.01

城市道路事故连续三年同比上升，其死亡人数占总数的38.9%，所占比例同比上升1.4%，继2019年之后再次上升，死亡人数同比增加2%。分析城市道路机动车肇事主要原因（图1.8），未按规定让行、无证驾驶、超速行驶、酒后驾驶肇事多发，导致死亡人数分别占城市道路事故死亡总数的14.4%、9.0%、8.4%、7.2%。

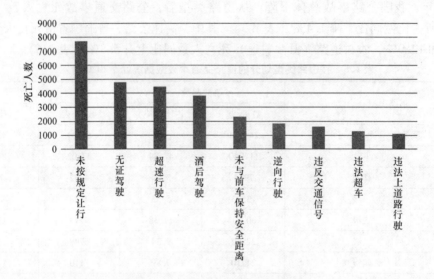

图1.8　机动车肇事主要原因示意图

2020年，高速公路较大事故数同比上升12.9%，普通国省道、农村道路同比分别下降32.9%，29.3%，但农村道路死亡人数同比上升。

1.2.4　道路交通事故车辆类型分布

2020年，营运车辆肇事死亡人数同比下降，货运车辆肇事较大事故数量同比上升。全国营运车辆肇事死亡人数同比下降10.7%，死亡人数占机动车肇事死亡总数的24.6%，所占比例同比下降2.5%。营运货车肇事死亡人数同比下降8.1%，占机动车肇事死亡总数的21.8%，所占比例同比下降1.5%，发生较大事故起数同比增加13起，上升10.2%。营运客车事故原因中，未按规定让行、超速行驶肇事多发，分别占13.9%、7.5%；违法掉头肇事死亡人数同比上升14.4%（图1.9）。

私用车辆肇事死亡人数增加，三轮电动车、轻型货车肇事死亡人数同比上升。私用车辆肇事死亡人数同比上升1.6%，占机动车肇事死亡总数的71.2%，所占比例同比上升2.3%；私用车辆肇事较大事故占总起数的61.0%，所占比例同比下降5.6%（表1.7）。

表 1.7　按肇事机动车使用性质划分的道路交通事故数据统计（2020 年）

肇事机动车使用性质		事故起数		死亡人数	
		数量/起	占比（%）	数量/人	占比（%）
合计		211074	100	55950	100
生产经营车辆	小计	32198	15.25	13778	24.63
	一般货运	25141	11.91	12189	21.79
	出租客运	3009	1.43	403	0.72
	公路客运	593	0.28	265	0.47
	公交客运	1024	0.49	215	0.38
	危化品货运	388	0.18	181	0.32
	其他	2043	0.98	525	0.94
其他	小计	178876	84.75	42172	75.37
	自用	171588	81.29	39851	71.23
	其他	7288	3.45	2321	4.15

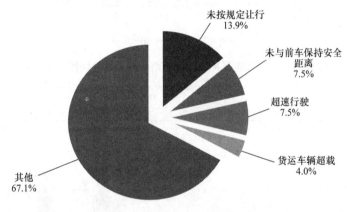

图 1.9　营运车辆肇事的不同事故主要原因

1.2.5　道路交通事故年龄分布

2020 年，低驾龄驾驶员肇事持续下降。从肇事驾驶员驾龄分布看，3 年以下低驾龄驾驶员肇事死亡人数占总数的 12.8%，所占比例连续三年下降。同时，11～15 年、16～20 年、20 年以上驾龄驾驶员肇事死亡人数同比分别上升 2.2%、5.2% 和 2.9%。

2020 年，老年人安全风险明显上升。从死亡人员年龄看，65 岁以上老年人在事故中死亡最多，占总数的 28.6%，所占比例上升 2.4 个百分点，同比上升 7.6%；其次是 51～55 岁、61～65 岁，死亡人数分别占总数的 11.3%，10.8%。

现实中，男性、老人、儿童（特别是贫困家庭的儿童）是最容易受到交通伤害的人群。成年男性容易受到交通伤害是因为除了喜欢拥有和驾驶自己的机动车外，还有酒后驾车、高速驾车以及一些不当的驾驶行为；老年人容易受到交通伤害是因为反应迟钝，不如其他年龄的人群机警和灵活，老年人一旦受伤更易导致死亡或残疾；儿童容易受到交通伤害是因为缺少对路况安全的正确判断能力，喜欢在车来车往的道路上玩耍、跑步或骑自行车，因儿童目标小，经常容易被机动车碰撞。

1.2.6　国内外交通事故数据对比

部分国家道路交通事故数据对比如图1.10和图1.11所示。与其他国家相比，我国交通事故呈现死亡率高的态势。

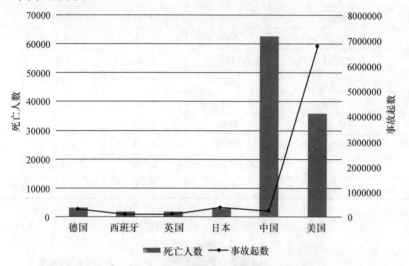

图1.10　2019年世界部分国家道路交通事故数据比较（一）

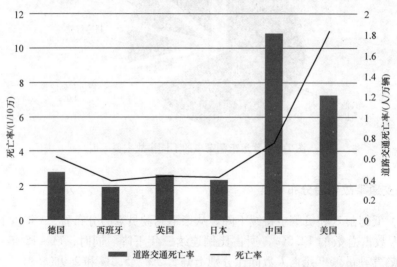

图1.11　2019年世界部分国家道路交通事故数据比较（二）

1.3　安全科学基本概念

1.3.1　安全

（1）绝对安全观

安全（Safety）指没有危险，不受威胁，不出事故，即消除能导致人员伤害，发生疾病、死亡或造成设备财产破坏、损失以及危害环境的条件。

绝对安全观在现实生产系统中是不存在的，它是安全的一种极端理想的状态。由于绝对安全观过分强调安全的绝对性，使其应用范围受到了很大的限制，因此产生了与其相对应的相对安全观。

（2）相对安全观

安全是相对的，绝对安全是不存在的。"安全就是被判断为不超过允许极限的危险性，也就是指没有受到损害的危险或损害概率低的通用术语"。"所谓安全是指判明的危险性不超过允许限度"。

- 安全是指人类控制对自身利益威胁的能力，是在具有一定危险性条件下的状态，安全并非绝对无事故。
- 事故与安全是对立的，但事故并不是不安全的全部内容，而只是在安全与不安全这一对矛盾斗争过程中某些瞬间突变结果的外在表现。
- 安全不是瞬间的结果，而是对系统在某一时期、某一阶段过程状态的描述。
- 这里所讨论的安全是指生产领域中的安全问题，既不涉及军事或社会意义的安全与保安，也不涉及与疾病有关的安全。
- 安全是相对的，绝对安全是不存在的。
- 构成安全问题的矛盾双方是安全与危险，而非安全与事故。因此，衡量一个系统是否安全，不应仅仅依靠事故指标。
- 不同的时代，不同的领域，可接受的损失水平是不同的，因而衡量系统是否安全的标准也是不同的。

综上所述，安全是指在生产活动过程中，能将人或物的损失控制在可接受水平的状态，即安全意味着人或物遭受损失的可能性是可以接受的，若这种可能性超过了可接受的水平，即为不安全。

1.3.2 危险、风险、安全性

（1）危险（Danger）

作为安全的对立面，可以将危险定义为在生产活动过程中，人或物遭受损失的可能性超出了可接受范围的一种状态。危险与安全一样，也是与生产过程共存的过程，是一种连续的过程状态。危险包含了尚未为人所认识的，以及虽为人们所认识但尚未为人所控制的各种隐患。同时，危险还包含了安全与不安全这对矛盾斗争过程中某些瞬间突变发生外在表现出来的事故结果。

（2）风险（Risk）

风险是指损失的不确定性，即在某一特定环境下和在某一特定时间段内某种损失发生的可能性。风险具有客观性、偶然性、整体可测性等基本特征，是描述系统危险程度的客观量：

1）把风险看成是一个系统内有害事件或非正常事件出现可能性的量度。

2）把风险定义为发生一次事故的后果大小与该事故出现概率的乘积。

一般意义上的风险具有概率和后果的二重性：$R=f(P,C)$。为简单起见，大多数文献中将风险表达为概率（P）与后果（C）的乘积 $R=PC$。

风险和危险是两个不同的概念。风险的基本含义是指损失的不确定性，而危险是指可能产生潜在损失或损害的征兆。虽然两个概念的内涵具有一定的相同性，但也存在明显差别，这两个概念的相同点都是指可能对行为主体发生损害，而不同点是风险所述事件发展的状态存在着不确定性，其结果存在着两种状态，既可能导致损失或损害，也可能导致获利，但是危险所述事件发展的状态是确定的，其结果或状态也是唯一的——导致损害或损失。

风险与危险二者之间的关系：危险是风险的前提，没有危险，也就无所谓风险，但风险并不一定就会导致危险发生。

（3）安全性（Safety Property）

从系统的安全性能来讲，安全性为衡量系统安全程度的客观量。与安全性对立的概念是描述系统危险程度的指标——风险（又叫作危险性）。假定系统的安全性为 S，危险性为 R，则 $S = 1 - R$。

1.3.3 可靠性

可靠性（Reliability）指系统或元件在规定条件下，在规定时间内完成规定功能的能力。一个设备或系统本身不出故障的概率称为"结构可靠性"，满足精度要求的概率称为"性能可靠性"。狭义可靠性通常包括"结构可靠性"和"性能可靠性"。

可靠度是衡量可靠性的尺度，是指产品或系统（设备）在规定条件和规定时间内完成既定功能的概率。

1.3.4 交通安全

（1）定义

交通安全（Traffic Safety）交通参与者在交通出行中遵守交通法规，避免发生人身伤亡或财产损失的过程。

（2）交通安全三要素

为防止交通事故，保障交通安全，要求人、车辆和道路环境三方面均安全可靠，即：

1）驾驶员驾驶技术熟练、经验丰富、注意力集中。

2）车辆的结构性能和技术状况良好。

3）道路条件满足安全行车的要求。

（3）3E 安全对策

为了保障道路交通安全，可以从工程措施（Engineering）、执法管理（Enforcement）和安全教育（Education）三方面采取措施，即 3E 安全对策。

1）工程措施：

① 改进汽车设计。

② 采用耐撞击的车身结构、安全玻璃、安全带、气囊、靠枕、防滑轮胎、灵敏可靠的制动器、变光灯、安全油箱等。

③ 改善道路设计，在城市道路两侧设人行道；尽量避免形成多于四路相交的复杂交叉口。

④ 必要时封闭与干线街道相交的某些横向街道，修建环岛或立交道口等。

⑤ 修建安全设施，如设人行横道、修建人行过街天桥或人行过街地道、安装信号灯和

安全监测设备、设立护栏、设置交通安全标志等。

2）执法管理：

① 制定和严格执行交通法规。

② 制定驾驶员甄选标准，对驾驶员实行考核，颁发驾驶执照，加强对驾驶员的管理。

③ 拟定车辆检验标准，办理车辆牌照，严格车辆管理；控制车辆进入道路的数量。

④ 限制车速，将无法达到某种车速的车辆分离出去，也不允许车速超标。

⑤ 按车流分布规律组织交通；纠正违法行为，维护正常交通秩序。

3）安全教育：

主要采用学校教育和社会教育两种形式，学校教育是对在校学生进行交通法规、交通安全和交通知识教育，社会教育是通过报刊、广播、电视、广告等方式，广泛宣传交通安全的意义和交通法规，同时对驾驶员定期进行专业技术知识、守法思想、职业道德、交通安全等方面的教育。

1.3.5　事故、事件、交通事故

1. 事故和事件

事故（Accident）指未曾预料而发生的，造成人员伤亡、健康损失、财产损失、环境和商业机会损失的事件，造成重大损失的事故，也称为灾害。

事件（Event）指概率意义的所有事件；事故、事变（Incident）仅限于其随机事件。事件不一定"发生了"某种恶性后果，而事故指某种恶性后果已经发生，事变指某种恶性后果正在发生。

关于事故的描述如下：

1）事故是违背人们意愿的一种现象。

2）事故是不确定事件，其发生形式既受必然性的支配，但也不可避免受到偶然性的影响。

3）事故发生的原因可归结为三类：①目前尚未认识到的原因；②已经认识，但目前尚不可控制的原因；③已经认识，可以控制而未能有效控制的原因。

4）事故一旦发生，可以造成以下几种后果：①人受到伤害，物受到损失；②人受到伤害，物未受损失；③人未受伤害，物受到损失；④人、物均未受到伤害或损失。许多工业领域将凡是造成系统运行中断的事件均归入事故的范畴，虽然系统运行中断不一定会造成直接的财产损失或人员伤害，但却严重干扰了系统的正常运行秩序，从而将带来严重的间接损失。

5）事故的内涵相当复杂。从宏观的生产过程看，事故是安全与危险矛盾斗争过程中某些瞬间突变结果的外在表现形式，是时间轴上一系列离散的点。在微观上每一个事故均可看作是在极短时间内相继出现的事件序列，是一个动态过程。

综上所述，事故是指在生产活动过程中，由于人们受到科学知识和技术力量的限制，或者由于认识上的局限，当前还不能防止，或能防止而未有效控制所发生的违背人们意愿的事件。它的发生，可能迫使系统暂时或较长期地中断运行，也可能造成人员伤亡、财产损失或者环境破坏。

2. 事故的特征

事故的特征主要包括：事故的因果性，事故的偶然性、必然性和规律性，事故的潜在性、再现性、可预测性和复杂性等。

（1）事故的因果性

因果，即原因和结果。因果性即事物之间，一事物是另一事物发生的根据，这是一种关联性。事故是许多因素互为因果连续发生的结果，一个因素既是前一个因素的结果，又是后一个因素的原因，也就是说因果关系有继承性，是多层次的。

事故的因果性决定了事故的必然性。事故是一系列因素互为因果，连续发生的结果。事故因素及其因果关系的存在决定事故或迟或早必然要发生。其随机性仅表现在何时、何地、何原因意外事件触发产生而已。

掌握事故的因果关系，采取措施中断事故因素的因果连锁，就消除了事故发生的必然性，从而可能防止事故的发生。

（2）事故的偶然性、必然性和规律性

从本质上讲，伤亡事故属于在一定条件下可能发生、也可能不发生的随机事件。就一特定事故而言，其发生的时间、地点、状况等均无法预测。

事故是由于客观存在不安全因素，随着时间的推移，出现某些意外情况而发生的，这些意外情况往往是难以预知的。因此，掌握事故的原因，可降低事故的概率；掌握事故的原因是防止事故发生的必要条件。但是，即使完全掌握了事故原因，也不能保证绝对不发生事故。

事故的偶然性还表现在事故是否产生后果（人员伤亡、物质损失）以及后果的大小如何都是难以预防的。反复发生的同类事故并不一定产生相同的后果。事故的偶然性决定了要完全杜绝事故发生是困难的，甚至是不可能的。

事故的必然性中包含着规律性。既为必然，就有规律可循。必然性来自因果性，深入探查、了解事故因果关系，就可以发现事故发生的客观规律，从而为防止事故发生提供依据。应用概率理论，收集尽可能多的事故案例进行统计分析，就可以从总体上找出带有根本性的问题，为宏观安全决策奠定基础，为改进安全工作指明方向，从而做到"预防为主"，实现安全生产的目的。

由于事故或多或少含有偶然性，因而要完全掌握它的规律非常困难。但在一定范畴内，用一定的科学仪器或手段却可以找出它的近似规律。

从偶然性中找出必然性，认识事故发生的规律性，变不安全条件为安全条件，把事故消除在萌芽状态，这就是防患于未然、预防为主的科学根据。

（3）事故的潜在性、再现性、可预测性和复杂性

事故往往是突然发生的。然而导致事故发生的因素，即"隐患成潜在危险"早就存在，只是未被发现或未受到重视而已。随着时间的推移，一旦条件成熟，就会显现而造成事故，这就是事故的潜在性。

事故一经发生，就成为过去。时间一去不复返，完全相同的事故不会再次显现。然而没有真正地了解事故发生的原因，并采取有效措施去消除这些原因，就会再次出现类似的事故。因此，应致力于消除这种事故的再现性。

人们根据对过去事故所积累的经验和知识以及对事故规律的认识，并使用科学的方法和

手段，可以对未来可能发生的事故进行预测。

事故预测就是在认识事故发生规律的基础上，充分了解、掌控各种可能导致事故发生的危险因素以及它们的因果关系，推断它们发展演变的状况和可能产生的后果。事故预测的目的在于识别和控制危险，预先采取对策，最大限度地减少事故发生的可能性。当然，事故的发生取决于人、物和环境的关系，具有极大的复杂性。

3. 交通事故

（1）定义

交通事故（Traffic Accident）是指车辆在道路上因过错或者意外造成的人身伤亡或者财产损失的事件（《中华人民共和国道路交通安全法》，2004年5月1日开始实施）。交通事故认定的七要素为：

1）强调车辆主体不可缺少；车辆是构成交通事故的前提条件。这里车辆是指各种机动车辆与非机动车辆，主要为民用车辆（军用车辆一般不包括在内），在轨道内运行的火车、城市轨道列车、地铁列车等不属于道路交通管理中的车辆范围。

2）车辆在道路上（公路、城市道路、广场、公共停车场等），而非其他地方（道路外、工地等）。这里道路是指在公路、城市道路和虽然为单位管辖范围但允许社会机动车通行的地方，包括广场、公共停车场等用于公众通行的地方。

道路具有形态性、客观性、公开性三种特性。其中，形态性是指与道路毗连的供公众通行的地方，客观性是指道路为公众通行所建，公开性是指交通管理部门认为是供公众通行的地方。

3）因过错或者意外导致。其中，过错原因是指当事人行为过错的原因，即当事人的违法和过失等非故意行为的原因；意外原因是指因自然因素的原因而非人为因素的原因引起，如流石、泥石流、山崩等灾害原因。

4）运动状态。在运动中是指车辆在行驶或正处于停放过程中。停车后车辆因滑溜所发生的事故在公路上属于交通事故；在货场里发生的伤害事故则不算为交通事故。乘员在车辆行驶时由车上跳下造成的事故属于交通事故，而车辆停稳后乘员由车上跳下造成的事故则不属于交通事故。

5）人员条件。人是发生交通事故的主体，是指与交通有关的、从事交通活动的自然人，包括驾驶员、行人、乘车人及其他人员。其中驾驶员包括没有驾驶证而驾驶机动车辆或驾驶与驾驶执照不相符车辆的人员。

6）有交通事态。有交通事态是指发生了碰撞、刮擦、碾压、翻车、坠车、爆炸、失火等交通事故现象中的一种或几种。若没有发生上述现象而是行人或旅客因其他原因（如疾病）造成损伤的则不属于交通事故。

7）有后果。造成人身伤亡或者财产损失，则强调必须有损害后果发生，即有人员、牲畜伤亡或车辆、物资损坏发生——这是构成交通事故的本质特征。

美国国家安全委员会对交通事故给出的定义为：交通事故是指车辆或其他交通物体在道路上所发生的意料不到的、有害的或危险的事件，这些事件妨碍着交通行为的完成，其原因常常是由于不安全的行动、不安全条件或两者的结合，或者是一系列不安全行动或一系列不安全条件所致。

日本对交通事故给出的定义为：由于车辆在交通中所引起的人的死伤或物的损坏，在道

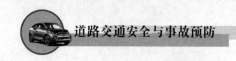

路交通中称为交通事故。

英国对交通事故给出的定义为：发生在公共道路上，涉及至少一辆车，并且造成人员受伤或死亡的事件称为交通事故，不包括仅仅造成财产损失的事故。

（2）道路交通事故的分类

对交通事故进行分类，有利于人们深刻认识引发交通事故的内在原因，以及不同类型交通事故的特征、特点及其规律，便于从多个方面探寻针对性更强的交通事故预防对策：①从探寻交通事故成因的角度对交通事故进行细分，有利于发现不同类别交通事故形成、发生、发展的内在规律；②从探寻交通事故预防对策的角度对交通事故进行细分，有利于进行专项统计分析，并在此基础上探寻针对性更强的交通事故预防对策。

对交通事故分类采用的方法不同，得到的分类结果则不同。交通事故主要分类方法包括：按事故后果、事故发生时的外观形态特征、事故责任、事故原因、事故第一当事者或主要责任者的内在原因、事故的对象、事故发生地点分类等。

1）交通事故按事故后果的轻重程度不同，分为轻微事故、一般事故、重大事故和特大事故等。

① 轻微事故：指一次造成 1～2 人轻伤或财产损失折款对于机动车事故不足 1000 元，对于非机动车事故不足 200 元的事故。

② 一般事故：指一次造成 1～2 人重伤或 3 人以上轻伤，或财产损失折款不足 3 万元的事故。

③ 重大事故：指一次造成 1～2 人死亡，或重伤 3 人以上 10 人以下，或财产损失折款为 3 万元以上、6 万元以下的事故。

④ 特大事故：指一次造成 3 人以上死亡，或重伤 11 人以上，或死亡 1 人同时重伤 8 人，或死亡 2 人同时重伤 5 人以上，或财产损失折款 6 万元以上的事故。

目前，各国对交通事故中人员死亡事故的时间规定不尽相同，有 1 天、3 天、7 天、30 天（1 个月）或不限制天数之别。国际标准规定交通死亡事故的时间为 30 天，即因道路交通事故受害人员当场死亡或在受伤后 30 天内死亡。我国对交通死亡事故的时间规定是 7 天，即因道路交通事故受害人员当场死亡或在受伤后 7 天内抢救无效死亡。意大利的规定也为 7 天，希腊和奥地利为 3 天，西班牙和日本为 1 天。

为便于对不同死亡事故时间规定条件下的死亡人数数据进行比较，联合国规定：交通死亡事故时间少于 30 天者应加修正值，其值的大小等于原事故统计死亡人数乘以修正系数，即修正后的事故死亡人数等于原事故统计死亡人数加修正值。7 天事故死亡时间的修正系数为 6%。

交通事故除了造成人的死亡外，对人体造成的伤害可分为重伤与轻伤。

交通事故直接财产损失是指因交通事故造成的车辆、道路设施等财产直接损失的折款，但不包含事故现场抢救（险）、人员伤亡善后处理的费用，也不包括因事故造成的停工、停产、停业等行为所造成的间接财产损失。

2）按照道路交通事故发生时的外观形态特征，可以将其分为以下 7 种形态：

① 碰撞：指交通强者（相对而言）的正面部分与他方接触，或同类车的正面部分相互接触。

② 碾压：指作为交通强者的机动车，对交通弱者（如自行车、行人等）的推碾或压过。

尽管在碾压之前，大部分有碰撞现象，但在习惯上一般都称为碾压。

③ 刮擦：指交通客体的侧面部分与他方接触，造成自身或他方损坏。主要表现为车－车、车－物和车－人等。

④ 翻车：通常指车辆没有发生其他形态，部分或全部车轮悬空而车身着地的现象。车辆一侧轮胎离开地面称为侧翻；所有轮胎都离开地面称为滚翻。

⑤ 坠车：指车辆的坠落，且在坠落的过程中，有一个离开地面的落体过程，通常是指车辆跌落到与路面有一定高差的路外，如坠入边沟、坠落桥下等。

⑥ 爆炸：指由于有爆炸物品被带入车辆内，在行驶过程中由于振动、挤压等原因引起突然爆炸造成的事故。

⑦ 失火：指车辆在行驶过程中，由于人为或车辆自身的原因引起的火灾。常见的原因有乘员使用明火、违章供油、发动机回火、电路系统短路及漏电等。

1.4 道路交通安全工程

交通安全工程的定义为：运用系统论、控制论、信息论的原理和方法，分析道路交通系统中的事故致因、事故机理、事故的影响因素，对道路系统的危险性进行定量和定性分析、评价和预测，发现系统事故发生、发展、演变的规律，并采用工程性措施予以控制或消除系统中存在的危险因素，使道路交通事故发生的可能性降到最低限度，确保系统处于最佳安全状态的技术和方法，使交通更加安全、快捷、畅通。

1.4.1 道路交通安全工程的内容

（1）交通安全工程主要内容

1）发现交通事故隐患；预测、分析由于交通事故隐患和人的失误可能引起的危险。

2）制定和选择交通安全措施、方案，进行交通安全决策。

3）组织并实施交通安全措施、方案。

4）对交通安全措施的实施效果进行评价。

5）改进交通安全措施，以求得最佳的效果。

（2）交通安全系统工程的任务

1）安全系统分析：交通安全系统工程的核心，通过对交通事故的发生原因、概率及各种隐患表现的定性或定量分析，可以充分识别系统的安全性和危险性。其目的在于找出引发事故的因素及其不同的组合形式；把握道路交通系统的安全薄弱环节；寻求预防事故发生的各种途径；为安全评价和安全控制提供依据。

2）安全系统评价：在安全系统分析的基础上，通过事故指标、隐患指标及风险指标等，对道路交通系统的整体安全性、交通安全管理的薄弱环节等进行的比较和评价。根据评价结果可选择确定保证系统安全的技术路线和投资方向，拟定安全工作对策。

3）安全系统管理：经过系统安全分析和评价，在了解掌握系统安全薄弱环节的基础上，对系统所实施的全员、全要素、全过程的安全管理，包括安全总体管理、安全重点管理和安全事后管理。与主要凭经验的传统安全管理相比，安全系统管理在全面、动态和定量安全管理方面向前迈出了一大步，更具有预见性和科学性，其防范措施的效果更为显著。

1.4.2 道路交通安全研究的框架

道路交通是复杂的动态系统，交通安全研究也同样具有综合性特征，包括人、车、路、管理等方面，各方面的研究内容不是独立的，而是相互渗透、相互作用的（图1.12）。

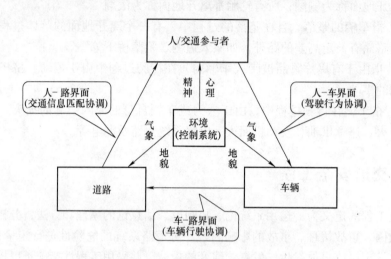

图 1.12　交通事故三大要素

1. 交通参与者的交通特性研究

（1）人的安全行为研究

人在交通活动中安全行为的研究较为复杂，其最终目的是消除和控制人的不安全因素。这主要包括对交通参与者的生理、心理等各方面进行系统分析，研究人的行为心理特点以及不安全行为特征。

通过交通事故人为因素及事故分布特征分析，进行道路交通事故模拟与事故再现技术的应用，寻求规律性的参数以及相关的结论，为道路和车辆的安全设计提供可靠依据。

（2）交通参与者安全防护的研究

交通参与者主要包括驾驶员、乘客、行人、道路及设施维护人员等。研究交通参与者在事故发生过程中的行为状态、运动特性，对进一步研究开发安全防护装置、减少交通事故人员伤亡具有重要的应用价值。

（3）交通事故救援与救护技术研究

此方面的研究主要包括交通事故救援与事故现场受伤人员快速救护的方法、技术装备的合理配备、事故的实时监测、事故发生地点的准确定位、各部门信息系统相互沟通等。交通事故救援与救护技术的研究对改善事故现场的紧急救护和救援、拯救更多的生命和减少财产损失，具有重要的意义。

2. 车辆技术性能的研究

（1）车辆的整体模拟试验研究

随着计算机技术的快速发展，许多发达国家如美国、日本、西欧等国在车辆模拟试验研究方面也发展到较高的水平，主要包括车辆仿真、设计、驾驶模拟、碰撞等方面。这些研究充分考虑了交通事故成因的分析数据、所有试验设计及试验装备，以及有关测定方法和技术手段都应以交通安全技术标准为研究基础，为制造厂家生产出安全、经济、环保、节能的车辆提供科学依据。

（2）车辆安全技术的研究

车辆安全、环保与节能是当今车辆技术发展的三大主题，其中安全技术是最重要的内容。车辆安全技术可分为主动安全技术和被动安全技术。主动安全技术是预防和避免发生交通事故的技术措施，如采用防抱死制动系统、驱动防滑装置、电控悬架机构、驾驶员不安全状态的监测装备等，保证车辆在发生事故之前能够安全制动。被动安全技术是指发生交通事故时和发生交通事故后减轻伤害的技术措施，如采用车身安全防撞、安全气囊、安全带等装置，可以减轻事故对人的伤害。

随着无人驾驶技术的日益成熟和落地，关于无人驾驶汽车的安全性、安全技术研究将成为新的热点。

3. 道路、安全设施与环境方面的研究

（1）道路的研究

对于道路的研究主要包括道路与人相适应的几何条件、光线照明条件、安全防护、道路等级与功能划分、路面条件、附属工程技术条件等方面，并分别对各种道路交通安全运行状态进行系统的研究，对事故多发点的原因进行深入研究，总结本质性的规律。

（2）安全设施的研究

在道路安全设施的布置与规划阶段中存在着很强的系统性，充分考虑人、车、路、环境这个整体，其系统性不仅表现在安全设施整体规划方案之中，也表现在设施的有效性与可靠性方面。这些将决定道路安全设施方案设计的可选择性，并由技术经济理论评价来决定其可行性。

对于道路交通安全设施的有效性问题，标志、标线应是具有显著成效的。国内外许多学者经过长期研究证实，视觉良好的标志标线可以使道路交通事故数量大幅度下降。为此，我国应进一步研究道路标志标线等设施的技术寿命与安全效果的相关问题。

（3）环境方面的研究

道路环境的研究越来越受到世界各国的广泛关注，我国在此方面的研究也正在逐步深入，主要包括各种气候条件、地形、道路周边环境（社会环境、自然环境）、交通流、混合交通、交通干扰等方面。另外，应大力研究交通环境的整体安全性及其综合评价体系。它将涉及研究方法、规范、标准、规则，以及交通参与者在身体因素和心理因素方面的交通安全适应性。

4. 安全管理方面的研究

交通安全管理研究包括交通安全管理机制与政策、交通参与者的安全教育、交通事故统计与调查系统等方面。

（1）交通安全管理政策研究

安全管理政策是全社会交通安全管理行为的准则，对提高交通安全水平起着举足轻重的作用。此方面的研究主要包括道路交通安全法的立法与执法、安全技术政策、规范与标准、财政政策等方面。许多发达国家在交通安全法及其法规的建立与实施方面收到了良好的效果。我国在这些方面相对滞后，加快研究管理政策对今后提高安全管理水平具有重要的意义。

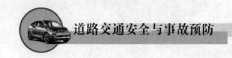

（2）交通安全管理机制的研究

根据国外的经验，为遏制我国道路交通事故日益增长的趋势，应研究成立由政府牵头主持的全国交通安全组织机构，如交通安全委员会。此方面的研究主要包括政府和职能部门的职责、安全管理机制及其相互关系、突发事件的应急能力、通信手段、警力配备、技术装备管理等方面。此经验在全球也具有普遍性，结合国外的成功经验，应进一步研究和改革我国的交通安全管理体制。

（3）交通参与者安全教育模式的研究

国外对交通参与者的安全教育已取得许多成功的经验。每个计划均把安全教育列为重要的实施内容，针对不同年龄段的公民采取不同的安全教育方式，从专业素质训练及缺陷矫正的方面来研究驾驶员，并加强综合培训，深入研究交通参与者的交通意识教育和安全宣传的各个方面，并从各种技术措施上给予充分保障。

（4）交通事故调查与分析的研究

交通事故调查统计包括宏观和微观两个方面，涉及保险、医疗、交通、车辆、公安等部门，这主要包括交通事故调查程序、统计要素。因为关系到人民生命财产的安全问题，所以交通事故调查统计的客观性、公正性、准确性显得尤为重要。世界许多发达国家依靠政府有关部门行政、立法、执法的权威性，建立了行之有效的调查统计网络系统。例如，美国的交通安全策划与推进由交通部负责，统计工作由国家公路交通安全管理局（NHTSA）和美国联邦公路局（FHWA）进行组织实施。NHTSA 对人和车辆安全全面负责，FHWA 主要负责全国道路安全措施。所有交通事故调查数据集中到国家统计分析中心统一存储。

5. 其他相关技术研究

（1）交通安全信息技术的综合研究

在交通安全领域里，人们期望能够有效地运用信息科技，许多国家一直在持续不断地利用信息技术来改变交通安全的一些领域。在实际工作中，虽然很难直接给出指标衡量交通安全领域信息技术能够起到多大作用，但可以肯定的是信息技术能够担负起许多重要任务，如一些领域里的紧急事件管理信息系统、先进车辆控制与安全系统等，在道路交通安全的实际应用领域（交通工程、交通执法、交通安全教育）中，均体现出信息科技的广泛应用前景。

（2）交通安全管理信息系统研究

管理信息系统是实施交通安全管理的重要手段，确保交通安全信息流通的实时性、准确性，并将其他各类与交通安全有关的部门联系起来，共同开发并共享信息资料。此方面的研究主要包括各种交通管理信息联网方式、方法、格式、采集、处理、发布、统计、存储、检索以及反馈制度等方面，向交通参与者提供信息服务，向安全管理部门提供决策依据。

（3）交通安全经济学的研究

交通安全经济学是交通安全科学与经济学交叉的综合性科学，它是以经济学理论为主要基础、研究交通安全经济活动规律的一门科学。它主要研究交通安全投资与社会经济发展速度的关系，把握和控制交通安全规模的发展方向和发展速度；研究交通事故的损失规律、对社会经济的影响规律、交通安全活动的效果规律以及交通安全经济的科学管理。

（4）交通事故社会经济损失的研究

许多发达国家已经开始研究交通事故经济损失问题，主要包括事故损失量化指标体系的评定、事故损失的评估方法、事故损失科学统计等方面，特别是根据事故损失的间接性、潜在性等特征，研究科学的测算理论和方法，为掌握交通事故对社会经济的影响提供可靠依据。目前，对交通事故社会经济损失的评估达到了较高的水平。

（5）交通事故预测方法的研究

交通事故预测是依据交通事故现状对未来可能发生的事故状况进行估计，分析未来事故的危险程度和发展趋势。根据数学理论和历史数据研究建立多指标体系的数学模型，利用计算机处理技术，科学预测交通事故的未来状况，为交通安全管理部门进行科学决策提供参考依据，有利于制定预防交通事故的管理对策和技术措施。

1.4.3　道路安全工程的作用

国外对道路安全工程的作用给予了充分的肯定。交通事故中与道路因素有关的事故至少占事故总数的 28%～34% 甚至更高，即使是由人的因素导致的事故，许多时候也受到道路与交通环境的影响。因此，各主要工业化国家都制定了以道路安全工程为主要内容的综合安全计划，以期减少事故灾害。

美国联邦公路局（Federal Highway Administration，FHWA）建立了道路安全管理系统，包括：建立系统的、综合的安全管理方法；鉴别和研究危险或潜在危险的道路位置、特征，并提出建议采取的措施；保证在道路建设计划和项目中尽早地考虑安全；在道路规划、设计、建造和运营中确定道路特殊用户（如小学生、残疾人等）的安全要求；道路安全设施和道路要素的日常养护和改善。

美国交通部（Department of Transportation，DOT）1991 年提出的 11 项优先采取的措施中有 6 项属于道路安全工程范围，包括人行设施、信号灯与交通标志标线改善、施工区安全、不安全设施杆的迁移、事故多发位置鉴别与整治和通道改善，指定由道路安全工程师负责。

英国运输部（UK Department of Transport）在 1987 年建立了道路安全战略目标——与 1981—1985 年的平均水平相比，到 2000 年道路事故伤亡人数减少 1/3。其以立法的形式开展以下工作：建立一个推进道路安全的计划；深入研究道路事故并提出预防措施；对建设中的道路和新建项目实施安全评价以减少事故的可能性，并指出道路交通方面的事故防治研究在减少事故方面是最有效的方法。

澳大利亚新南威尔士公路局则指出：道路交通控制系统的开发应用（如信号灯、标志标线等）可以给道路用户带来安全。几乎所有的交通工程和管理措施都会影响人的行为，因此，这是整个道路安全战略中的重要部分。

道路安全工程在中国的应用具有更重要的意义，其作用体现在以下几个方面：

1）将影响安全的道路与交通环境因素作为一个系统，综合地加以研究。尽管我们一直强调交通安全的"综合治理"，但在实践中由于行政管理体系的条块分割，始终难以实现真正的"综合治理"，交通安全基本上由交警部门负责，预防措施主要是安全法规教育和加强管理，整治措施以违章处罚为主。道路安全工程的实施将涉及道路交通中的规划、设计、施工和养护管理机构，交通执法与事故处理机构，道路与交通研究机构等。

2）道路安全工程使道路交通事故的评价、分析更为全面客观。过去，由于事故处理的需要，事故的原因绝大多数会归结到人，除了对一些事故特别严重的地方交警会提请公路部门注意外，一般道路上的安全缺陷是很难纠正的。道路安全工程可以使道路交通部门更多地参与事故分析、研究和整治，使事故的成因分析更为客观、全面，使整治措施更加合理、有效。

3）道路安全工程可大大强化事故的预防。以往道路设计中主要注重各单项技术指标符合设计规范，以经济性作为最终的优化指标，对各单项指标组合后对安全的影响考虑得不够全面。

道路安全工程建立的安全评价制度，将消除事故隐患的任务从"事后"提前到"事前"，规划设计中的道路安全性检查，使"防患于未然"成为可能。对已通车的道路，道路安全工程既要求消除事故多发段点（黑点）的缺陷，也要求发现虽不曾发生事故但有潜在事故危险的段点。传统的安全评价方法往往只注意到事故记录突出的位置，虽然这也是十分重要的，但这也隐含着这样一种意识：事故记录没有或不突出的地方是安全的。事实并非如此，事故的发生既有必然性也有偶然性，对道路交通特征相近的路段，有的事故明显，有的不明显，只是由于事故的偶发性的原因，当其他路段整治后，这些路段的事故就有可能会突出出来。道路安全工程将事故虽然不多但道路交通特征与事故多发路段相近的路段作为工作内容。

综上所述，道路安全工程从道路与交通设施入手，整治和预防结合，打断"事故链"，以达到减少事故数或事故损失的目的，对减少我国道路交通事故总量，降低事故伤害程度，将产生巨大影响。

1.4.4　道路交通安全系统的组成对道路安全性的影响

1. 道路交通系统与事故"因素链"

道路交通系统是一个由人、车、路构成的动态系统（图1.12）。系统中，驾驶员从道路交通环境中获取信息，这种信息综合到驾驶员的大脑中，经判断形成动作指令，指令通过驾驶操作行为，使汽车在道路上产生相应的运动，运动后汽车的运行状态和道路环境的变化又作为新的信息反馈给驾驶员，完成整个行驶过程。因此，人、车、路（含整个环境）被称为道路交通系统的三要素。

道路交通安全系统就是对"人、车、路"系统在运行中的安全性、可靠性做出系统的分析评价和提出保证措施的系统工程。对于三者在事故中的作用，学术界一直有较大的争论，英国的Sabey和美国的Treat经过对大量事故的深入研究得到表1.8的结论。

表1.8　各因素对事故的影响程度

因素	Sabey（%）	Treat（%）	因素	Sabey（%）	Treat（%）
单纯路	2	3	人和车	4	5
单纯人	65	53	路和车	1	1
单纯车	2	2	人、车、路	2	3
路和人	24	33			

莫斯科公路学院的O.A.季沃奇金对取自各地区的Ⅰ～Ⅴ级公路的约13000个道路交通事故进行分析，并仔细对照事故地点的道路特征后，得到的结论是不良道路条件影响是70%交通事故的直接或间接原因。

尽管如此，学术界对以下几点的认识还是比较一致的：

1）在三要素中，驾驶员是环境的理解者和指令的发出和操作者，是系统的核心。路和车的因素必须通过人才能起作用，人、车、路组成的系统时刻在变化，因此是不稳定的，三者靠人的干预达到平衡，无疑人是道路事故的关键因素。

2）人的因素在三要素中是最难改变的，人对所处环境的认知和反映在很大程度上取决于人固有的生理和心理，因此车辆和道路环境会对人的行为产生很大影响。道路交通环境和车辆对交通安全的影响，除了力学上的作用外，更重要的是它们对人的行为的影响。

3）事故的原因并不一定能直接引导我们提出整治措施，英国运输部在其《事故调查手册》（1986年）中指出，当我们考虑整治措施以减少事故时，必须认识到，最有效的措施也许在另外的因素中，特别是那些被认为因措施不当和缺乏技术引起的事故，对设施的改进比训练驾驶员达到较高的水平也许更经济。

2. 其他因素的影响

研究表明，以下几方面的措施对道路安全有较大影响。

（1）道路交通设施方面

道路交通设施使道路满足车辆行驶的物理、力学要求，不至于使汽车发生滑移、倾覆等事故。同时，道路交通设施的另一个重要要求是使道路用户能做出正确的决策，例如，道路的线形和交通标志标线应当保证驾驶员能迅速、正确地对前方的道路情况做出判断；另一方面也要保证一次给驾驶员的信息不能太多、太快，否则会超出驾驶员的接受能力。

（2）车辆方面的措施

车辆方面的措施也是交通事故防治的一个重要内容。车辆的安全措施主要与车辆的设计制造有关。

道路基础设施和车辆方面的防治措施效果通常比较明显，但投资大，周期长。

（3）道路用户行为规范

道路用户包括驾驶员、骑车人和行人，作为交通的参加者，其行为会对交通安全产生明显的影响。

（4）伤亡控制

伤亡控制的研究历史相对较短，它是基于这样一种认识：虽然事故无法完全消除，事故减少也需要长期的努力，但事故发生时，采取一定的保护措施，事故的严重性是可以降低的。

（5）紧急救援

实际上，紧急救援也是减少伤亡的一个重要措施。根据澳大利亚的研究，交通事故的人员死亡主要发生在3个时间段：

1）碰撞发生后的几分钟内，约占死亡人数的50%。

2）事故后的1~2h之内，约占死亡人数的35%；我们经常称事故后的半小时为抢救的"黄金半小时"。

3）事故后30天内，约占死亡人数的15%。

紧急救援主要针对第二部分进行，只要抢救及时，这部分死亡人数可以大大减少。

综上所述，道路安全系统是一个复杂的系统，涉及的因素很多。根据英国、美国、澳大利亚等国的实践经验，实施道路安全工程是一个行之有效的方法。

思 考 题

1. 什么是安全的相对性？如何理解安全的相对性？

2. 什么是道路交通安全？道路交通安全与机动化程度有何关系？

3. 为什么说道路交通安全在社会发展、人们工作生活中具有重要地位？

4. 发展中国家道路交通安全现状、变化趋势与交通发达国家之间存在何种差别？其原因何在？

5. 现代道路交通系统安全状况随时间变化呈现何种变化规律？为什么会产生这些变化？

6. 简述交通安全系统工程的任务。

7. 什么是道路交通事故？道路交通事故包含哪 7 个要素？为什么说缺一不可？

8. 道路交通事故有哪些形式？是如何分类的？

9. 道路交通事故具有哪些特点？哪些群体最易受到交通伤害？为什么？

10. 交通安全工程研究的目的和意义何在？

11. 简述交通安全系统工程的研究内容。

12. 如何理解道路交通系统与事故"因素链"？

13. 如何理解"安全是最大的节能，节能是最大的环保"？

14. 为什么说"节能、环保、安全"是国家的重大战略需求？

第 2 章 Chapter 2

道路与交通安全

　　道路因素使交通安全状态更趋复杂。道路形态的复杂性、道路状态的动态性使道路因素对交通安全的影响呈多样化趋势。目前道路对交通安全的影响机理渐趋明朗，但是交通事故发生的复杂性表现在它是由若干因素综合作用的结果，并且发生事故的主要因素往往不表现为道路原因，因此在事故处理中经常难以确认。但是道路因素在事故的发生过程中起着不可忽视的作用，许多事故本可以不发生，但由于道路因素的作用使事故发生了，交通事故的"事故多发地段的非移动"特性反映了道路对事故的影响。国外许多国家（如美国、英国、澳大利亚等）针对道路因素开展道路安全检核和事故多发点的鉴别，减少道路对交通安全的负面影响程度，提高道路的安全性，建设对驾驶员友好的宽恕型道路。国内正在开展该领域的有益尝试。

2.1　道路交通安全

2.1.1　道路安全基本要求

　　安全和有效的行车，驾驶员所依据的信息主要来自道路和交通环境，通过觉察、判断而抉择驾驶行为，其中任何一点失误都容易造成事故。事故次数随需要抉择次数的增加而增加。公路设计若能做到使驾驶员一次只做出一种抉择，或者当遇到既无足够时间而又必须做出抉择的意外情况时，也不惊慌失措，就能为安全行车和有效驾驶创造可靠的条件。

　　适应这种驾驶要求的公路设计是提供一条清晰醒目的行车方向、足够的视距和符合驾驶员普遍期望的设计成果。

　　1）提供一条清晰醒目的行车方向最直接的途径是道路本身，因为它展示出路线和道路外部轮廓及其交通状态，是最直观、最具感觉特性的信息。当驾驶员前方道路和两旁各种附属设施（路肩、护栏、桥墩、桥台、路缘石、中央分隔带、隔栏等）都清晰醒目，并有足够远的距离时，他就能有效地控制车速、选择车道和保持安全间隙。因此，公路设计要充分利用道路几何组成部分的合理尺寸和线形组合，创造一条连续的、清晰顺畅的行车方向。加上路面标线、防护栅栏以及路旁行道树的合理布置，即可形成一条人为的识别方向的导向线。

　　平、纵线形的组合对视觉诱导起重要作用，在视觉上违背自然诱导的线形组合是导致事故多发的主要原因。如竖曲线与回旋线重合，事故发生的可能性最大，特别是凹型竖曲线与平面上两反向回旋线的拐点重合，不但失去视觉诱导，排水也困难；凸型竖曲线顶部开始有急弯时，驾驶员靠近顶部才知道有平曲线，速度过高不能立刻反应，行车容易失误；在长路段平而直的线形上，信息处理的要求低，导致驾驶员疲劳和反应迟钝，随着旅行时间的增长，事故发生的可能性增大。

2）足够的视距对保障安全起到重要作用。信息需要足够时间来加工处理，抉择需要足够的行驶距离来完成。当抉择的困难程度增加时，反应时间也随之增加。反应时间越长，失误的可能性越大。

试验研究表明，驾驶员的平均反应时间为 0.64s，在警觉情况下只需 0.2 ~ 0.3s，正常情况下需要 1.5s。在确定设计视距时，反应时间值应大于所有驾驶员的正常平均值。现行设计规范采用 2.5s 时间计算视距，从反应时间看是足够的。但在复杂情况下，诸如多叉平交口、立交匝道端部、行车道横断面变更处、交通标志和广告竞相出现时，2.5s 的反应时间就不够了。因此，在复杂条件下应考虑采用增加判断时间后的判断视距才比较合理。故应尽可能避免做出抉择困难的、具有复杂条件的设计。

3）驾驶员行车中的期望，是由其经验和训练所构成的。通常以同样方式发生的一些情况和对这些情况做出的成功反应，都被积存到驾驶员的经验知识库中，当下一次情况发生时，驾驶员就按期望预测做出反应。与驾驶员行车期望相适应的设计成果，有助于增进驾驶效能和行车安全。因此，应避免做出例外的或不符合标准的设计，各项设计要素应始终一致地用于整个公路路段，注意保持一致性。应从驾驶员对公路不熟悉，难以预测该路段如何展现，因而需要加强行车诱导的观点来考虑设计。公路设计特性和交通管制设施二者的标准化，有利于驾驶员适应不同类型公路上的行车期望。

2.1.2 公路构造特征的安全因素

公路各种构造物（路基、路面、桥梁、隧道以及各种道路设施）是供汽车安全行驶的基础设施，它们的构造特征直接影响车辆的行驶安全。

高速公路采用全部控制出入、全线立体交叉和分道单向行驶，具有完善的交通管理设施；而一般公路为非控制出入，有平面交叉，双向行驶，并可在一定条件下实现超车，交通管理设施相对来说也不够完善。显然，采用全部控制出入，对提高通行能力和降低事故率来看，其作用是无可估量的。但"全部控制出入"的原则不可能普遍推行，因为从交通需求和投资效益上看，非控制出入的道路仍然占有很大的比重。

道路路幅的布置方式，车行道、路缘带、路肩以及中央分隔带的形式和尺寸，都应根据使用功能、交通量、交通组成以及安全行车要求进行合理设计，并做到具有连续性和一致性。交通事故数的相对值随着车行道宽度的减小而增加，而车行道宽度的有效利用在很大程度上取决于路缘带和路肩的状况。高等级公路设置规定宽度的路缘带能起到分隔车行道和路肩、车行道和分隔带，以及诱导驾驶的作用，有利于行车安全。当桥面宽度与路基宽度不一致时，或者桥上的人行道与护栏引起路面、路肩宽度发生变化时，或者跨线桥下车行道侧面的桥墩、桥台过近，侧向余宽不够时，都会引起驾驶员的心理发生变化，导致不应有的事故发生。

滑溜事故是路面设计中需考虑的重要因素。路面应具有高强的初期抗滑力、随时间和交通增长而保持抗滑力的耐久性，抗滑力随行车速度增加而减小应达到最小限度。路面排水不良，出现水膜和溅水现象也是一种不安全因素，对路拱、超高以及相应的排水措施，要考虑安全因素进行合理设计。

平面交叉由于存在有车流交叉和交织运行、方向和速度改变等影响驾驶信息和操作反应的多种因素，对交叉处采取增大视距、减缓纵坡、渠化转弯行驶、进行交通管制等措施，有利于改善行车安全条件。对交通量大、车速要求高的相交道路，设计立体交叉被认为是最安全和畅通的。若设计不当，如匝道进出口的变速车道长度不够、交织段长度过短、出口形式和方向不符合普遍驾驶期望，也可能成为交通安全的隐患。

桥下净空一般应根据计算水位或最高流水位加安全高度确定。当在河流中有形成流冰阻塞的危险或有漂浮物通过时，应按当地具体情况确定桥下净空。在通航的河流上，桥下净空应符合通航标准。跨线桥下应满足通行车辆的净空要求。否则，设计不仅不能满足使用功能，也不符合安全要求。

总之，对公路的构造特征，除满足技术经济条件外，应有预防事故的安全设计思路，分析可能存在的不安全因素，消除其潜在危险或尽量降低潜在危险因素作用的能力。

2.2　道路因素与交通事故

2.2.1　交通安全的道路因素

从交通工程的角度来看，交通事故的影响因素包括人－车－路以及环境等多个方面。对交通事故成因分析表明，驾驶员的责任是主要的影响因素，其次是车辆、道路责任（表2.1）。

表2.1　国内外交通事故成因比较

区域	成因			
	驾驶员	车辆	道路相关责任	行人
国外	80%～90%	<0.5%	10%～20%	—
国内	70%～80%	<5%	<1%	15%

由表2.1可以看出，国内与道路因素有关的事故仅占很少的一部分，但并不表明道路交通事故与道路的关联度小，主要是由于在交通事故处理的具体操作中存在以下原因：

1）道路交通事故的直接主导原因表现为驾驶员的违章或其他过失或车辆故障类直观因素。

2）道路交通事故的原因往往是多因素综合作用的结果。国外的相关研究表明，一起交通事故的诱发因素平均1.5～1.6个。

3）道路交通环境（道路特性、交通特性、交通管理等）往往通过对人或车的作用或影响引发交通事故。

4）目前，国内很少针对性地开展交通安全环境对交通事故影响的相关研究，同时更由于交通事故的作用主体是人或车辆，交通执法时为了更好更快地实施事故的处理和理赔、确定责任人（肇事者），最方便的就是从人和车这两个因素入手，而不会从交通环境、交通服务水平的角度来看待问题，因此统计数字中很少提及道路交通环境的影响因素。

5）从目前对道路交通事故的统计规律中可以看出道路环境（包括道路线形、气候条件、路面状态等）对交通安全的影响。统计研究表明，道路上交通事故的发生具有地段上的集聚特点，即存在事故的多发地段。

交通事故的发生经常是多种因素作用的结果。对道路交通安全构成威慑的诸多因素，如气候条件、交通和路政管理、道路配套设施等的影响不是通过直接产生作用表露出来，而是通过与其他因素的结合，导致交通参与者产生错误的判断和行为，使车辆的运行脱离驾驶员的控制，继而导致交通事故的发生。

国外公司曾就道路交通事故的直接伴随因素进行分析，得出这样的结论：通常被视为驾驶员的错误和失误的事故中隐含相当比例的道路因素（表2.2）。

表2.2　事故中的道路因素

事故的主要原因	不利道路因素促成事故发生的比例
驾驶员的不良生理状况	40%
驾驶员的操作失误	41%
驾驶员的判断失误	34%

2.2.2　道路主要构成要素对安全的影响

道路交通事故的发生往往与多种因素有关，其中道路方面的因素涉及路宽、平、竖曲线半径、纵坡、分隔带宽度、视距、交叉口、路面摩阻系数、路旁建筑等。

1. 车道、路面

国外研究表明，随着道路宽度的增加，每千米事故发生的件数也增加，尤其在相当于干线道路的13.0m以上的道路上，事故发生的可能性更高；交通事故发生状况也因道路的种类、规格而变化，在同样的日交通量（ADT）下，交通条件越差，交通事故量越大。同时，研究还表明，交通事故的件数与车道数也有关系，6车道道路发生的交通事故比4车道道路增加比例小。

路面状态、照明等同样也造成了道路交通事故的发生（表2.3、表2.4）。如路面打滑问题，主要是由于路面的冻结、湿润等原因造成的，但在干燥路面上，同样存在着打滑肇事的情况。

表2.3　路面状态与交通事故的关系　　　　　　　　（单位：起）

车种	路面状态							
	干燥		湿润		降雪冻结		合计	
	打滑	总量	打滑	总量	打滑	总量	打滑	总量
小客车	17987	171297	17315	102153	3656	6499	38958	279949
1.5t以下货车	1191	12900	1253	7471	270	540	2714	20911
1.5t以上货车	1111	8072	1217	5694	163	431	2491	14197

表2.4　路面状态与照明对交通事故的影响　　　　　　　　（单位：起）

事故情况	照明状态							
	明（日光）				暗（夜间）			
	干燥	湿润	降雪冻结	雾	干燥	湿润	降雪冻结	雾
死亡	1385	162	1	9	955	261	9	9
重伤	24891	3285	89	104	11692	3393	91	123
轻伤	92869	13998	342	429	29871	9697	312	403

　　道路湿润和黑暗程度尤其与重大事故增加有密切关系，因降雪冻结造成的事故在总事故件数中占的比例不太大。

　　2. 路面平整度

　　路面不仅应具有一定的强度、刚度、耐久性，而且还必须具有一定的平整度和抗滑性。从宏观上看，路面应是平整的，从微观上看，应是凸凹不平的。为了保证一定的附着力和制动时的安全性，路面必须满足一定的摩阻值，这可通过路面质量检测（弯沉测量仪）结果进行衡量。

　　目前，关于路面平整度对交通安全影响的研究还不是很多。看起来，好像路面的不平整性会迫使驾驶员降低行车速度，应当减少事故的数量。但是，分析道路交通事故路线图表明，事故往往集中在平面与纵断面几何特征良好的路段上。通常，这些事故地点的路面具有坑槽或波浪不平整的特征，并处于平整路面路段之后。相关资料表明，由于不良的道路条件引起的交通事故中，13% ~ 18% 是由于路面不平整引起的（图 2.1）。

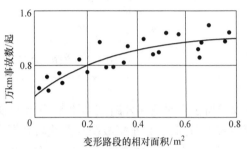

图 2.1　道路交通事故数量与坑槽、不平整路面面积的关系

　　可以设想，不平整路段开始处的事故是由于前面行驶的汽车速度突然降低，跟在其后间距很小的汽车与其相撞所致。这样的事故特征，同安全系数的思路密切相关，特别是从远处不能看清路面不平整的条件时。在不平整路段的中间部分，事故的发生是由于行车绕避本身车道上的坑槽而驶入对面车道，引起撞车；此外，事故还与振幅增加、影响汽车列车的拖挂有关。同样，汽车沿不平整的路面上行驶时，振动也起到一定的作用，这时车轮荷载对路面的作用就会发生变化。当汽车沿曲线行驶时，由于存在横向力，汽车对路面附着重量就要减小，因而可能引起滑溜。在不平整的道路上使驾驶员的工作复杂化也具有一定作用。这时，过载会影响驾驶员的身心，使之引起不愉快，甚至身体不适的感觉。

　　建议采用汽车在试验路段上的垂直加速度 α 与同一汽车在平整路段上的垂直加速度比值作为标准，来评价路面的平整性。平整路面的垂直加速度约为自由落体加速度的 0.3 倍。

　　平整度好的路面，比值 $K = 1$；尚满意的路面 K 为 1 ~ 2；不满意的路面 $K > 2$（图 2.2a）。通常认为，K 值超过 5 的路段应属于危险路段。

　　3. 道路线形

　　（1）综合线形

　　根据美国两个州的研究结果，左向急转弯和下陡坡容易出现交通事故。竖曲线形和平面曲线的组合称为综合线形，综合线形路面排水不良时容易发生交通事故，影响较大的是路面宽度和横坡。在大半径弯道上，水膜厚度比相同横坡路顶区大 2 倍，应更加重视路面的排水。要从线形上解决路面的排水问题，大半径弯道因横向排水长度大，要专门研究。下坡弯道及需要足够摩擦力的道路，摩擦阻力应比一般线段规定值大一些。

　　（2）平曲线

　　据统计，有 10% 以上的交通事故发生在平曲线上，平曲线半径越小，发生事故概率越高。曲线转角的大小对行车安全具有直接影响，事故率随道路曲线转角的变化关系曲线如

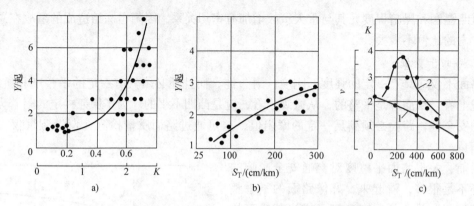

图 2.2　道路交通事故数量 Y 与路面平整度 S_T 的关系

1—路面的平整度（cm/km）　2—汽车的行驶速度（km/h）

图 2.3 所示。对高速公路亿车事故率与曲线转角之间相互关系的研究表明，当曲线转角在 $0° \sim 45°$ 变化时，亿车事故率与曲线转角的关系近似成开口向上的抛物线形，即随着曲线转角的增大，亿车事故率逐渐降低；当转角增大到某一数值时，事故率降低到最低值（即抛物线的极小点），随后随着曲线转角的继续增大，事故率也随之增加。

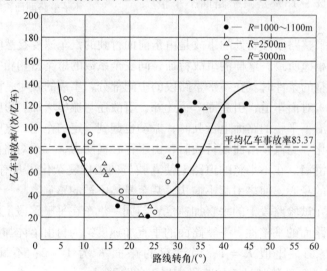

图 2.3　事故率随道路曲线转角的变化关系曲线

当平曲线半径 $R = 2000\mathrm{m}$ 时，设平曲线影响系数 $K_2 = 1$，K_2 的回归方程为

$$K_2 = 0.86 + \frac{265}{R} - \frac{2736}{R^2}$$

此式适用于 $R = 20 \sim 2000\mathrm{m}$，当 $R \geqslant 2000\mathrm{m}$ 时，$K_2 = 1$。

K_2 随 R 增加而显著降低。因此在道路设计时，为最大限度地保证行车安全，应慎重选择平曲线半径。一般情况下，尽可能选择不设超高的平曲线半径，只有当地形条件非常困难时，不得已才选用极限最小半径。

（3）纵坡

纵坡对交通事故的影响系数 K_3 如图 2.4 所示。不同的纵坡对事故有不同的影响，由此得出如下回归方程：

1）当 $i = -1\% \sim 2\%$ 时，纵坡对事故率无影响，即 $K_3 = 1$。

2）当 $i = 2\% \sim 9\%$ 时，$K_3 = -0.36 + 0.76i - 0.04i^2$。

3）当 $i = 9\% \sim 11\%$ 时，$K_3 = 1.4 + 0.2i$。

4）当 $i = -11\% \sim -1\%$ 时，$K_3 = 0.16 - 0.88i - 0.04i^2$。

设计公路时，从汽车的动力性能、行驶速度和营运效益等诸多方面考虑，应尽可能选用偏小的纵坡。同时，在任何情况下，都不要超过表2.5所规定的最大纵坡值。在具体设计时，应保证纵坡坡长不宜过短，一般

图 2.4　纵坡对交通事故的影响系数 K_3

注：对于道路纵坡，上坡取"+"，
　　下坡取"-"。

讲最小纵坡长度不应小于10s左右时长的汽车行程，并应考虑缓和坡度及平均纵坡的设置，注意在海拔3000m以上的公路，最大纵坡要折减 $1\% \sim 3\%$。

表 2.5　各级公路的最大纵坡

公路等级	汽车专用路							一般公路					
	高速公路			一		二		二		三		四	
地形	平原微丘	重丘	山岭	平原微丘	山岭重丘	平原微丘	山岭重丘	平原微丘	山岭重丘	平原微丘	山岭重丘	平原微丘	山岭重丘
最大坡度（%）	3	4	5	4	6	5	7	5	7	6	8	6	9

在平曲线较小的地段，不宜设计偏大的纵坡，回头曲线设计通过合成坡度进行控制。各级公路合成坡度见表2.6。在严寒和积雪地区，各级公路的合成坡度值不应大于8%，最小合成坡度不宜小于0.5%。

表 2.6　最大容许合成坡度

公路等级	汽车专用路							一般公路					
	高速公路			一		二		二		三		四	
地形	平原微丘	重丘	山岭	平原微丘	山岭重丘	平原微丘	山岭重丘	平原微丘	山岭重丘	平原微丘	山岭重丘	平原微丘	山岭重丘
合成坡度（%）	10.0	10.0	10.5	10.0	10.5	9.0	10.0	9.0	10.0	9.0	10.0	9.5	10.0

为了保证上、下坡车辆行驶的顺畅并维持一定速度，应在变坡点设置凸型和凹型竖曲线，其半径应尽量采用大于一般最小半径的数值。凸型竖曲线的半径选择要保证行车视距要求，凹型竖曲线半径的选择则应考虑舒适而无冲击力。

4. 路面宽度与交通事故

设路面宽度 $B = 7m$ 时的影响系数 $K_4 = 1$，根据某市郊双车道公路路面宽度与交通事故率关系的调查资料，绘出两者关系如图2.5所示。用二次抛物线方程拟合该曲线，得到路面宽度影响系数关系式：

1）当 $B = 4.5 \sim 7m$ 时，$K_4 = 8.357 - 1.94B + 0.127B^2$。

2）当 $B = 7 \sim 15\text{m}$ 时，$K_4 = 2.787 - 0.333B + 0.111B^2$。

道路交通事故的相对值随着路面宽度的减小而增加。路面宽度的有效利用，很大程度上取决于路肩以及附近的路缘带或路缘石状况。为了确保驾驶员对路面宽度的有效利用在路面与路肩之间，沿路设置宽度为 $0.2 \sim 0.75\text{m}$ 的过渡路缘带。由于路缘带的存在，提高了行车的舒适性和安全性。因此，采用现代筑路方法加宽路面，在其上施画一条连续的白色边线作为路缘带。实践证明，效果比较显著。

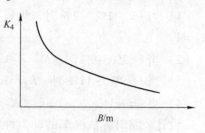

图 2.5　路面宽度影响系数

5. 路肩宽度与交通事故

当路肩较窄时，在路肩上停留的汽车会占去一部分路面，以较大速度行驶的汽车，极易与其发生相互碰撞。设置一定宽度的路肩并进行加固，对行车安全具有良好的保障作用。

若定义未加固的 0.75m 土路肩的影响系数 $K_5 = 1$，根据统计资料可以得到路肩宽度（b）影响系数的计算式：

1）当 $b = 4.5 \sim 3\text{m}$ 的未加固路肩时，$K_5 = 1.357 - 0.541b + 0.0863b^2$。

2）当 $b = 4.5 \sim 3\text{m}$ 的加固路肩时，$K_5 = 1.073 - 0.411b + 0.0623b^2$。

为保证安全行车，各级公路必须设置路肩，具体数值见表 2.7。统计资料及我国特大事故数据表明，路肩加固的类型及其状况，对行车安全有重要意义。具有一定宽度、加固、表面密实度高的路肩，可避免车辆驶出路面或压坏路肩而翻车的恶性事故发生。路肩宽度在 2.5m 以上，其对道路交通事故的影响就不明显了。

表 2.7　各级公路路肩宽度

公路等级	汽车专用路					
	高速公路				一级	
地形	平原微丘	重丘	山岭		平原微丘	山岭重丘
右侧硬路肩宽度/m	≥2.50	≥2.50 (2.25)	≥2.25 (1.75)	≥2.00 (1.50)	≥2.50 (2.25)	≥2.00 (1.50)
土路肩宽度/m	≥0.75	≥0.75	≥0.50	≥0.50	≥0.75	≥0.50

公路等级	汽车专用路	一般公路					
	二级	二级		三级		四级	
地形	平原微丘	山岭重丘	平原微丘	山岭重丘	平原微丘	山岭重丘	平原微丘	山岭重丘
路肩宽度/m	1.50	0.75	1.50	0.75	0.75	0.75	0.5 或 1.5	

6. 路旁建筑与交通事故

侧向净空（即路旁建筑与路面边缘）$D = 30\text{m}$ 时，对交通事故的影响已不明显。取影响系数为 $K_7 = 1$。D 与 K_7 之间的关系如图 2.6 所示，计算公式如下：

1）当 $D \le 30\text{m}$ 时，$K_7 = 8.74 - 0.516D + 0.0086D^2$。

2）当 $D > 30\text{m}$ 时，$K_7 = 1$。

路旁建筑物距离路面越近，对行车速度影响越大，越会增加驾驶员的心理紧张程度。因此，在道路规划的红线宽度以内，应拆除违章建筑或物体，保证侧向净空符合标准要求。

7. 行车视距与交通事故

视距是确定道路行车安全的最重要因素之一。在平、竖曲线上超车时发生的道路交通事故，常常与视距不足有关。视距不良路段往往是事故多发路段。

定义视距 $L = 500m$ 时的影响系数 $K_8 = 1$，K_8 与 L 的关系如图2.7所示，K_8 的计算公式如下：

1）当 $L = 30 \sim 500m$ 时，$K_8 = 0.6 + 206/L - 1306/L^2$。

2）当 $L = 500m$ 时，$K_8 = 1$。

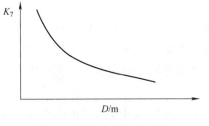

图2.6 路旁建筑影响系数

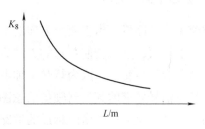

图2.7 视距影响系数

在视距受限制的地点，行车的危险性通常由提高驾驶员注意力加以补偿。在山区，道路交通事故数反而减少；在高速行驶的道路上，个别不常出现的视距不足路段常具有较大的危险性。因此，现代道路设计的特点是减少视距受限制的路段长度及出现的频率。根据沿路线绘制的视距变化图，驾驶员可以预先了解沿途的视距情况，做到心中有数，在行至那些视距不足的地点时，提前采取必要的防范措施，以安全车速行驶，可最大限度地避免事故的发生。视距对保障行车安全具有重要意义，因此，道路设计者、施工者及养护部门应给予高度重视。

另外，在情况复杂或容易有意外情况出现时，要考虑识别视距。我国道路设计时，大多数情况下使用"停车视距"的概念，而识别视距包括了驾驶员判断和反应的距离，其长度要求比停车视距更长。图2.8所示为欧洲国家、美国在城市道路施工过程中，充分考虑了识

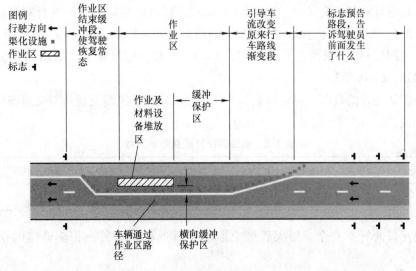

图2.8 城市道路施工的识别视距

别视距的情况，设立引导车流改变原来行驶路线的渐变段和缓冲区。而我国往往只在施工区附近设置隔离锥筒，当车辆驶近施工区域才发现道路施工，导致该区域道路通行能力大大下降，车辆聚集引发拥堵。

2.3　道路交叉口

2.3.1　公路平面交叉口

在交叉口的路段，由于两个方向的交通流叠加在一起，因而交通量增高。一部分汽车要在交叉口上转弯，这就会使跟随的直线方向行驶的汽车面临困难。在通过交叉口时，交通流的行驶状况会发生变化，因为行驶参加者往往不清楚那些不明确或不及时完成队形改变或发出准备转弯信号要求的其他驾驶员的意图。

通常，驶近交叉口时横向越过的道路的视距要比其他基本路段的视距小很多。在纵断面中，交叉口的布置同样具有重要的意义。交叉口置于两条道路的直线段，并在纵断面的凹形竖曲线处具有最好的视距条件；交叉口置于凸形竖曲线处，视距条件最差。通常不把交叉口置于路堑处，虽然在许多情况下，这符合景观设计的原则。

上述交叉口处的行车特点会导致道路交通事故的增加，而事故的数量与交通量以及交叉口路段的视距有关。

根据欧盟经济委员会 1976 年的统计资料，各国在平面交叉口处发生的行车事故占总事故的 10% ~ 40%。

许多研究者建议采用下列经验公式预测在平面交叉口处一年中可能发生的事故数量：

$$Z = Y_\alpha N_1^a N_2^b$$

式中，Y_α 为考虑平面交叉口上行车组织情况的系数；N_1、N_2 为交叉路段的交通量；a、b 为按统计资料确定的参数。

对于有信号灯控制的交叉口，$Y_\alpha = 1.5$；而对于没有信号灯控制的具有双车道的道路交叉口，$Y_\alpha = 2.1 ~ 2.7$。对于岔道口 Y_α 相应的值应为 $1 ~ 1.5$。按坦涅尔（英国）的资料，$a = b = 0.5$；按利翁格（新西兰）的资料，$a = b = 0.42$，按玛克 – 多纳尔德（美国）的资料，$a = 0.455$，$b = 0.633$。

综合许多研究者的资料，可获得表 2.8 所列交叉口相交道路交通量对交通安全影响的相对系数平均值。

表 2.8　相交道路交通量影响系数

相交道路的交通量占总交通量的百分比（%）	0	10	10 ~ 20	20
交通量影响系数	1	1.5	3	3.6

平面交叉口的行车安全，很大程度上取决于行近汽车对另一相交道路的视距的保证程度。

根据在里约热内卢召开的第十一届国际道路会议上挪威的报告资料，确定交叉口视距影响的相对系数值见表2.9。

表2.9 交叉口视距影响系数

视距/m	>60	40～60	30～40	20～30	<20
视距影响系数	1	1.1	1.65	2.5	10

在次要道路上等待合适时机驶入主要道路的汽车，应保证视距不小于表2.10中的数值。

表2.10 交通量与视距要求

交叉口上总的交通量/(辆/昼夜)		1000	3000	5000
最小视距/m	主要道路	140	150	175
	次要道路	75	75	100

详细研究各种不同布置的平面交叉口的行车特点后发现，交通流的交角对于行车安全有很大影响。按照英国运输与道路研究实验室以及E.M.洛巴诺夫的资料，从行车安全角度出发，交角为50°～75°的岔道口可以认为是最佳的，因为这时从汽车上没有看不到的区域，而驾驶员具有评价行车状况的最佳条件（图2.9）。较大锐角下的岔道口是最危险的，这时汽车右转弯不能在自己的车道上行驶，而被迫占用对方的行车道；在左转弯时，则沿非常大的半径的曲线行驶（图2.10a）。这种布置具有事故最多的特点，下列一系列情况导致了事故的发生：通过岔道口左转弯时没有预先减速（从进口处），而是高速转弯；在一条道路上行驶的驾驶员难以判断在横穿方向上沿另一条道路行驶的汽车速度，因而难以判断汽车路线相交的可能性；在右转弯时，在横穿的道路上与迎面来的车流相交，驾驶员难以确定谁有权优先通过。

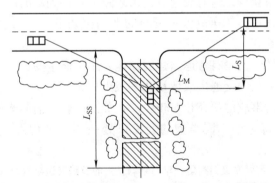

图2.9 确定平面交叉口视距的示意图

L_M—主要道路上的视距 L_S—次要道路上的视距 L_{SS}—次要道路上行车道的加固段

垂直相交的岔道口（图2.10b）具有较小的危险性，但是它的事故数量还是要比交角较小的岔道口要高，因为从汽车的驾驶室内看出来的视线的广阔性相对较差。图2.10c所示的岔道口最安全，但是左转弯时要求显著降低车速。

提高平面交叉口（特别在几条路交叉时）行车安全的可能方法之一是建设环形交叉口。

根据英国运输与道路研究实验室的资料，建设内环直径大于30m的环形交叉口使道路交通事故数量平均降低了70%。

环形交叉口常建在城市近郊，在公路干道上行驶的汽车可以通过它驶入某些街道。在这

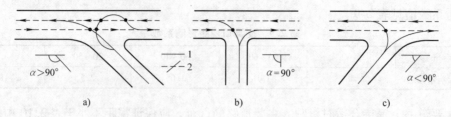

图 2.10　平面岔道口示意图
1—驶向主要道路的汽车的轨迹　2—车流交叉的冲突点

种情况下，事故常与城郊路段相应的过高速度有关。这时，驶入路段的安全系数具有较小的值：

$$K_{安全} = \frac{v_K}{v_M}$$

式中，v_K 与 v_M 分别为汽车在环形交叉口上与公路干道上的行驶速度。

　　在这样的条件下，设置限制车速的标志，常常具有好的效果。因此，为了提高环形交叉口的效果，应合理地设计环形交叉口的接口，用减小半径的曲线设计通往环形交叉口的路线是合理的，从而使这条曲线上行车的速度逐渐减小。

2.3.2　道路立体交叉口

　　无法准确地评价立体交叉口对交通安全的影响，因为这通常是与道路的总体改善相配合的。建设立体交叉口以提高交通安全的某些观念，可以通过比较老的道路与平行于它修建的高速公路上的交通事故来获得，这时交通流已由老路上转移到新的高速公路上。在美国的道路上，每百万车千米的死亡行车事故数量资料的平均值如下：在高速公路上为 2.13，在与其平行的其他公路上为 6.07。

　　尽管在所进行的比较中，没有考虑新建的高速公路交通量要比以往使用的平行老路有所增长，但它还是证明了死亡的交通事故数量几乎减少 2/3。

　　不同类型交叉口相对事故的研究相对较少。在英国伦敦—伯明翰的第一条高速公路以及若干大城市的环道上，每一个不同类型的交叉口处一年内平均发生的道路交通事故数见表 2.11。

表 2.11　不同交叉口类型一年内平均发生的道路交通事故数（英国）

交叉口类型	事故数/起
环形交叉口	3.2
菱形交叉口	2.0
连接到公路干线上的岔道口	3.0
不完全的苜蓿叶交叉口	9.7

　　"不完全的苜蓿叶交叉口"事故率提高是有代表性的，这种形式的交叉口缺乏独立的出口，而这些出口对"完全型"交叉口是必需的。

　　不完全型交叉口通常是在单独方向行驶的交通量较少时，为了节约初期投资而修建的。但是，由于确定新建道路上的远景交通量时有着较大的误差，所以在设计立体交叉口过程中，必须预先考虑到今后有把它改建为完全型交叉口的可能性（图2.11）。如果不这样做，那么今后建筑与开拓路缘带不可避免地会发生困难，并不可能得到完美的解决。

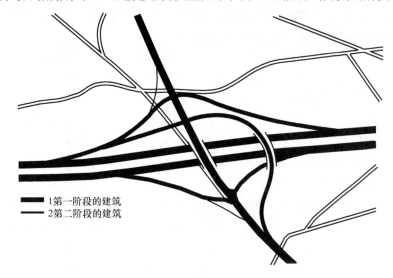

1 第一阶段的建筑
2 第二阶段的建筑

图 2.11 预先考虑到阶段性发展的立体交叉口平面设计（芬兰）

为了行车安全与明确交通组织，驾驶员应当了解立体交叉口的行车方向。这就要求设置很多道路标志牌及其复制品。其特点是，甚至对于简单的"苜蓿叶"型立体交叉口，在图上是完全显而易见的、容易明白的，可是在实地行驶时，驾驶员却不能立即弄明白。在比较复杂的、带有从单向行驶的行车道左边分叉的左转匝道的交叉口处，驾驶员经常错把左转匝道当作行驶的主要方向。

这是由于驾驶员在沿路行驶过程中看不见整个交叉口，而只能看到个别的出口和岔道口，对于它们的用处驾驶员往往是不清楚的。因此，在不完全型交叉口上，常常会在这些连接的匝道上发生不正确的逆向行驶的情形（图2.12），由此引起的行车事故特别严重。

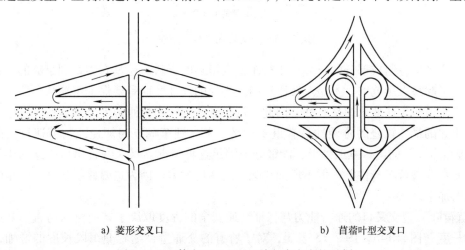

a）菱形交叉口   b）苜蓿叶型交叉口

图 2.12 立体交叉口上不正确行车方向的示例

在立体交叉口上的错误是由许多原因引起的：驾驶员弄不清交叉口示意图；一些不守纪

律的驾驶员为了缩短行车路线或为了改正走错了的路线（例如，超过了应转弯的地点）而有意识地走不应走的路线。交叉口的设计应预先定出"消极调整"走错路线的措施，预防利用不正确的行车路线，使驾驶员不正确行驶的可能性减至最小。在交叉口上，提高分隔带以阻止驶到左边的行车道上去的措施是十分有益的。

在一条路线上配置的交叉口，采用同一类型的布置方案是十分重要的。这时，驾驶员将明确在所有的情况下，一个固定的道路车道适合于直线方向，而在所有的交叉口左转弯都开始于同一个位置上，如在通过跨线桥后（图2.13）。

正确布置道路标志与方向指示牌，对于防止错误利用立交的出口而引起的交通事故具有重要意义，它们的尺寸应当与交叉道上的车速相适应。使驾驶员成为"道路的内行"，让他们学习有关道路的基本知识，其中包括有关典型立交的设计知识，对于防止这种类型的事故可能会起着重要的作用。

在立交上，必须设置大量的路线标志与禁止驶入岔道的标志。美国学者得出结论，一般的禁止驶入的标志作用较小，采用写有"危险"或"不正确的路线"的专门标志则会起到较好的心理暗示作用。

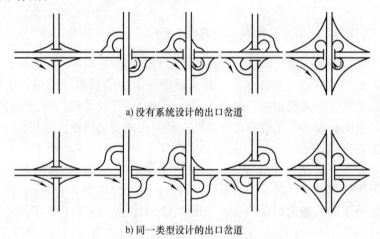

a) 没有系统设计的出口岔道

b) 同一类型设计的出口岔道

图2.13　交叉口在路线上布置

关于交叉口各组成部分的尺寸对于行车安全影响的资料，还没有累积到足够的数量。可以认为，引起最大影响的，不是左转匝道曲线半径的尺寸，而是要保证车辆从公路干线的行车道转入匝道时车速变化的平顺性。因此，汽车进入左转出口匝道上及从这些匝道上用加速或减速出去的最佳轨迹的协调性具有重要意义。考虑到车辆以匀加速或匀减速行驶的所谓"制动缓和曲线"的出口匝道外形，能最好地满足这种情况。增大左转出口匝道的半径，良好地反映在改善行车条件上，但不增加交叉口的通行能力，因为这时路线长度与行车的延续时间也增加了。

"苜蓿叶"型交叉口的通行能力与保证交通安全的程度取决于转向流入与直达交通流交织段的长度（图2.14）。图2.15表明，对于所有的交通量，随着交织段长度的增加，事故数量迅速减少。尽管满足这个要求会与节约土地的要求发生矛盾，但在设计立体交叉口时还应该注意这个问题。

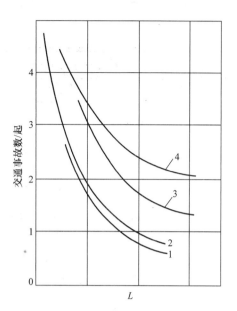

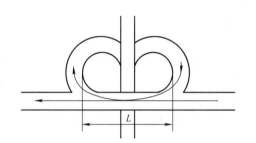

图 2.14 转向交通流的交织段

L—交织段的长度

图 2.15 "苜蓿叶"型交叉口上通过每百万辆车中
发生的道路交通事故数与转向流交织段长度的关系

1—1 万~2 万辆汽车　2—2 万~3 万辆汽车

3—3 万~4 万辆汽车　4—超过 4 万辆汽车

立体交叉口的行车安全，很大程度上取决于交叉口是否有行车道的加减速道（变速道）。有了变速道，当驾驶员发生典型错误时，就会消除发生事故的危险。典型错误有：较晚看到出口岔道而在转弯以前采取紧急制动、从行驶的第二行列转弯进入匝道、从出口岔道急转弯驶出到公路干道的行车道上等。

根据美国在立交上的观测资料，驶过每百万辆汽车发生的道路交通事故数与变速道长度的关系如图 2.16 所示。

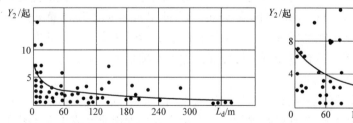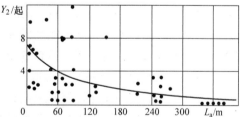

图 2.16 驶过每百万辆汽车发生的道路交通事故数与变速道长度的关系

L_d—减速道长度　L_a—加速道长度

离直接邻接加减速道不远的交叉口进出口段，其方向应当平行于公路干道，在极限的情况下，可呈一很小的角度。最佳的邻接角为 4°~7°，在任何情况下，不应超过 10°。

交叉口出口段的轴线与道路行车部分车道轴线的正确连接也具有重要意义。这些轴线直接连接是造成道路交通事故频发的原因之一。唯一的正确方案是出口段与平行于行车道轴线的加速段轴线平顺连接（图 2.17）。

这些进出路段与公路干线的路面，用逐渐变窄的分隔带合理地分开。在驶近公路干线的

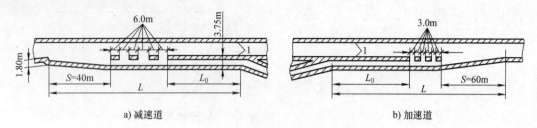

a) 减速道   b) 加速道

图 2.17 变速道的各组成部分

1—行车道画线 L_0—加速或减速道的长度

L—变速道的全长 S—变速道的偏斜段

立交出口岔道处，必须保证足够的视距，以使驶入的汽车驾驶员有可能及时判断公路干线上的交通状况。

加减速段与公路干线的行车道，用虚线形式的地面画线相互分开。如果进出口行车道的颜色与主要道路行车道的颜色显著不同，那么地面画线标记可以取消。

2.4　道路安全设计理念

道路交通安全设计的目标和原则是减少交通出行可能冲突的数量、降低冲突的严重程度并减轻其损害程度。以下介绍几个关于道路交通安全设计的理念，供设计参考。

2.4.1　道路安全目标

道路安全目标（Road Safety Target）是决定道路安全项目好坏的根本。为达到研究的目标，国际流行的解决措施是采用以下研究方法和内容。

（1）分析事故趋势和现有道路安全问题

分析事故趋势和现有道路安全问题对现有道路安全状态和趋势进行描述，找出优先处理的事故多发位置（Accident-prone Location，Black Spots，Black Routes and Black Areas），以了解道路安全过去的情况和未来可能的发展趋势。系统描述和分析道路安全问题能有助于确定道路系统中的弱者——道路用户或高危险群，以便在道路安全项目中给予关注。

（2）评价各种可能的道路安全措施

评价各种可能的道路安全措施要从达到的目标和有效性两方面进行。目前这两个方面的资料及经验都不足，但在实施后往往能有很好的效果。安全措施的理论研究成果由于种种原因往往在实现过程中有一定的难度，如资金、政府、实施者等问题，因此道路安全项目应该考虑这些影响因素。

（3）对影响安全的外在因素的评价

在评价时总是存在影响安全的外在因素，如驾驶员和行人的素质、对交通法规的遵守等。在制定道路安全策略时也应该考虑这些外在的影响因素。

（4）制定目标

明确系统的道路安全目标有助于指导制定相关政策。

（5）系统地选择、制订行动计划

为了找到最经济的比选方案，应系统审查可选的行动计划。审查过程应包括对各种措施不同的选择、费用 – 效果或费用 – 效益率估计并构成一个费用 – 效果项目。

（6）监控与反馈

必须仔细监控道路安全项目目标以了解安全对策的执行情况，如果有必要则可修改目标或计划项目。

监控在目标项目中是很重要的，它会导致对道路安全资料的质量和数量的改善，缺乏相关的、精确的、可取得的、实时的、标准的、综合的资料将会影响道路安全措施的发展、执行和评价。

2.4.2 安全审核

道路安全问题是道路交通系统的质量问题，当它最终能决定基础设施的投资时，它与其他问题，如服务水平、出行目的地、环境影响、费用等，是同样的重要。

在公路项目的前期阶段确定一个基础设施的项目时，应尽可能多地考虑道路安全问题。

1. 道路安全审核（Safety Audit）的成效

（1）直接成效

1）通过在规划阶段的道路安全审核，将道路网中特定地点要素或网络特征所引发的事故发生频率与严重程度降至最低。

2）能够防患于未然，避免在道路运营之后用生命或鲜血的代价来发现道路的安全性能缺陷。同时，将项目实际运营开始后所进行的安全补救工作降至最低程度。

3）通过预期评估与适当的投入，使项目全寿命周期（规划、设计、建设与运营期）的总成本降低。

4）增强项目规划、设计、施工、运营、维修各方面参与者的安全设计意识。

5）将多种交通方式、多层交通系统内的安全事务集成化处理。

6）在道路设计的各个方面都贯彻"以人为本"的理念。

（2）广义成效

1）通过道路安全审核的实践，推动道路交通事故机理与交通安全理论、方法、技术的研究与应用。陆续推出的交通安全相关模型，以及逐渐成熟的交通安全分析软件，都是道路安全审核推广所催生的科技成果。

2）在道路安全审核的探索与应用过程中所积累的代表性成果，可以丰富与扩充道路工程的设计规范，并提高交通管理水平。其中，对于道路几何线形的组合与动态设计，以及交通工程设施设计规范的改进，是最直接的成效。

3）道路安全审核的实践与研究，能够派生出许多新设施、新材料，不仅能够带来明显的社会效益，也能够派生出可观的经济效益。

4）道路安全审核在直接带来安全成效的同时，也提高了道路交通系统的运行效率。由于交通事故是导致交通拥堵与系统效率下降的重要原因，因此道路安全审核在避免了一定的交通事故发生的同时，也使得交通系统的运行更加平稳和顺畅。

5）道路安全审核的受惠者不仅是避免了交通事故的当事人，还能够提升所有用路者的安全空间，尤其在传统的道路建造与运营环节中容易忽略的非机动车交通和行人的安全问题，通过道路安全审核获得了关注和解决。

2. 道路安全审核的关注要点

无论是对新建还是改建道路，在各个阶段中用道路安全影响评价（包括审核技术）来评价相关道路的安全问题是很有用的工具。为了更好地应用道路安全审核，应注意以下几个问题：

1）使用相对独立的审核人员。

2）公布审核报告。

3）依据审核清单进行安全审核。

4）在公路建设项目的各阶段设计完成后和施工前公布审核报告。

5）用审核报告向每条道路项目的管理者提出建议（虽然管理者对项目完全负有责任）。

6）完善和使用"最符合实际"的审核清单。

当然，要进行道路安全审核必须要有一支经过精心培训的专家队伍。

道路安全审核具有预防性和条理清晰的特点。审核在其他领域已经得到了成功的运用，从概念上看，道路安全审核也是非常有效的，但迄今为止对道路安全审核研究有效性的效果还没有得到来自事故数减少方面的印证。

2.4.3 宽恕的交通设计

从理论上讲，一旦道路的几何参数确定并按设计规范建成通车后，当道路交通系统中其他3个要素即人、车和环境都处于"正常"状态时，该道路存在一个最大的"安全空间"，也就是说，其安全状态也就确定了。当环境改变，如不良气候条件导致能见度下降、车辆出现故障、驾驶员注意力分散等，都会使道路交通原有的安全空间缩小，使交通事故的风险上升。因此，道路工作者在进行道路设计或制定道路改造方案时，要始终考虑人的心理，将安全性置于首位加以考虑，追求两个目标：①扩大道路的"安全空间"，尽量采用良好的线形参数，注重道路几何特征的一致性和协调性；②提高道路的"宽容度"，即便驾驶员有某些驾驶错误产生，仍能保持安全行车的道路条件，对危险起到消除或减缓作用。也就是说，在道路设计中，不是强迫驾驶员用改变行车状态的方法来适应道路的缺陷，而是致力于减轻驾驶员工作，帮助驾驶员选择适当的运行状态。

通过处理导致事故最根本的原因、移去冲突区域或对道路使用者人为进行调控，就能得到一个长期的基本安全的道路交通系统。在这些地方事故仍然会出现，但不会出现严重伤害的危险。

（1）主要内容

一个能容忍的安全交通系统包括以下几部分内容：

1）安全的道路设计应符合人的驾驶特性。

2）车辆设计应尽可能地简化驾驶员的工作，车辆结构应尽可能有效地保护驾乘人员。

3）驾驶员应受过充分的安全教育，能根据道路提供的信息行驶并受到道路所提供信息的调控。

（2）安全理论

对道路基础设施而言，要达到能容忍的安全交通，可以采用以下3个安全理论：

1）道路网功能使用（The functional use of the road network）理论：通过阻止盲目地使用每一条道路来充分发挥道路网的使用功能。

2）同质使用（The homogeneous use）理论：通过减小道路上的车速差别、车流不均匀分布和行驶方向的不同来达到车辆在同类道路上的同质使用。

3）可预知使用（The predictable use）理论：通过加强行驶过程和同类道路用户行为的可预知性以阻止道路用户行为的不确定性。

这些理论和方法在当今道路安全策略研究中具有较好的代表性。

2.4.4 公路设计一致性

一致性设计是指公路的几何条件既不违背驾驶员的期望，也不违背驾驶员安全地操作和驾驶汽车的能力，即确保驾驶员沿着路线以期望的速度行驶，降低误判和操作的不确定性。

美国FHWA很早就开始公路安全设计标准研究，它的目标就是建立一个交互式的道路设计过程，并且在评价成本和效益的时候也能够系统地考虑安全因素，其评价的范围应该包括道路线形、交叉口和路侧设计。在过去，安全设计仅仅指满足最小的设计标准。对于设计者来说，一直以来都没有一种非常有效的方法来对比各种安全设计方法和优化安全设计。因此，FHWA开发出了一套较为全面的道路安全评价软件——交互式道路安全设计模型（Interactive Highway Safety Design Model，IHSDM）。

IHSDM主要包括5个评价模型，每一个模型都是从不同的方面来评价已建和待建道路设计的安全性和实用性。这5个方面是：

1）政策法规模型（PRM）：PRM主要从已有标准的角度出发，考察线形设计中各要素值是否满足。

2）碰撞预测模型（CPM）：CPM主要是预测道路碰撞事故的可能性和严重性。

3）设计一致性模型（DCM）：DCM主要是预测线形设计中的运行速度和运行速度一致性的方法。

4）交叉口评价模型（IRM）：IRM主要是考察各个设计元素的可能安全性和运行特性。

5）交通分析模型（TAM）：TAM主要是在道路通行能力和服务水平方面评价交通运行性能。

将线形设计指标与运行速度结合起来分析公路线形的连续性及舒适性，对双车道公路交通安全具有重要的理论指导意义。事故的发生大多与车速有关，车速变化大小在一定程度上代表了线形连续程度。因此，为满足行车舒适、顺畅，避免交通事故发生，在进行路线设计时，保证车辆运行速度及设计线形的连续性尤为重要。

确定公路几何线形参数必须做到运行速度与设计速度的匹配设计，可保证路线所有相关要素如视距、超高、纵坡、竖曲线半径等指标与设计速度的合理搭配。线形的舒适性评价考虑了驾驶员的交通心理需求，即更能体现以人为本的交通理念。若局部道路设计中，因客观条件无法满足设计标准的，应从交通管理方面予以补偿，以最大限度地满足道路交通安全的需要。

思 考 题

1. 简述道路安全的基本要求。
2. 简述道路交通事故的基本特征。
3. 道路主要构成要素是如何对安全产生影响的？

4. 平曲线与竖曲线组合设计中应避免哪些组合以保证交通安全？

5. 平、纵线形设计中如何保证交通安全？

6. 平面交叉路口安全设计要考虑哪些因素？主要方法有哪些？

7. 道路是不是越宽、车道数越多越安全？是不是车道越宽越安全？为什么？

8. 平面交叉路口安全设计要考虑哪些因素？

9. 影响道路交通安全的交通条件有哪些？

10. 什么是路线设计一致性？评价指标是什么？评价标准是什么？

第 3 章 Chapter 3

车辆与交通安全

汽车是交通出行的主要手段，是道路交通系统的重要组成要素，是交通事故定义中的必要组分，与交通安全有非常密切的关系。虽然在交通事故统计数字中，直接因车辆因素引起的事故不超过10%，这并不意味着车辆因素对交通安全的影响不大。事实上，这一统计数字一般仅指由于车辆机械原因引起的交通事故。实际上，如果车辆结构和性能能够进一步完善和提高，使车辆具有完好的技术状况，使操作更加方便、人机更加和谐，就能够有效地减少交通事故的发生，降低事故的损失程度。这也是现阶段车辆辅助驾驶和无人驾驶技术关注的主要热点。从这个意义上来说，车辆因素对交通安全有着非常重要的影响。

3.1 车辆主要安全性能

汽车在一定条件下正常行驶所具有的工作能力就是汽车的使用性能，主要包括动力性、燃油经济性、制动性、操纵稳定性，此外还有平顺性和通过性等。汽车的使用范围日益扩大，汽车使用性能必须不断改善，以适应在各种道路、气候条件下的运行。

为保证行车安全，汽车必须要有良好的安全性能（动力性能、制动性能、操纵稳定性能等）以及安全的结构、完善的技术状况等。

3.1.1 动力性能

汽车的动力性是汽车各种性能中最基本、最重要的一种性能。汽车是一种高效率的运输工具，运输效率的高低在很大程度上取决于汽车的动力性。而影响平均速度的因素除运输组织原因（如货源的组织、道路条件、车辆的调度等）外，主要取决于汽车的动力性。

1. 汽车的动力性指标

从获得尽可能高的平均行驶速度的观点出发，汽车的动力性主要可由三方面的指标来评定：①汽车的最高车速 u_{0max}（km/h）；②汽车的加速时间 t（s）；③汽车能爬上的最大坡度 i_{max}（%）。

最高车速是指在水平良好的路面（混凝土或沥青）上汽车能达到的最高行驶速度。设计汽车的最高车速要考虑到道路条件与交通情况。一般情况下，公路上规定的车速有"持续车速"和"最高限速"，显然，具有高动力性能的汽车其最高车速要高于公路上规定的"最高限速"。

汽车的加速能力对平均行驶车速有很大影响，特别是高级轿车对加速时间更为重视。常用原地起步加速时间与超车加速时间来表明汽车的加速能力。原地起步加速时间是指汽车由第 1 档起步并以最大的加速强度（包括选择恰当的换档时机）逐步换至高档后到达某一预定的距离或车速所需的时间。超车加速时间是指用最高档或次高档由某一中等车速全力加速至某一高速所需的时间。因为超车时汽车与被超车辆并行，容易发生安全事故，所以超车加速能力强、并行行程短，行驶就安全。一般常用 0—400m 的秒数来表明汽车原地起步的加速能力，也有用 0—80.5km/h 所需的时间来表明加速能力。超车加速能力还没有一致的规定，采用较多的是用最高档或次高档由 30km/h 或 40km/h 全力加速行驶至某一高速所需的时间，或由加速曲线即车速 - 时间关系曲线全面地反映加速能力。

汽车的上坡能力是用满载时汽车在良好路面上的最大爬坡度 i_{max} 来表示的。显然，最大爬坡度是指 1 档最大爬坡度。轿车最高车速大，加速时间短，经常在较好的平坦路面上行驶，所以一般不强调它的爬坡能力。不过，轿车 1 档加速能力大时，其爬坡能力也强。由于货车在各种路面上行驶，所以要求它具有足够的爬坡能力，一般 i_{max} 在 30% 即 16.5°左右。越野汽车因为要在坏路或无路的条件下行驶，爬坡能力是一个很重要的指标，它的最大爬坡度可达 60% 即 30°左右或更高。

有的国家规定在常遇到的坡道上，以汽车必须保证的行驶车速来表明它的爬坡能力。控制这个指标可以保证各种车辆的动力性相差不致太悬殊以维持路面上各种车辆的畅通行驶，如要求单车在 3% 的坡道上能以 60km/h 的车速行驶，汽车列车在 2% 的坡道上能以 50km/h 车速行驶等。

2. 汽车的驱动力

（1）驱动力的产生

发动机产生的转矩经传动系传到驱动轮，产生驱动力矩 T_t，驱动轮在 T_t 的作用下给地面作用一圆周力 F_0，地面对驱动轮的反作用力 F_t 即为驱动力（图 3.1）。

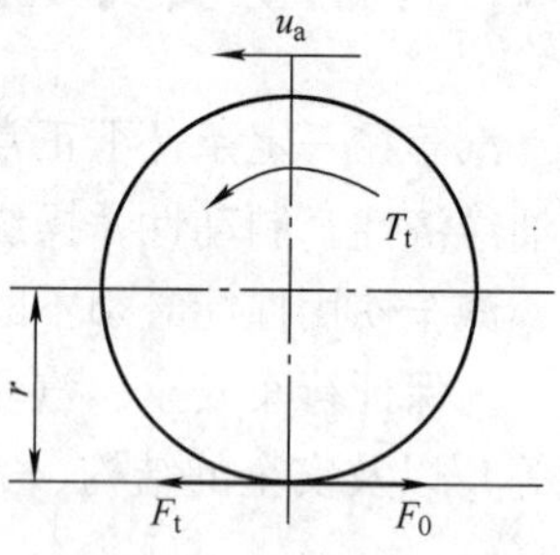

$$F_t = \frac{T_t}{r}$$

$$T_t = T_{tq} i_g i_0 \eta_T$$

图 3.1　汽车驱动力

式中，T_t 为驱动力矩（N·m）；T_{tq} 为发动机转矩（N·m）；i_g 为变速器传动比；i_0 为主减速器传动比；η_T 为传动系的机械效率；r 为车轮的半径（m）。

则有

$$F_t = \frac{T_{tq} i_g i_0 \eta_T}{r} \tag{3.1}$$

（2）影响驱动力大小的因素

由式（3.1）可知，F_t 与发动机转矩 T_{tq}、变速器传动比 i_g、主减速器传动比 i_0、传动系的机械效率 η_T 和车轮半径 r 等因素有关。

1）发动机的转速特性。如将发动机的功率 P_e、转矩 T_{tq} 以及燃油消耗率 b 与发动机曲轴转速 n 之间的函数关系以曲线表示，则此曲线称为发动机转速特性曲线或简称为发动机特性曲线。如果发动机节气门全开（或高压油泵在最大供油量位置），则此特性曲线称为发动机外特性曲线；如果节气门部分开启（或部分供油），则称为发动机部分负荷特性曲线（图 3.2）。

如转矩的单位以 N·m 表示，功率的单位以 kW 表示，转速以 r/min 表示，则功率与转矩有如下关系：

$$P_e = \frac{T_{tq}n}{9550} \qquad (3.2)$$

2）传动系的机械效率 η_T。输入传动系的功率 P_{in} 经传动系传至驱动轮的过程中，为了克服传动系各部件中的摩擦消耗了一部分功率。如以 P_T 表示传动系中损耗的功率，则传动系的机械效率为

$$\eta_T = \frac{P_{in} - P_T}{P_{in}} \qquad (3.3)$$

传动系统的功率损失，包括液力损失和机械损失两部分，一般消耗功率的 $8\% \sim 10\%$。

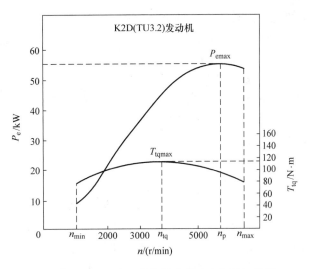

图 3.2　汽油发动机外特性中的功率与转矩曲线

3）车轮半径 r。现代汽车都装有弹性轮胎，车轮的半径在不同情况下分为以下几种：

① 自由半径 r_0：车轮处于无载时的半径。

② 静力半径 r_s：汽车静止时，车轮中心至轮胎与道路接触面间的距离。

③ 动力半径 r_d：负载车轮中心至轮胎与路面接触面上切向反作用力之间的距离。

④ 滚动半径 r_r：车轮几何中心到速度瞬心的距离。

假设车轮没有切向变形，且做纯滚动，车轮滚过 n 圈，经过路程 s（m），则滚动半径 r_r（m）为

$$r_r = \frac{s}{2\pi n}$$

前 3 个半径是不相同的，与车轮所行距离和滚动圈数之比求得半径也是不一样的。但在粗略分析中，可认为 $r_0 = r_s = r_d = r_r$。

（3）汽车的驱动力图

一般用根据发动机外特性确定的驱动力与速度之间的函数关系曲线 $F_t - u_a$ 来全面表示汽车的驱动力，称为汽车的驱动力图。设计中的汽车有了发动机的外特性曲线、传动系的传动比、传动效率、车轮半径等参数后，即可用上式求出各个档位的 F_t 值，再根据发动机转速与汽车行驶速度之间的转换关系求出 u_a，即可求得各个档位的 $F_t - u_a$ 曲线。发动机转速与汽车行驶速度之间的关系式为

$$u_a = 0.377 \frac{nr}{i_g i_0} \qquad (3.4)$$

式中，u_a 为汽车行驶速度（km/h）；n 为发动机转速（r/min）；r 为车轮半径（m）；i_g 为变速器传动比；i_0 为主减速器传动比。

图 3.3 所示为具有 5 档变速器的货车 NKR552/555 驱动力图。

3. 汽车行驶阻力

汽车在水平道路上等速行驶时，必须克服来自地面的滚动阻力 F_f 和来自空气的空气阻力 F_w。当汽车在坡道上上坡行驶时，还必须克服重力沿坡道的分力，称为坡度阻力 F_i。汽

车加速行驶时还需要克服加速阻力 F_j。因此，汽车行驶的总阻力 $\sum F$ 为

$$\sum F = F_f + F_w + F_i + F_j$$

（1）滚动阻力 F_f

车轮滚动时，轮胎与路面的接触区域产生法向、切向的相互作用力以及相应的轮胎和支承路面的变形。轮胎和支承面的相对刚度决定了变形的特点。当弹性轮胎在硬路面上（混凝土、沥青路）滚动时，轮胎的变形是主要的，此时由于轮胎有内部摩擦产生弹性迟滞损失，使轮胎变形时对它做的功不能全部收回。当车轮在松软路面上滚动时，使支承路面发生变形而使所做的功几乎全部不能收回。这些能量损失就是产生滚动阻力的原因。

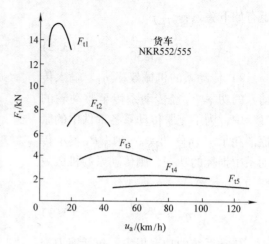

图 3.3　货车 NKR552/555 驱动力图

滚动阻力系数 f 的数值（表 3.1）由试验确定。滚动阻力系数与路面的种类、行驶车速以及轮胎的构造、材料、气压等有关。

表 3.1　滚动阻力系数 f 的数值

路面类型		滚动阻力系数 f
良好的沥青或混凝土路面		0.010 ~ 0.018
一般的沥青或混凝土路面		0.018 ~ 0.020
碎石路面		0.020 ~ 0.025
良好的卵石路面		0.025 ~ 0.030
坑洼的卵石路面		0.035 ~ 0.050
压紧土路	干燥的	0.025 ~ 0.035
	雨后的	0.050 ~ 0.150
泥泞土路（雨季或解冻期）		0.100 ~ 0.250
干沙		0.100 ~ 0.300
湿沙		0.060 ~ 0.150
结冰路面		0.015 ~ 0.030
压紧的雪道		0.030 ~ 0.050

试验表明，当车速在 50km/h 以下时，滚动阻力受车速变化影响不大，而在 100km/h 以上时，则增加很快。达到某一高速时，轮胎周向和侧向的变形根本来不及恢复，胎冠表面呈波浪形，即称为"驻波"现象。此时胎内摩擦加剧，f 值迅速上升，轮胎温度很快可达 100℃ 以上，致使轮胎帘布层与胎面脱落，可能在几分钟内就会出现爆胎现象。因此对于高速行驶的车辆，提高轮胎"驻波"发生的临界速度，对保证行驶安全具有重要意义。

滚动阻力一般按式（3.5）计算：

$$F_f = fG \tag{3.5}$$

式中，F_f 为汽车滚动阻力（kN）；f 为滚动阻力系数；G 为汽车重量（kN）。

（2）空气阻力 F_w

汽车直线行驶时受到的空气作用力在行驶方向上的分力即为空气阻力。空气阻力分为压力阻力与摩擦阻力两部分。作用在汽车外形表面上的法向压力的合力在行驶方向的分力称为压力阻力（图3.4）。摩擦阻力是由于空气的黏性在车身表面产生的切向力的合力在行驶方向的分力。压力阻力又分为四部分：形状阻力、干扰阻力、内循环阻力和诱导阻力。

在一般轿车中，这几部分阻力的大致比例为：形状阻力占58%，干扰阻力占14%，内循环阻力占12%，诱导阻力占7%；摩擦阻力占9%。

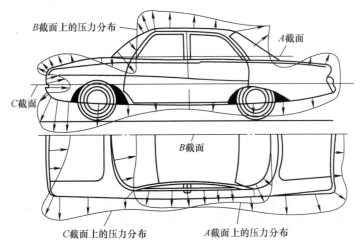

图3.4 车身表面上的空气法向压力分布

空气阻力一般按式（3.6）计算：

$$F_w = \frac{C_D A u_a^2}{21.15} \tag{3.6}$$

式中，F_w 为汽车空气阻力（N）；C_D 为空气阻力系数；A 为迎风面积（m^2）；u_a 为汽车与空气的相对速度（km/h）。

式（3.6）表明，空气阻力是与 C_D 及 A 成正比的，A 值受到乘坐使用空间的限制不易进一步减少，降低空气阻力主要应从降低 C_D 值着手（图3.5）。

（3）坡度阻力 F_i

当汽车上坡行驶时，汽车重力沿坡道的分力表现为汽车坡度阻力 F_i（图3.6），即：

$$F_i = G\sin\alpha \tag{3.7}$$

道路坡度是用坡高 h 与底长 s 之比来表示的，即：

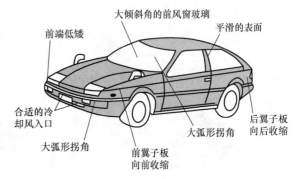

图3.5 低 C_D 值车身的特点

$$i = \frac{h}{s} = \tan\alpha$$

根据我国交通部颁布的《公路工程设计准则》，Ⅰ级路面允许最大坡度为4%，Ⅱ级路

面允许最大坡度为9%。因此在一般路
面上，坡度较小，有：

$$\sin\alpha \approx \tan\alpha = i$$

$$F_i = G\sin\alpha \approx G\tan\alpha = Gi \quad (3.8)$$

由于坡度阻力与滚动阻力均属于与
道路有关的阻力，而且均与车重成正
比，故有时把这两种阻力合在一起称作
道路阻力，用 F_ψ 表示，即

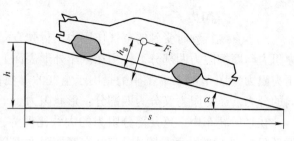

图 3.6　汽车的坡度阻力

$$F_\psi = F_f + F_i = Gf\cos\alpha + G\sin\alpha \quad (3.9)$$

当 α 不大时，

$$\cos\alpha \approx 1, \quad \sin\alpha \approx i$$

令 $f + i = \psi$，ψ 为道路阻力系数，则有：

$$F_\psi = G\psi \quad (3.10)$$

（4）加速阻力 F_j

汽车加速行驶时，需要克服其质量加速运动时的惯性力，这就是加速阻力 F_j。汽车的
质量分为平移质量和旋转质量两部分，加速时不仅平移的质量会产生惯性力，旋转的质量也
要产生惯性力偶矩。为了便于计算，一般把旋转质量的惯性力偶矩转化为平移质量的惯性
力，并以系数 δ 作为换算系数。因而汽车加速时的加速阻力为

$$F_j = \delta \frac{G}{g} \frac{\mathrm{d}u}{\mathrm{d}t} \quad (3.11)$$

式中，δ 为旋转质量换算系数（$\delta > 1$），δ 主要与飞轮的转动惯量、车轮的转动惯量以及传动
系的传动比有关。

$$\delta = 1 + \left(\frac{1}{m}\right)\frac{\sum I_w}{r^2} + \left(\frac{1}{m}\right)\frac{I_f i_g^2 i_0^2 \eta_T}{r^2} \quad (3.12)$$

式中，I_w 为车轮转动惯量（kg·m²）；I_f 为飞轮转动惯量（kg·m²）；m 为汽车质量（kg）。

汽车档位不同，δ 值也不同（图3.7a）；总质量不同，δ 值也不同（图3.7b）。

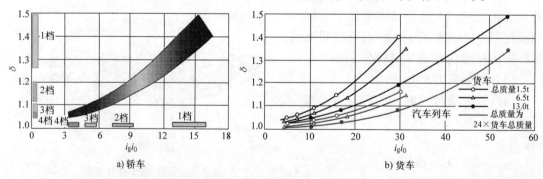

图 3.7　轿车/货车旋转质量换算系数与传动系统传动比的关系（见彩插）

4. 汽车行驶的驱动与附着条件

根据上面逐项分析的汽车行驶阻力，可以得到汽车的**行驶方程式**为

$$F_t = F_f + F_w + F_i + F_j \quad (3.13)$$

即驱动力必须大于滚动阻力、坡度阻力和空气阻力后才能加速行驶。若驱动力小于这3个阻力之和，则汽车无法开动，正在行驶中的汽车将减速直至停车。因此，汽车行驶的**第一个条件**为

$$F_t \geq F_f + F_w + F_i \qquad (3.14)$$

式（3.14）称为汽车的**驱动条件**，但还不是汽车行驶的充分条件。

可以采用增加发动机转矩、加大传动比等措施来增大汽车驱动力。但是这些措施只有在驱动轮与路面不发生滑转现象时才有效。这种现象表明，汽车行驶除受驱动条件的制约外，还受轮胎与地面**附着条件**的限制。

地面对轮胎切向反作用力的极限值称为附着力，在硬路面上它与驱动轮法向反作用力 Z 成正比，因此常写为

$$F_\phi = Z\phi \qquad (3.15)$$

式中，ϕ 为附着系数，它是由路面与轮胎决定的。

因此，汽车行驶的必要条件（**第二个条件**）是：

$$F_f + F_w + F_i \leq F_t \leq F_\phi \qquad (3.16)$$

5. 驱动平衡图与动力因数

行驶方程式表明了汽车行驶时驱动力和外界阻力之间相互关系的普遍情况，当发动机的转速特性、变速器的传动比、主减速比、传动效率、车轮半径、空气阻力系数、汽车迎风面积以及车重等初步确定后，便可利用此式分析汽车在附着性能良好的典型路面（混凝土、沥青路面）上的行驶能力，即确定汽车在节气门全开时可能达到的最高车速、加速能力和爬坡能力。

图 3.8 所示为一具有 5 档变速器汽车的驱动力－行驶阻力平衡图。图上既有各档的驱动力，又有滚动阻力以及滚动阻力和空气阻力叠加后得到的行驶阻力曲线。

从图 3.8 可以清楚地看出不同车速时驱动力和行驶阻力之间的关系。汽车以最高档行驶的最高车速，可以直接在图上找得。显然，F_{t5} 曲线与 $F_f + F_w$ 曲线的交点便是最高车速。因为此时驱动力和行驶阻力相等，汽车处于相对稳定的平衡状态。图 3.8 中最高车速为 175km/h。

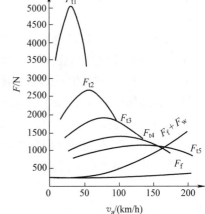

图 3.8　汽车驱动力－行驶阻力平衡图

由行驶方程式可以得到汽车的爬坡度 α 指标为

$$\alpha = \arcsin \frac{F_t - (F_f + F_w)}{G} \qquad (3.17)$$

由驱动力－行驶阻力平衡图与式（3.17）可以做出爬坡度图（图 3.9），并获得 $i_{\max}$。通过计算加速度倒数，并做出加速度倒数曲线，图解积分即可计算加速时间。

3.1.2　制动性能

汽车的制动性是汽车的主要安全性能之一。汽车的制动性直接关系到人民生命财产的安全，它是汽车安全行驶的重要保障。汽车行驶时能在短距离内停车且维持行驶方向稳定性和

在下长坡时能维持一定车速的能力，称为**汽车的制动性**。

1. 制动性能的评价指标

汽车的制动性能主要由下列 3 个方面来评定：

1）制动效能：包括制动距离与制动减速度。

2）制动效能的恒定性：包括抗热、抗水衰退性能。

3）制动时汽车的方向稳定性：即制动时汽车不发生跑偏、侧滑以及失去转向能力的性能。

制动效能是指在好路面上，汽车以一定初速度制动到停车的制动距离或制动时的减速度，它是制动性基本的评价指标。**抗热衰退性能**指的是在高速时或下长坡连续制动时，制动效能保持的程度。因为制动过程实际上是把汽车行驶的动能通过制动器吸收转化为热能，所以制动器温度升高后，能否保持在冷状态时的制动效能已成为设计制动器时要考虑的一个重要问题。**制动时汽车的方向稳定性**通常用制动时汽车按给定轨迹行驶的能力来评价。制动时汽车发生跑偏、侧滑或失去转向能力，则汽车将偏离原来的轨迹。

2. 制动时车轮受力

汽车受到一个与行驶方向相反的外力时，才能从一定的速度制动到较小的车速或直至停车。这个外力只能由地面和空气提供，但由于空气阻力甚小，实际上外力是由地面提供的，我们称之为**地面制动力**。地面制动力越大，制动减速度越大，制动距离也越短。

（1）地面制动力

图 3.10 所示为良好的硬路面上制动时车轮的受力情况。图中滚动阻力偶矩和减速时的惯性力、惯性力偶矩均忽略不计。T_μ 是车轮制动器中摩擦片与制动鼓或盘相对滑转时的摩擦力矩（N·m），F_{Xb} 是地面制动力（N），W 为车轮垂直载荷（N），T_p 为车轴对车轮的推力（N），F_Z 为地面对车轮的法向反作用力（N）。

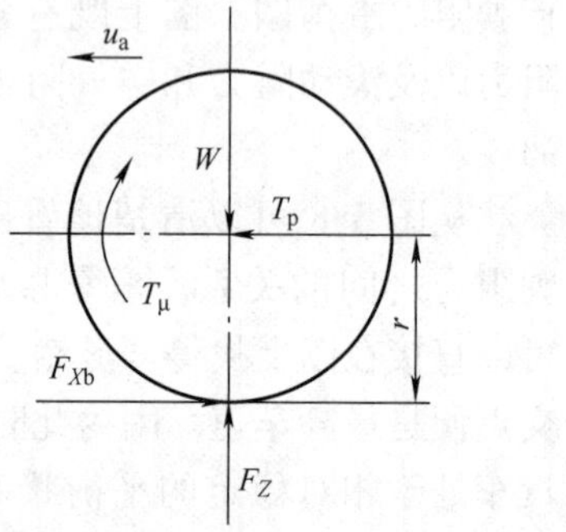

显然，从力矩平衡得到：

$$F_{Xb} = \frac{T_\mu}{r} \qquad (3.18)$$

地面制动力是使汽车制动而减速行驶的外力，但是地面制动力取决于两个摩擦副的摩擦力：一个是制动器内制动蹄摩擦片与制动鼓（盘）间的摩擦力；另一个是轮胎与地面间的摩擦力——附着力。

（2）制动器制动力

在轮胎周缘为了克服制动器摩擦力矩所需的力称为**制动器制动力**，以 F_μ 表示：

$$F_\mu = \frac{T_\mu}{r} \qquad (3.19)$$

F_μ 取决于制动器的类型、结构尺寸、制动器摩擦副的摩擦因数及车轮半径，并与踏板

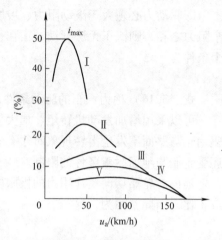

图 3.9 汽车爬坡度图

图 3.10 制动时车轮的受力情况图

力成正比。

（3）地面制动力、制动器制动力及附着力之间的关系

制动时，车轮的运动有滚动与抱死拖滑两种状况。当制动踏板力较小且未达到某一极限位时，制动器摩擦力矩不大，地面与轮胎间的摩擦力即地面制动力足以克服制动器摩擦力矩而使车轮滚动。显然，车轮滚动时的地面制动力就等于制动器制动力，且随踏板力的增长成正比地增长（图 3.11）。

但地面制动力是滑动摩擦的约束反力，它的最大值不能超过附着力：

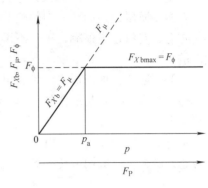

图 3.11 制动过程中地面制动力、制动器制动力和附着力的关系

$$F_{Xb} \leq F_\phi = F_Z\phi \qquad (3.20)$$

或最大地面制动力 F_{Xbmax} 为

$$F_{Xbmax} = F_Z\phi$$

由此可见，汽车的地面制动力首先取决于制动器制动力，但同时又受地面附着条件的限制。因此，只有汽车具有足够的制动器制动力，同时地面又能提供高的附着力时，才能获得足够的地面制动力。

3. 硬路面上的附着系数

（1）附着系数与车轮滑转率的相应变化

在制动时，随着制动强度的增加，车轮由滚动到抱死拖滑是一个渐变过程。在地面留下的制动印迹将分为 3 个阶段，如图 3.12 所示。

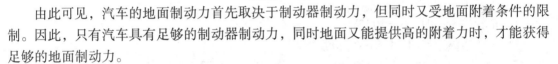

a) 印迹形状与轮胎花纹基本一致

b) 胎面发生的滑动逐步加重

c) 胎面最终完全滑动

图 3.12 制动后的地面印迹

在第一阶段，印迹的形状和轮胎胎面花纹基本一致，车轮还接近于单纯的滚动。

在第二阶段，地面印迹中的轮胎花纹还可以分辨出来，但地面印迹和胎面花纹的形状已不相吻合，花纹逐渐模糊，车轮不再做纯滚动，胎面相对地面发生了滑移，即车轮处于边滚边滑的状态。

在第三阶段，地面形成一条又黑又粗的印迹，已分辨不出胎面的花纹，车轮处于完全抱死或拖滑状态，这就是所谓的"拖印"阶段。此时车轮不转，但车轮中心依靠汽车的惯性力仍然向前运动。

从这三段的变化情况可以看出，随着制动强度的增加，车轮滚动成分越来越少，而滑动成分越来越多。一般用滑转率 S 来说明这个过程中滑动成分的多少。滑转率的定义为

$$S = \frac{u_w - r_{r0}\omega_w}{u_w} \times 100\% \tag{3.21}$$

式中，u_w 为车轮中心的速度；r_{r0} 为没有地面制动力时的车轮滚动半径；ω_w 为车轮的角速度（图 3.13）。

则有：

1）车轮纯滚动时：$S = 0$。

2）车轮纯滑动时：$S = 100\%$。

3）车轮边滚边滑时：$0 < S < 100\%$。

随着滑转率的变化，附着系数也发生改变，图 3.14 所示为通过试验得到的附着系数与滑转率的变化曲线。

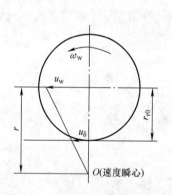

图 3.13 制动时车轮运动学模型

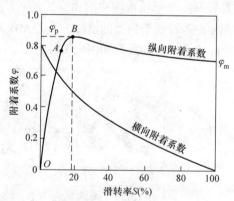

图 3.14 $\varphi - S$ 曲线

从图 3.14 的纵向附着系数变化曲线可看出，OA 段近似于直线，附着系数随滑转率增加而迅速增加，过 A 点后附着系数上升率减慢，至 B 点达到最大值 φ_p，φ_p 称为峰值附着系数。φ_p 一般出现在 $S = 15\% \sim 20\%$ 处。越过此界限后，滑转率继续增加，附着系数有所下降，直至 $S = 100\%$ 时，此时称为滑动附着系数 φ_m。

横向附着系数随着滑转率的增加而变小。当 $S = 0$ 时，横向附着系数最大，即保持汽车转向和防止侧滑的能力最强。当 $S = 100\%$ 时，横向附着系数为 0，汽车将很容易发生侧滑，从而丧失稳定性。如能使滑转率保持在 $10\% \sim 20\%$，便可获得较大的纵向、横向附着系数。具有一般制动系的汽车是无法做到这一点的。安装 ABS 装置的汽车能满足这个要求，从而可显著地改善汽车的制动性能。

（2）影响附着系数的因素

附着系数的数值主要取决于道路材料、路面的状况、轮胎结构、轮胎材料、胎面花纹、汽车运行速度和轮胎滑转率等因素。各种路面的平均附着系数见表3.2。

表3.2 各种路面的平均附着系数

路面	峰值附着系数	滑动附着系数
沥青或混凝土路面	0.8～0.9	0.75
沥青（湿）	0.5～0.7	0.45～0.6
混凝土（湿）	0.8	0.7
砾石	0.6	0.55
土路（干）	0.68	0.65
土路（湿）	0.55	0.4～0.5
雪（压紧）	0.2	0.15
冰	0.1	0.07

在潮湿路面，水起润滑作用，将显著降低附着系数。为了穿透水膜，让路面与轮胎直接接触，路面的微观结构应是粗糙的。同时，为了能迅速排水，胎面都设有沟槽，以提高抓地能力，改善轮胎在潮湿路面上的附着性能。显然，轮胎胎面花纹的磨损，会使汽车在潮湿路面的附着力显著下降。

路面的清洁度、细砂、尘土、油污等会显著降低附着能力。试验表明，车速越高，附着系数越低，这也增加了高速时制动的困难。

增大轮胎与地面的接触面积能提高附着系数。因此，低气压、宽断面和子午线轮胎的附着系数要较一般轮胎大。低侧向附着系数时，如果汽车直线行驶，则在侧向外力作用下，容易发生侧滑；如果汽车转向行驶，则地面提供的侧向力不能满足转向的需要，将会失去转向能力。

4. 制动减速度

制动距离与汽车的行驶安全有直接的关系。它指的是汽车速度为 u_0 时（空档），从开始操纵制动控制装置（制动踏板）到汽车完全停止，车辆所驶过的距离。制动距离与踏板力或制动系压力、路面附着系数及车辆载荷、发动机是否接合等因素有关。

制动减速度是制动时车速对时间的导数，即 $\dfrac{\mathrm{d}u}{\mathrm{d}t}$。它反映了地面制动力的大小，因此与制动器制动力（车轮滚动时）及附着力（车轮抱死拖滑时）有关。

在不同路面上，由于地面制动力为

$$F_{X\mathrm{b}} = \varphi_\mathrm{b} G \tag{3.22}$$

故汽车能达到的减速度（$\mathrm{m/s^2}$）为

$$a_{\mathrm{bmax}} = \varphi_\mathrm{b} g \tag{3.23}$$

当前、后轮同时抱死时：

$$a_{\mathrm{bmax}} = \varphi_\mathrm{s} g \tag{3.24}$$

当汽车装有 ABS 时：

$$a_{\mathrm{bmax}} = \varphi_\mathrm{p} g \tag{3.25}$$

在评价汽车的制动性能时，由于瞬时减速度曲线的形状复杂，不好用某一点的值来代表，所以我国行业标准采用平均减速度的概念，即

$$\bar{a} = \frac{1}{t_2 - t_1} \int_{t_1}^{t_2} a(t)\,\mathrm{d}t \tag{3.26}$$

式中，t_1 为制动压力达到 75% 最大压力的时刻；t_2 为到停车时总时间的 2/3 的时刻。

下面假设在 φ 值不变的条件下，对制动距离做一粗略的定量分析，以研究各种因素对制动距离的影响。

5. 制动距离的分析

图 3.15 所示为驾驶员在接收到紧急制动信号后，制动踏板力、汽车制动减速度与制动时间的关系简化曲线。

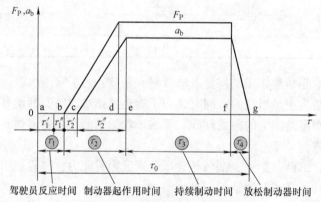

图 3.15　制动时间历程

驾驶员接到紧急停车信号时，并没有立即行动（图 3.15 中的 a 点），而要经过 τ_1' 后才意识到应进行紧急制动，并移动右脚，再经过 τ_1'' 后才踩到制动踏板。从 a 点到 b 点所经过的时间 $\tau_1 = \tau_1' + \tau_1''$ 可称为**驾驶员反应时间**。这段时间一般为 0.3~1.0s。在 b 点以后，随着驾驶员踩踏板的动作，踏板力迅速增大，至 d 点时达到最大值。不过由于制动蹄是由回位弹簧拉着，蹄片与制动鼓间存在间隙，所以要经过 τ_2' 即至 c 点，地面制动力才起作用，使汽车开始产生减速度。由 c 点到 e 点是制动器制动力增长过程所需的时间 τ_2''。$\tau_2 = \tau_2' + \tau_2''$ 称为**制动器起作用时间**。制动器作用时间一方面取决于驾驶员踩踏板的速度，更重要的是受制动系结构形式的影响。τ_2 一般在 0.2~0.9s。由 e 点到 f 点为**持续制动时间** τ_3，其减速度基本不变。到 f 点时驾驶员松开踏板，但制动力的消除还需要一段时间 τ_4，τ_4 一般在 0.2~1.0s。这段时间过长会耽误随后起步行驶的时间。另外，若因车轮抱死而使汽车失去控制，驾驶员采取措施放松制动踏板时，又会使制动力不能立即释放。

（1）驾驶员反应阶段

该阶段车辆不形成减速度，它所行驶的距离 s_1（m）为

$$s_1 = u_0 \tau_1 \tag{3.27}$$

式中，τ_1 为驾驶员反应时间（s）；u_0 为汽车初始行驶车速（km/h）。

影响驾驶员反应时间的因素很多，如驾驶员的年龄、疲劳程度、技术水平、健康状况、心理特点、性格素质、道路和气候条件等。

（2）制动器起作用阶段

在 τ_2' 时间内

$$s_2' = u_0\tau_2' \tag{3.28}$$

在 τ_2'' 时间内，制动减速度线性增长，即有

$$s_2'' = u_0\tau_2'' - \frac{1}{6}a_{bmax}\tau_2''^2$$

因

$$s_2 = s_2' + s_2'' \tag{3.29}$$

故

$$s_2 = u_0\tau_2' + u_0\tau_2'' - \frac{1}{6}a_{bmax}\tau_2''^2 \tag{3.30}$$

（3）持续制动阶段

汽车以 a_{bmax} 做匀减速运动，其末速度为零，得到：

$$s_3 = \frac{u_0^2}{2a_{bmax}} - \frac{u_0\tau_2''}{2} + \frac{a_{bmax}\tau_2''^2}{8} \tag{3.31}$$

（4）总制动距离 s

从以上分析可知，制动过程分为 4 个阶段。在研究汽车制动性能时，一般所说的制动距离 s 是指 $\tau_2 + \tau_3$ 这段时间里汽车所驶过的距离 $s = s_2 + s_3$。

$$s = \frac{1}{3.6}\left(\tau_2' + \frac{\tau_2''}{2}\right)u_0 + \frac{u_0^2}{25.92a_{bmax}} \tag{3.32}$$

真正使汽车减速停车的是持续制动时间，但制动器起作用时间对汽车制动距离的影响较大；制动器起作用时间与制动系的结构形式有密切的关系。

6. 制动效能的恒定性

以上的讨论仅限于在冷制动情况（制动器起始温度在100℃以下）下的制动效能问题。汽车在繁重的工作条件下制动时（例如在下长坡时制动器就要较长时间地、连续地作强度较大的制动），制动器温度常在300℃以上，有时高达600～700℃。高速制动时，制动器温度也会很快上升。制动器温度上升后，制动器摩擦力矩显著下降，这种现象称为**制动器的热衰退**。热衰退是目前制动器不可避免的现象，只是有程度的差别。制动效能的恒定性主要指的是制动器的抗热衰退性能。

制动器的抗热衰退性能一般用一系列连续制动时制动效能的保持程度来衡量。山区行驶的货车和高速行驶的轿车对抗热衰退性能应有更高的要求。

制动器的热衰退和制动摩擦副材料以及制动器结构有关。

（1）摩擦副的材料及摩擦系数

一般的制动器是以铸铁作为制动鼓，以石棉摩擦材料作为摩擦片组成的。铸铁的成分、金相组织、硬度以及石棉摩擦材料的成分、工艺过程以及结构对摩擦副的摩擦性能都有影响（图3.16）。

（2）制动器的结构形式

常用制动器效能因数与摩擦系数的关系曲线来说明各种制动器的效能及其稳定程度。图3.17所示为具有典型尺寸的各种形式制动器制动效能因数与摩擦系数的关系曲线。

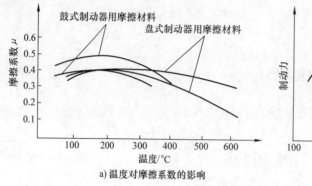

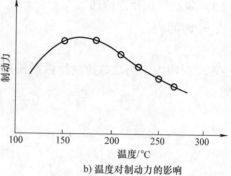

a) 温度对摩擦系数的影响   b) 温度对制动力的影响

图 3.16   温度对摩擦系数和制动力的影响

7. 制动时汽车方向的稳定性

汽车制动过程中维持直线行驶的能力或按预定弯道行驶的能力，称为**制动时汽车方向的稳定性**。制动过程中表现出制动跑偏和制动侧滑，则称为不稳定。

（1）制动跑偏

导致制动跑偏的原因有两条：

1）汽车左右车轮、特别是转向轴左右车轮制动器制动力不相等。

2）制动时悬架导向杆系与转向系拉杆在运动学上的不协调（互相干涉）。

其中，第一个原因是由制造、调整误差造成的，汽车究竟向左或向右跑偏，要依据具体情况而定；而第二个原因是由设计造成的，制动时汽车总是向左（或向右）跑偏。

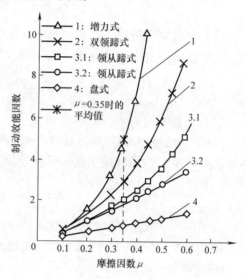

图 3.17   制动效能因数关系曲线

（2）制动时后轴侧滑与前轴转向能力的丧失

制动时发生侧滑会对汽车的稳定性带来极其不利的影响，特别是高速行驶的汽车发生侧滑后将引起汽车的剧烈回转运动。

大量试验表明，制动时若后轴比前轴先抱死拖滑，就有可能发生后轴侧滑；若使前后轴同时抱死或前轴先抱死而后轴再抱死或不抱死则可防止后轴侧滑；不过前轴车轮抱死后将失去转向能力（图 3.18）。

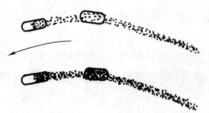

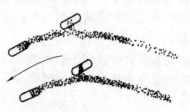

a) 制动跑偏时轮胎在地面上留下的印迹   b) 制动跑偏引起后轴轻微侧滑时轮胎留在地面上的印迹

图 3.18   制动跑偏及侧滑印迹

3.1.3 汽车的操纵稳定性

汽车的稳定性是指汽车在行驶过程中，经受各种外部干扰后尚能自行尽快恢复原行驶状态而不致发生失去控制、甚至侧翻和侧滑等现象的能力。汽车的操纵性是指汽车能正确地按照驾驶员的要求，维持或改变原行驶方向的能力。汽车的稳定性和操纵性是密切相关的，操纵性的丧失将导致汽车的侧滑或侧翻，稳定性的丧失往往使汽车失去操纵性而处于危险状态，因此一般把操纵性和稳定性统称为**汽车的操纵稳定性**。

汽车的操纵稳定性是汽车主动安全性的重要评价指标。在汽车操纵稳定性的研究中，常把汽车作为一个控制系统（图3.19），求出汽车曲线行驶的时域响应与频域响应，并以它们来表征汽车的操纵稳定性能。

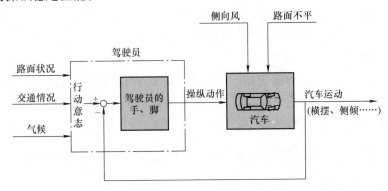

图 3.19 人－车系统简图

汽车曲线行驶的时域响应是指汽车在转向盘输入或外界侧向干扰输入下的侧向运动响应。转向盘输入有两种形式：角（位移）输入和力（矩）输入。驾驶员在实际驾驶车辆时，对转向盘的这两种输入是同时加入的。外界侧向干扰输入主要是指侧向风与路面不平产生的侧向力。

汽车操纵稳定性所包含的内容较多，它需要采用多个物理量从多个方面进行评价，其主要内容包括：稳态响应、瞬间响应、回正性、直线稳定性、转向轻便性及抗侧翻能力等。这里主要介绍汽车的稳态响应、瞬间响应及抗侧翻能力。

1. 汽车的转向特性

汽车的时域响应可分为不随时间变化的稳态响应和随时间变化的瞬态响应。例如，汽车等速直线行驶是种稳态；若在汽车等速直线行驶时，急速转动转向盘至某一转角，然后停止转动转向盘并维持此转角不变，即给汽车以转向盘角阶跃输入，一般汽车经短暂时间后便进入等速圆周行驶，这也是一种稳态，称为转向盘角阶跃输入下进入的稳态响应。

在等速直线行驶与等速圆周行驶这两个稳态运动之间的过渡过程便是一种瞬态，相应的瞬态运动响应称为转向盘角阶跃输入下的瞬态响应。

汽车的等速圆周行驶，即汽车转向盘角阶跃输入下进入的稳态响应，是表征汽车操纵稳定性的一个重要的时域响应，一般也称它为汽车的稳态转向特性。**汽车的稳态转向特性分为不足转向、中性转向和过多转向三种类型。**这三种不同转向特性的汽车具有如下行驶特点（图3.20）：在转向盘保持一固定转角 δ_{sw} 下，缓慢加速或以不同车速等速行驶时，随着车速的增加，不足转向汽车的转向半径 R 增大；中性转向的转向半径维持不变；过多转向汽车的转向半径则越来越小。操纵稳定性良好的汽车应具有适度的不足转向特性。

汽车的操纵稳定性与汽车行驶时的瞬态响应有密切关系。常用转向盘角阶跃输入下的瞬态响应来表征汽车的操纵稳定性。图 3.21 所示为一辆等速行驶汽车在 $t = 0$ 时，驾驶员急速转动转向盘至角度 δ_{sw0} 并维持此转角不变（即转向盘角阶跃输入）时的汽车瞬态响应曲线。

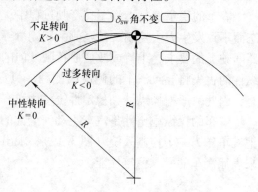

图 3.20　汽车的三种稳态转向特性

图中是以汽车横摆加速度 ω_r 来描述汽车响应的。可以看出，给汽车以转向盘角阶跃输入后，汽车横摆角速度经过一过渡过程后达到横摆角速度 ω_{r0}。此过渡过程即汽车的瞬态响应，它具有如下几个特点：

1）时间上的滞后：汽车的横摆角速度不能立即达到稳态横摆角速度 ω_{r0}，而要经过时间 τ 后才能第一次达到 ω_{r0}，这一段滞后时间称为反应时间。反应时间短，则驾驶员感到转向响应迅速、及时，否则就会觉得转向迟钝。

2）执行上的误差：最大横摆角速度 ω_{r1} 常大于稳态值 ω_{r0}，$\dfrac{\omega_{r1}}{\omega_{r0}} \times 100\%$ 称为超调量，它表示执行指令误差的大小。

3）横摆角速度的波动：在瞬态响应中，横摆角速度 ω_r 以频率 ω 在 ω_{r0} 值上下波动。

4）进入稳态所经历的时间：横摆角速度达到稳态值 $95\% \sim 105\%$ 的时间 σ 称为稳定时间，表明进入稳态响应所经历的时间。

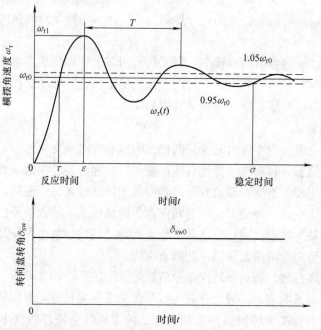

图 3.21　转向盘角阶跃输入下的瞬态响应

2. 汽车的侧翻

汽车侧翻是指汽车在行驶过程中绕其纵轴线转动90°或更大的角度，以致车身与地面相接触的一种极其危险的侧向运动。有很多因素可能引起汽车的侧翻，包括汽车结构、驾驶员和道路条件等。汽车侧翻一般分为两大类：一类是曲线运动引起的侧翻；另一类是绊倒侧翻。前者指汽车在道路（包括侧向坡道）上行驶时，由于汽车的侧向加速度超过一定限值，使得汽车内侧车轮的垂直反力为零而引起的侧翻；后者是指汽车行驶时产生侧向滑移，与路面上的障碍物侧向撞击而将其"绊倒"，这里只讨论前者。

（1）刚性汽车的准静态侧翻

"刚性汽车"是指忽略汽车悬架及轮胎弹性变形；"准静态"是指汽车的稳态转向。侧倾平面内刚性汽车物理模型如图3.22所示。

假设道路的侧倾坡道角 β 很小，即 $\sin\beta \approx \beta$、$\cos\beta \approx 1$，于是有：

$$\frac{a_Y}{g} = \frac{\frac{1}{2}B + \beta h_g - \frac{F_{Zi}}{mg}B}{h_g} = \left[\frac{1}{2} - \frac{F_{Zi}}{mg}\right]\frac{B}{h_g} + \beta$$

（3.33）

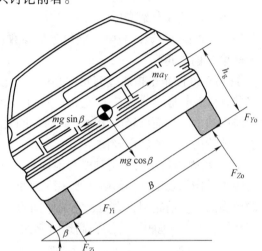

图3.22　侧倾平面内刚性汽车物理模型

汽车在水平路面直线行驶时，$\beta = 0$，$a_Y = 0$，内侧车轮的垂直反力 $F_{Zi} = mg/2$。

当 $a_Y \neq 0$，如果 $F_{Zi} = mg/2$ 不变，则道路的侧向坡道角 $\beta = a_Y/g$，高速公路拐弯处的坡道角就是根据此原理来设计的。

当 a_Y 增加时，F_{Zi} 将减小；当 $F_{Zi} = 0$ 时，汽车开始侧翻。

汽车开始侧翻时所受的侧向加速度 g 称为侧翻阈值，可由下式给出：

$$\frac{a_Y}{g} = \frac{B}{2h_g} + \beta$$

（3.34）

（2）带悬架汽车的准静态侧翻

图3.23所示为侧倾平面内带悬架的汽车物理模型，车厢用悬架质量 m_s 表示。车厢的侧倾引起汽车质心位置的偏移，从而改变了汽车自重的抗侧翻能力，使得侧倾阈值减小。若忽略车桥的质量和侧倾，则有：

$$\sum M_0 = m_s a_Y h_g - m_s g[B/2 - \phi(h_g - h_r)] + F_{Zi}B = 0$$

若引入侧倾率 R_ϕ，则悬架质量的侧倾角 ϕ 可用下式表示：

$$\phi = R_\phi \frac{a_Y}{g}$$

当 $F_{Zi} = 0$ 时，得侧倾阈值为

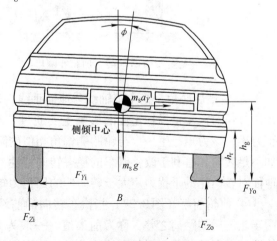

图3.23　侧倾平面内带悬架的汽车物理模型

$$\frac{a_Y}{g} = \frac{B}{2h_g} \frac{1}{\left[1 + R_\phi (1 - h_r/h_g)\right]} \tag{3.35}$$

3. 汽车操作稳定性的结构影响因素

影响汽车操纵稳定性因素有很多，其中主要结构因素表现在行驶系、转向系及传动系等方面。

（1）行驶系的影响

行驶系中影响操纵稳定性的主要因素有：前轮定位参数、后悬架结构参数、横向稳定杆、轮胎、前轴或车架变形以及悬架等。

1）前轮定位参数的影响：前轮定位参数包括前轮外倾角、主销内倾角、主销后倾角和前轮前束（前束角）。

① 前轮外倾角是指通过前轮中心的汽车横向平面与前轮平面的交线与地面垂直线所成的夹角，前轮外倾角一般在 1° 左右，如图 3.24 所示。它的作用主要是当汽车行驶时，将轮毂压向内轴承，从而减轻外端轴承载荷，同时，可以防止因前轴变形和主销孔与主销间隙过大引起前轮内倾，使转向轻便。

② 主销内倾角是指主销轴线与地面垂线在汽车横向平面内的夹角，如图 3.25 所示。主销内倾角对操纵稳定性的影响主要表现为回正力矩。在前轮转动时将车身抬高，由于系统位能的提高而产生前轮回正力矩，它与侧向力无关。因此可以说，主销内倾角主要在低速时起回正作用，"后倾拖距" 主要在高速时起回正作用。

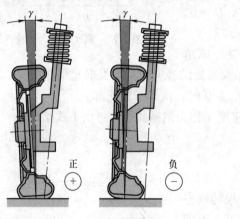
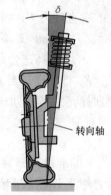

图 3.24　前轮外倾角　　　　图 3.25　主销内倾角

③ 主销后倾角是指主销轴线与地面垂线在汽车纵向平面内的夹角，如图 3.26 所示。主销后倾角对汽车操纵稳定性的影响主要通过 "后倾拖距" 使地面侧向力对轮胎产生一个回正力矩，该力矩产生一个与轮胎侧偏角相似的附加转向角，与侧向力成正比，使汽车趋于增加不足转向，有利于改善汽车的稳态转向特性。若主销后倾角减小，使得回正力矩变小，当地面对转向轮的干扰力矩大于转向轮的回正力矩时，就会产生摆振。

④ 前轮前束（图 3.27）指汽车转向的前端向内收使两前轮的前端距离小于后端距离。两车轮前后的距离之差，称为前束值，一般为 8~12mm。其作用是消除由于前轮外倾使车轮滚动时向外分开，引起车轮滚动时边滚边拖的现象，引导前轮沿直线行驶。

前轮外倾随负荷的变化而变化。当车辆转向时，在离心力作用下，车身向外倾斜，外轮悬架处于压缩状态，车轮外倾角逐渐减小（向负外倾变化）；内轮悬架处于伸张状态，使得本来对道路向负外倾变化的外倾角减弱，从而提高车轮承受侧向力的能力，使汽车转向时的稳定性大为提高。前轮前束不可过大，若前束过大，会使车轮外倾角、主销后倾角变小，使前轮出现摆头现象，产生蛇行，导致转向操作不稳。

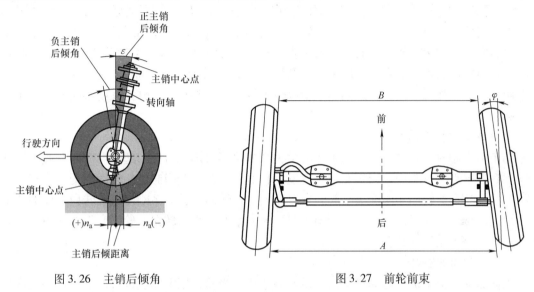

图 3.26　主销后倾角　　　　　　　　　图 3.27　前轮前束

前悬架导向机构的几何参数决定前轮定位参数的变化趋势和变化率。在车轮跳动时，外倾角的变化包括由车身侧倾产生的车轮外倾变化和车轮相对车身的跳动而引起的外倾变化两部分。在双横臂独立悬架中，前一种变化使车轮向车身侧倾的方向倾斜，即外倾角增大，结果使轮胎侧偏刚度变小，因而使整车不足转向效果加大；后一种变化取决于悬架上、下臂运动的几何关系，在双横臂结构中，往往是外倾角随弹簧压缩行程的增大而减小，这种变化与车身侧倾引起的外倾角变化相反，会产生过多转向趋势。

2）后悬架结构参数的影响。后悬架结构参数对汽车操纵稳定性的影响，近似于前悬架的"干涉转向"。它是在汽车转向时，由于车身侧倾导致独立悬架的左右车轮相对车身的距离发生变化，外侧车轮上跳，与车身的距离缩短，内侧车轮下拉，与车身的距离加大。悬架的结构参数不同，车轮上下跳动时，车轮前束角的变化规律也必然会不同。

3）横向稳定杆的影响。横向稳定杆常用来提高悬架的侧倾角刚度，或是调整前、后悬架侧倾角刚度的比值。在汽车转弯时，它可以防止车身产生很大的横向侧倾和横向角振动，以保证汽车具有良好的行驶稳定性。提高横向稳定杆的刚度后，前悬架的侧倾角刚度增加，转向时左右轮荷变化加大，前轴的每个车轮的平均侧偏刚度减小，汽车不足转向量有所增加。前悬架中采用较硬的横向稳定杆有助于提高汽车的不足转向性，并能改善汽车的蛇行行驶性能。

4）轮胎的影响。轮胎是影响汽车操纵稳定性的一个重要因素，增大轮胎的载荷能力，特别是后轮胎的载荷能力，如加大轮胎尺寸或提高层级，或者后轮由单胎改为双胎，都会改善汽车的稳态转向特性。改变后轮胎的外倾角，也可以改善汽车的操纵稳定性，这是因为后轮胎的负外倾角可以增加后轮胎的侧偏刚度，从而减小过多转向趋势。

5）前轴或车架变形的影响。由于车架是汽车的基础，它的变形会直接影响各部件的连接及配合，从而直接影响操纵稳定性。如果汽车前轴变形，就会改变主销孔的轴线位置，使主销内倾角变大，则外倾角变小；反之，内倾角变小，外倾角变大，从而行驶时会产生转向沉重、磨胎和无自动回正的能力。

6）悬架的影响。当车辆受到侧向作用力时，汽车前、后轴垂直载荷变动量的大小是影响操纵稳定性的主要原因。如果汽车前轴左、右车轮的垂直载荷变动量较大，则汽车趋于增加不足转向量；如果后轴左、右车轮的垂直载荷变动量较大，则汽车趋于减少不足转向量。影响汽车前轴和后轴左、右车轮的垂直载荷变动量的主要因素有：前、后悬架的侧偏刚度，悬架质量，质心位置，前、后悬架侧倾中心位置等。这些参数也是悬架系统影响操纵稳定性的参数。

（2）转向系的影响

当车厢侧倾时，转向系与转向系运动学关系如果不协调，将会引起转向车轮侧倾，干涉转向。在汽车直线行驶中，当车厢与车桥发生相对运动时，会引起前轮转动而损害汽车的操纵稳定性。汽车的转向系刚度会引起转向车轮的变形转向，转向系刚度低，转向车轮的变形转向角大，从而增加了汽车的不足转向趋势；转向系刚度高，转向车轮的变形转向角小，则减小了汽车的不足转向趋势。

（3）传动系的影响

纵向驱动力会增加前驱动汽车的不足转向趋势。当然，用发动机进行制动时，将使汽车有增加过多转向的趋势。因此，大功率的前驱动汽车在加速过程中，若将加速踏板踩到底后突然松开，则汽车的转向特性会发生明显的变化，甚至成为过多转向，导致汽车会出现突然驶向弯道内侧的"卷入"现象。可以通过采用自动变速器、限滑差速器（LSD）和使驱动轮在制动时能产生不足变形转向的悬架来减少、消除卷入现象。

后轮驱动汽车在进行发动机制动时，由于制动力的作用增大了后轴侧偏角，产生过多转向的趋势，加上其他因素的综合影响，后驱动汽车也常有"卷入"现象。

3.2 车辆主、被动安全性

汽车安全性已经不仅仅是技术问题，在某种程度上也是一个重要的社会问题。汽车的主、被动安全性因其定位于防患于未然，所以有着广阔的发展前景，越来越受到汽车生产企业、政府管理部门和消费者的重视。应用电子技术使车辆实现高度智能化是汽车主动安全技术能在世界范围内发生质的跃变的主要因素。

对未来汽车工业的要求，首先是提高安全系数，最大限度地保证汽车驾驶员的安全，从而结束汽车不安全的年代，这是汽车制造商需要努力研究、解决的关键问题。

（1）安全驾驶措施

车辆运行的先决条件是驾驶员明确知道自己驾驶车辆的性能参数以及运行道路的状况信息，然后在此基础上做出正确判断并实施操作，可以从3个方面帮助驾驶员安全驾驶车辆：

1）安装有预防交通事故发生的驾驶员工作状态及性能参数检测装置和交通信息接收装置。

2）安装有多种自动操作装置，可以帮助驾驶员避免交通事故的发生。

3）安装有减缓交通事故危害的设施及善后处理装置。

汽车安全性配置按照事故发生的前、后，基本可以分为主动安全和被动安全两大类，如图3.28所示。

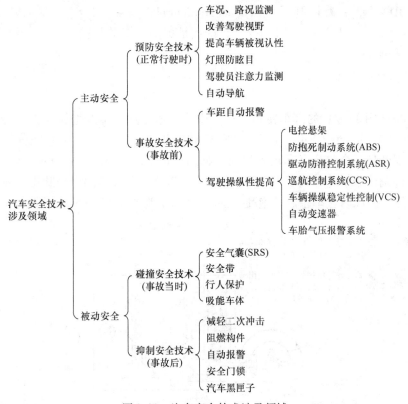

图3.28　汽车安全技术涉及领域

（2）车辆驾驶辅助设计的三原则

车辆辅助驾驶的主要目的是提高交通系统的主被动安全性，其设计的三原则为：

1）驾驶辅助（Driver Assistance）：由知觉（Perception）辅助、决策（Decision）辅助与控制（Control）辅助组成。驾驶辅助包含的功能有增强驾驶员的知觉能力（Enhancement of Driver Perception）、信息呈现（Information Presentation）、警示（Warning）、事故预防控制（Accident Avoidance Control）、驾驶员负担减轻控制（Driver Load Reduction Control）等。

2）驾驶员接受（Driver Acceptance）：驾驶辅助技术必须很容易被所有驾驶员了解与操作，人机接口（Human Machine Interface，HMI）必须友善。

3）社会接受（Social Acceptance）：一般大众对于安全车辆的接受度。汽车厂必须清楚地说明系统功能与限制，使用者在使用系统时必须依照指示，小心使用。车厂也需评估驾驶辅助技术在减少交通事故上的绩效。

3.2.1　汽车的主动安全

汽车的主动安全是指汽车本身防止或减少道路交通事故发生的性能，主要取决于汽车的总体结构、制动性、操纵稳定性、信息传递以及驾驶员工作条件（操作元件的人机特性、座椅舒适性、噪声、温度和通风、操纵轻便性等）。此外，汽车动力性（特别是超车的时间和距离）也是很重要的影响因素。

为预防汽车发生事故，避免人员受到伤害而采取的安全设计，称为**主动安全设计**，如防抱死制动系统（Anti-lock Braking System，ABS）、电子制动力分配（Electric Brakeforce Distribution，EBD）、牵引力控制系统（Traction Control System，TCS）、驱动防滑控制系统（Acceleration Slip Regulation，ASR）等，其特点是提高汽车的行驶安全性能和操作稳定性，尽力防止交通事故的发生。

1. 防抱死制动系统

（1）工作原理

装有 ABS（图 3.29）的汽车在制动过程中，轮速传感器不断把轮速信号传送给电子控制单元（Electronic Control Unit，ECU）。ECU 对这些信号进行逻辑判断和分析，并加以计算，一旦识别到某一个或几个车轮有抱死倾向时，ECU 就发出指令，并送至液压或气压调节器中，通过调节器中电磁阀"升压""保压""降压"3 种不同工作状态，及时调节车轮制动缸中的压力，以防止车轮制动抱死。图 3.30 所示为典型的 ABS 示意图。

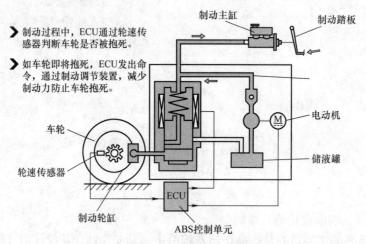

图 3.29　ABS 工作原理示意图

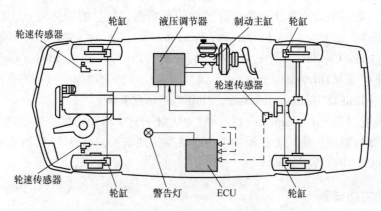

图 3.30　典型的 ABS 示意图

（2）轮胎与地面的附着特性

图 3.31 所示为附着系数变化曲线图，由图可知：

1）滑移率 λ 为 0 时，车轮纯滚动。

2）滑移率 λ 为 100% 时，φ_S 最小，车轮抱死，产生侧滑。

3）滑移率 λ 为 10% ~ 20% 时，φ_B 达到峰值 φ_P。

当 $K>0$ 时，地面附着力随汽车制动力矩的增加，能提供足够的地面制动力，此时的侧向附着系数也较大，具有足够的抗侧滑能力，称为稳定区。

当 $K<0$ 时，随制动力矩的增大，地面制动力减小，易于产生抱死侧滑，称为不稳定区。

（3）理想的制动控制

1）车轮滑移率从稳定区进入不稳定区的瞬间，迅速而适度地减少制动器制动力，使车轮的转动恢复到稳定区域内。

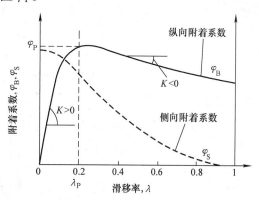

图 3.31　$\varphi - \lambda$ 曲线

2）逐渐地增加制动器制动力直至车轮状态再次越过稳定界限位置，尽量长时间地保持车轮运动于稳定界限附近的最佳滚动状态。

3）制动车轮始终在纵向峰值附着系数最大处附近的狭小滑移率范围内滚动，既保证了转向操纵和制动的方向稳定性，又获得了最小制动距离。

ABS 的工作过程实际上是"抱死—松开—抱死—松开"的循环工作过程，使车辆始终处于临界抱死的间隙滚动状态，有效地克服了紧急制动时由车轮抱死产生的车辆跑偏现象，防止导致车身失控等情况的发生。

（4）ABS 的作用

1）防止后轮抱死，提高制动时的行驶稳定性；防止前轮抱死，提高制动时的操纵性。

2）减少轮胎磨损，减轻驾驶员的紧张程度。

3）最大可能利用车轮与地面的附着系数，减少制动距离。

对事故分析研究可知，ABS 的运用将降低 7.1% 的交通事故。

2. 驱动防滑控制系统

汽车在行驶时，其驱动力决定于传递到驱动轮上的发动机转矩和轮胎与路面的附着系数。发动机的转矩与发动机的性能、传动系特性有关。汽车在起动或急加速时，随着发动机的转矩不断增大，汽车的驱动力随之增大，驱动能力增强。但当驱动力超过地面的附着力时，驱动轮开始滑转。因此，汽车获得的驱动能力只有在轮胎和路面之间附着极限内驱动轮不发生滑转时才有效。

汽车驱动轮在滑转时，通过将其滑转率控制在最佳滑转率（10% ~ 30%）范围内（图 3.32），可以获得较大的附着系数，使路面能够提供较大的附着力，车轮的驱动力能够得到充分利用。

（1）ASR 的组成

ASR 由传感器（轮速传感器、节气门位置传感器等）、ASR ECU、执行器（制动压力调节器、节气门步进电机）、故障指示灯等组成（图 3.33）。

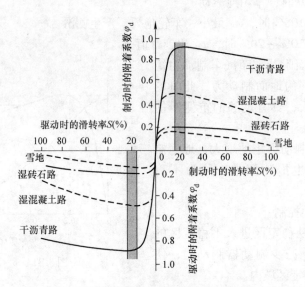

图 3.32　滑转率与附着系数之间的关系

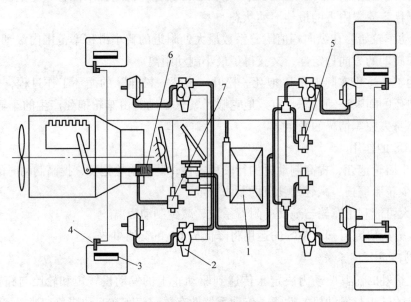

图 3.33　ASR 主要元部件在车上的布置

1—ECU　2—制动压力调节器　3—轮速传感器脉冲盘　4—轮速传感器
5—差速制动阀　6—发动机控制缸　7—发动机控制阀

（2）ASR 的基本原理

车轮速度传感器将车轮转速转变为电信号，输送给控制器，控制器计算出驱动车轮的滑转率，如果滑转率超出了目标范围，控制器确定控制方式，输出控制信号使执行器动作，将驱动车轮的滑转率控制在目标范围内。

（3）ASR 的作用

1）汽车起步、行驶过程中，驱动轮可提供最佳驱动力，与无 ASR 相比，提高了汽车的动力性，特别是在附着系数较小的路面上，起步、加速性能和爬坡能力较佳。

2）能保持汽车方向的稳定性和前轮驱动汽车的转向控制能力。

3）减少了轮胎的磨损与发动机油耗。

（4）ASR 和 ABS 的比较

ASR 和 ABS 的比较详见表 3.3。

表 3.3　ASR 和 ABS 的比较

区别	ABS	ASR
控制原理	防止制动时制动力大于附着力引起车轮抱死拖滑，使汽车获得最佳的制动效能和方向稳定性	防止车轮驱动力大于附着力时出现车轮滑转，以提高汽车起步、加速及在湿滑路面上行驶时的牵引力，确保汽车行驶稳定
控制车轮数	对所有车轮都实施控制	只对驱动轮实行制动控制
作用时间	制动时工作，车轮即将抱死时起作用，当车速很低（8km/h）时不起作用	在行驶过程中一直工作，在驱动轮出现滑转时起作用，当车速很高时（一般 80～120km/h）不起作用
离合器状态	ABS 工作期间，离合器处于分离状态，发动机也处于急速运转，传动系无工作载荷	ASR 工作期间，离合器处于接合状态，发动机惯性会对 ASR 控制产生较大影响
反应时间	反应时间近似一定的制动控制单循环系统	由反应时间不同的制动控制和发动机控制等组成的多循环控制系统
结构	整体式或分离式	必须是分离式的，便于管路布置

3. 车辆动态控制系统

ABS/ASR 在车辆紧急制动或急加速行驶状态时，通过控制车辆滑转率来提高车辆安全性，对于紧急转向（避让）或高速换道行驶的车辆则无法提供安全保障。行驶车速高的车辆在急转弯时，极易造成车辆进入动力学不稳定状态，车辆可能会不按驾驶员希望的路线行驶，出现过多转向或严重不足转向，甚至急剧旋转。把汽车的制动、驱动、悬架、转向、发动机等各主要总成的控制系统在功能上、结构上有机地综合在一起，可使汽车在各种恶劣工况下，如冰雪路面上、弯道路面上以及采取规避动作移线、制动、加速和下坡等工况行驶时，对不同承载、不同轮胎气压和不同程度的轮胎磨损都有良好的方向稳定性，表现出最佳的行驶性能。车辆动态控制系统（Vehicle Dynamics Control，VDC）的开发旨在淡化驾驶员的操作技能对车辆运动安全性的影响，在车辆的所有行驶状态下，都对各车轮的受力进行调节，从而主动地对车辆进行动力学控制，提高高速车辆的主动安全性。

VDC（转向行驶时的方向稳定性）是 ABS/ASR（制动和驱动时的方向稳定性）这两种系统功能上的延伸。ABS 及 ASR 只能被动地做出反应，而 VDC 则能够探测和分析车况并纠正驾驶的错误。

（1）VDC 系统构成（图 3.34）

当轮胎运动超过侧向附着力时，就会形成不稳定因素。这时有两种情况：

1）后轮相对于前轮更多地失去轮胎附着力，其结果是产生强烈的过多转向倾向。

2）前轮相对于后轮更多失去轮胎附着力，这时会产生强烈的不足转向倾向。

VDC 则可对上述两种倾向起到限制作用。为了消除上述两种倾向的不稳定因素，首先应该判断是何种情况产生了不稳定因素。

（2）车辆非稳定状态判定

1）过多转向倾向的判定：判定过多转向的标准是车身的滑移角和车身滑移角速度。一

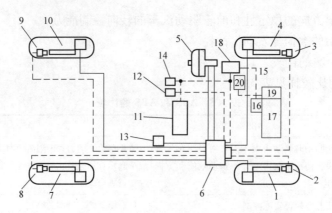

图 3.34　日产天籁 J31 轿车 VDC/TCS/ABS/EBD 系统构成

1—右前轮传感器转子　2—右前轮传感器　3—左前轮传感器　4—左前轮传感器转子　5—制动主缸和助力器
6—电子控制单元（ABS 执行器和电气单元）　7—右后轮传感器转子　8—右后轮传感器　9—左后轮传感器
10—左后轮传感器转子　11—组合仪表（制动警告灯、ABS 警告灯、VDC OFF 指示灯、SLIP 指示灯）
12—VDC OFF 开关　13—传感器　14—转向角度传感器　15—节气门控制信号　16—节气门电子控制执行器
17—发动机　18—ECM　19—变速驱动桥总成　20—TCM

般情况下，车身滑移角增加，而且滑移角速度也增大时，就会出现过多转向的倾向。

克服过多转向倾向的措施：当转弯出现较大的过多转向时，根据这种倾向的程度对外侧的前轮进行制动，以抵抗横向摆动力矩，恢复车辆的稳定性。

2）不足转向倾向的判定：按照目标横向摆动率与实际的横向摆动率之差来判断，当实际值比目标横向摆动率要小时，判断有不足转向的趋势。

克服不足转向倾向的措施：当转弯出现较大的不足转向时，根据其倾向的程度来控制发动机功率或对左右后轮进行制动，以产生使车辆纠偏的"不足转向控制力矩"，限制不足转向。

4. 汽车碰撞预警系统

交通事故的主要原因包括超速行驶、占道行驶、酒后驾驶、疲劳驾驶等，而碰撞是交通事故的主要表现形式，其中大部分是车 - 车碰撞和人 - 车碰撞。

历史事故统计分析结果表明：轿车正面碰撞事故占总数的 65.4%，侧面碰撞事故占 21.4%；追尾碰撞事故占 13.2%（图 3.35）。

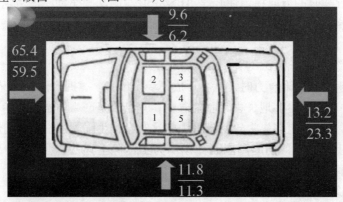

图 3.35　轿车（分子）和大客车（分母）撞车事故分布

汽车碰撞预警系统（Advance Collision Warning System，AWS）环境感知传感器的技术方案主要可以分为视觉主导和激光雷达主导：①视觉主导的方案采取"摄像头（主导）＋毫米波雷达＋超声波雷达＋低成本激光雷达"的技术，典型的车厂是特斯拉；②激光雷达主导的方案采取"低成本激光雷达（主导）＋毫米波雷达＋超声波传感器＋摄像头"的技术，典型的代表是 Google Waymo。图 3.36 所示为防撞系统结构。本节主要介绍运用单目视觉技术实现 AWS 的技术。

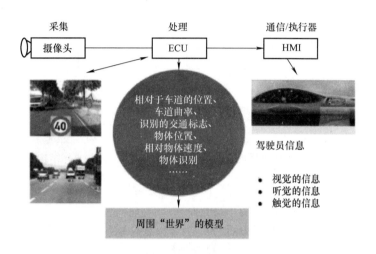

图 3.36　防撞系统结构

经过长期的研究实践，人们逐步认识到采用单目视觉技术，仅使用一台摄像机，即能在一定程度上实现对前方道路环境、车辆探测及车距监测的功能。相对其他几种传感器技术而言，机器视觉图像的信息含量丰富，可同时进行车道线检测、交通信号识别以及多车道上的障碍物识别，还可以提供实时录像，以供事后分析。最重要的是，应用机器视觉技术实现汽车碰撞预警系统的技术成熟、成本低廉、性能可靠、安装和使用简便，能够迅速普及，这必将极大地降低公路交通事故发生的可能性，对于减少公路交通事故及人员死伤有着十分重要的现实意义。

AWS 是一款能预测到行车危险并在碰撞危险发生前 2.7s 向驾驶员发出警报，预防交通事故发生的产品，被称为"永不疲倦的第三只眼"。

（1）基本功能

AWS 利用了先进的图像技术实现以下功能：

1）观察车道和识别弯道情况。AWS 能观察和计算车辆到车道两侧标记线的距离、来往车辆的距离，其中包括更换车道的车辆（计算通过车道的时间）。

2）观察车辆。AWS 能观察到前面的车辆，并计算与它们的距离、方位、相关的速度和接触所需要的时间，利用这些计算结果提供连续的车距和潜在的碰撞信息。通过对弯道情况的分析，AWS 能确定哪辆前方的车辆和自车处于同一车道内。

3）AWS 集三种不同的预警类型于一体：①前方碰撞预警系统（Forward Collision Warning System，FCWS）；车道偏离预警系统（Lane Departure Warning System，LDWS）；跟车距离警报系统（Headway Monitoring Warning System，HMWS）。

（2）总体结构

系统总体结构（图3.37）大致分为5层：图像采集层、特征提取层、解释层、环境理解层和决策预警层。

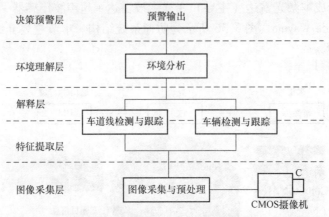

图3.37　采用单目视觉技术的汽车碰撞预警系统的总体结构

1）图像采集层。通过摄像机获取汽车前方一定范围内的图像数据，并完成一定的滤波、边缘增强、二值化等预处理功能。

2）特征提取层和解释层。经过预处理的图像数据，保留了大量道路和障碍物的特征信息，如路面区域的灰度特征、颜色特征、纹理特征，结构化道路上的车道标识线与路面背景之间的强烈对比度，车辆后部风窗玻璃、保险杠、车牌的明显边缘特征等。因此，根据一定的特征识别算法，就能够实现对道路和前方车辆的检测和识别。

3）环境理解层。根据解释层获得的道路和前方车辆识别信息以及采集得到的车速、转向灯、制动等自车状态数据，对车辆所处的交通环境做出分析，并预测交通形势的进一步变化。例如，采用基于小孔成像原理的测距模型、基于序列图像的测距模型等，计算汽车与前方车辆的车距，分析可能相撞的时间；基于车辆即将跨越车道边界的时间（Time to Lane Crossing，TLC）分析车辆偏移车道的趋势等。

4）决策预警层。根据环境理解层的分析，依据事先确定的策略发出预警信号，包括使用语音、警示音、闪烁灯等方式提请驾驶员注意，并可以通过制动灯闪烁来示意后车驾驶员，避免或减轻后车追尾事故。

图3.38所示为AWS在夜间的使用效果。

（3）不同预警类型的功能

1）前方碰撞预警系统（FCWS）。FCWS是一种高级安全辅助系统，它通过感应和计算在行驶过程中车辆与前车的距离来判断潜在的碰撞风险，并立即发出警示。FCWS在驾驶员分心未能注意到前方状况、疲劳犯困或者使用手机等情况时具有显著的实际

图3.38　AWS在夜间的使用效果

效用。

2）车道偏离预警系统（LDWS）。LDWS是一种通过警报的方式辅助驾驶员减少汽车因车道偏离而发生交通事故的系统。该系统提供智能的车道偏离预警，在无意识（驾驶员未打转向灯）偏离原车道时，能在偏离车道0.5s之前发出警报，为驾驶员提供更多的反应时间，大大减少了因车道偏离引发的碰撞事故。此外，使用LDWS还能纠正驾驶员不打转向灯的习惯，该系统主要功能是辅助过度疲劳或长时间单调驾驶引发的注意力不集中等情况。

3）跟车距离警报系统（HMWS）。驾驶员疲劳驾驶或注意力分散是行车时发生安全车距不足的主要原因，HMWS实时获取前方车辆及车距信息，若车距不符合安全行车规定，立即向驾驶员发出警报，提醒驾驶员采取必要措施保持安全行车距离，能够有效避免发生汽车追尾等交通事故。

当然汽车主动安全的装备和系统远不止这些，除了以上提到的应用相对较广的主动安全系统以外，电子警察系统（Intelligent Speed Adaptation 或 Intelligent Speed Advice，ISA）、车联网（Vehicular Communication Systems）技术、自适应巡航（Adaptive Cruise Control，ACC）、夜视系统（Night Vision System）、自适应灯光控制（Adaptive Light Control）、行人保护系统（Pedestrian Protection System）、自动泊车系统（Automatic Parking）、交通标志识别（Traffic Sign Recognition）、盲点探测（Blind Spot Detection）、驾驶员疲劳探测（Driver Drowsiness Detection）、轮胎气压监测系统（Tire Pressure Monitoring System，TPMS）等，以及注意力辅助系统（Attention Assist）、平视显示系统（Head Up Display，HUD）等也是车辆主动安全关注的重点。

当然，从目前的研究情况来看，即便是无人驾驶技术也不可能从根本上消灭交通事故。

3.2.2　汽车的被动安全

汽车的被动安全是指交通事故发生后，汽车本身减轻人员伤害和货物损失的能力，又可分为汽车内部被动安全（减轻车内乘员受伤和货物受损）以及外部被动安全（减轻对事故所涉及的其他人员和车辆的损害）。

在道路交通中，如何减少对人的伤害是交通事故防治的重点。消除交通事故损失的致害因素，就是考虑在事故发生的瞬间，导致乘员、骑行者、行人损伤的致害物，在车辆设计、使用方面予以改进，使得参与交通的人获得最大程度的保护。

在交通事故尤其是碰撞事故发生时，汽车对乘员应有足够的保护能力，这就要求车辆设计制造时要有安全的车体构造，针对碰撞发生部位的不同，车体不同位置的安全要求也不同。

对于正面碰撞，为了乘员的安全，车辆前部要做得坚固，并要防止车室变形以确保生存空间。汽车前部的压扁特性与车体结构的材料、动力传动系统的形状、悬架和发动机的布置等有关。一般小型轿车在50km/h速度下与墙壁碰撞时，变形距离为450mm，最大反力为40t，最大减速度为40g，乘员可能移动的距离为200~240mm。反力过大，车室会因强度不够而变形。变形距离随着碰撞时车辆速度的提高而变大，在高速时为保护乘员应采取较大的压扁距离来提高能量吸收效率和降低反力，另外还要防止转向柱向后突出。

在追尾碰撞发生时对车辆后部结构的考虑也是要协调好反力、变形距离及车室强度三者之间的关系，尤其要注意对燃料箱的保护。

对于侧面碰撞，也要减小碰撞时的攻击性，车体强度要求能适应翻车。同时为确保驾驶员的视野，前立柱和中立柱也要有必要的强度。

在车辆发生碰撞时，为达到保护乘员的目的，一是要把减速度控制在容许限度内，以保证乘员的动能得以吸收；二是要防止负荷过分集中而使乘员受伤。

利用乘员保护装置可控制乘员的减速度。安全带是最便宜而且有效的乘员保护装置，一般车辆上已广泛安装。但在我国安全带的使用率相对较低，应加强宣传力度，使佩戴安全带成为乘员的自觉行动，以保障其自身安全。

为防止碰撞时人体受到局部过大的压力而受伤，应在防止车室变形、确保生存空间的同时，使车内突出物、仪表板具有能量吸收性并铺上减振垫，另外还要使用强化玻璃或夹层玻璃以减轻伤害。

在保护行人、骑行者方面，要将车辆外部做成柔性结构并没有复杂的车外突出物，将后视镜做成可折式的；还要根据碰撞时行人的反应动作研究保险杠的高度和强度。对于大型车，要注意防止碰撞以及将行人、骑行者卷入车下。

1. 人体的耐冲击性与伤害标准

交通事故中，大部分伤害都是因人体受到外力冲击所致（图 3.39）。人体对外力的冲击有一定的承受能力，但当外力超过一定限度时，人体便会受到伤害。在设计汽车安全构造时，应该了解人体耐冲击性，使得车辆总体结构、乘员保护装置及车内构造物的设计安全合理，以保证人体受到的冲击力不会超过人体承受限度。

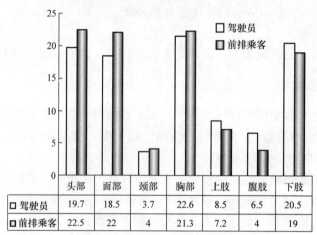

	头部	面部	颈部	胸部	上肢	腹肢	下肢
驾驶员	19.7	18.5	3.7	22.6	8.5	6.5	20.5
前排乘客	22.5	22	4	21.3	7.2	4	19

图 3.39 事故中轿车乘员身体各部位受伤分布（%）

一般采用加（减）速度、负荷、压力及位移（变形量）等物理量来表示人体耐冲击性。特别是加速度，能准确地表示冲击大小的尺度，测量和数据处理也比较容易；负荷和位移往往用于表达骨折和挫伤的耐冲击性。由于人体各部位的构造、机能不同，耐冲击性也各不相同，这里主要说明实际撞车时多发性重度伤害的头部、胸部和颈部的伤害标准。

（1）人体全身的耐冲击性研究

人体耐冲击性的研究，最初是由航天技术的需要发展起来的。根据当时的研究，人体全身的耐冲击能力有无伤、中伤和重伤三个区域，无伤和中伤的界限可视为人体耐冲击界限，这一界限值随减速度作用时间的延长而降低。交通事故伤害是人体某个部位受到冲击，而不是全身受到均匀一致的冲击。因此，全身耐冲击能力对交通安全的实际意义不大，但这一成果对以后交通安全研究的发展却有很大的影响。

（2）头部的耐冲击性和伤害标准

在交通事故中，头部伤害是最重要的伤害形式。直线减速度作用下头部伤害界限按下式计算：

$$GE = \frac{1}{T} \int_0^T G(t)\,dt \qquad (3.36)$$

式中，GE 为有效减速度；$G(t)$ 为减速度随时间变化的函数；T 为减速度作用时间。

显然，随着减速度作用时间的延长，安全界限降低，也就是伤害危险性增大。式（3.36）所示曲线是美国缅因州立大学于 1960 年提出的，因此又叫作 WSTC 曲线。

在 WSTC 曲线的基础上几经修改，1971 年美国运输部决定采用下述 HIC 计算公式作为头部伤害界限的基准：

$$HIC = (t_2 - t_1)\left[\frac{1}{t_2 - t_1} \int_{t_1}^{t_2} a\,dt\right]^{2.5} \qquad (3.37)$$

式中，a 为头部重心加速度，用重力加速度 g 的倍数表示；t_2、t_1 为碰撞过程中所选择的两个时刻，它们应使式（3.37）的计算结果达到最小值。

HIC = 1000 已被作为头部冲击伤害的安全界限。美国现行法定标准规定：车速为 30mile/h（约合 48km/h）的正面碰撞，其 HIC 值为 1000。这一安全界限已被美国联邦机动车安全标准（FMVSS）采用并作为评价汽车安全措施的依据。据测定，当 HIC 值为 1000 时，发生恶性头骨骨折的概率为 33%。GB 11551—2014《汽车正面碰撞的乘员保护》也将此值作为防止乘员受伤的标准要求。

（3）颈部的耐冲击性

人体颈部的生理构造很复杂，即使受到轻微冲击，也可能造成伤害而产生严重后果。颈部的耐冲击性至今尚未完全明了。颈部向前及向后倾斜时的伤害界限约为 60°，这一研究成果可用来指导汽车座椅靠背及安全头枕的设计。

（4）胸部的耐冲击性

在交通事故中，驾驶员常因胸部与转向盘碰撞而受伤。为减轻事故中驾驶员的伤害，可将汽车的转向管柱做成安全转向管柱，这种转向柱受到大于某一界限值的压力时，长度会缩短，从而起到保护作用。为了确定界限压力的数值，就需要了解人体胸部的耐冲击特性。美国在 20 世纪 70 年代初期的研究结果表明，胸部受到的冲击力如超过 6.4kN，人体便会受到严重伤害，发生胸骨、肋骨骨折和心肺损伤。因此，可以将此值作为胸部的耐冲击界限。

另外，对于人体其他部位，如腹部、腿部、足部及臀部等，欧美国家都有相应的伤害界限标准。

2. 保护乘员空间

汽车碰撞事故尤其是汽车与汽车互撞，或汽车碰撞坚固物体，当碰撞事故发生时，应确保乘员安全。乘员保护可以从两个方面考虑：一是要有合理的车身构造，以保证车身在事故中产生变形后仍能确保乘员的生存空间；二是要有性能良好的乘员约束装置，以减轻二次碰撞。

撞车现象是一种发生在极短时间（从几十到几百毫秒）内的现象，要在这极短暂的时间内把乘员的减速度控制在某个范围之内，特别是随着车速的增高，仅靠乘员约束装置来确保乘员的安全是非常困难的，应考虑在车身构造方面增加强度，利用车身的变形来吸收乘员

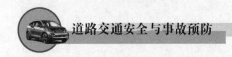

的能量。

撞车时安全的车身构造应能保证车身的前、后部能有效地吸收冲击能量，车室结构要十分坚固，以确保乘员的生存空间。从汽车的总体构造看，发动机、变速器和差速器等部分质量较大，不易产生变形的部分也很多，因此在车辆碰撞初期的变形状态中，应当能够承受冲撞、吸收必要的能量。另外还要求对车身各部分的变形量予以控制，如前面撞车时转向器的移动量、风窗玻璃的侵入范围、安全带的固定装置、撞车时燃料系的防泄漏、侧面碰撞时侧门的强度以及门锁和车门铰链等都有要求，这在各国的法规和标准中也各有规定。

在乘坐区设计时必须保证乘员幸存空间内没有致伤部件。图 3.40 所示为撞车前、后零件变形界限。

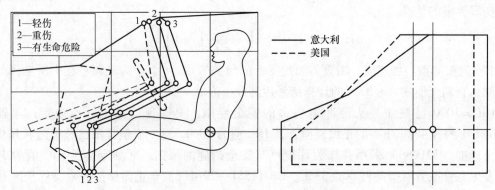

图 3.40　撞车前、后零件变形界限

3. 车身结构安全性设计

车辆的被动安全系统归纳起来可分为安全车身结构和乘员保护两大类，其中安全车身结构主要是为了减少一次碰撞带来的危害，而乘员保护系统则是为了减少二次碰撞造成的乘员损伤或避免二次碰撞。

设计车身结构时，必须确保驾驶员的视野和视认性；车身布置及结构设计应使车身各支柱，特别是前风窗玻璃支柱（A 柱）对驾驶员的视野性妨碍应最小，后视镜的设计要确保后方视野性的要求。

车身结构安全性设计须具备的相关功能性要求如下：

1）碰撞能量须能被指定结构部位分级吸收，确保乘员生存空间。

2）防止碰撞导致的乘员与室内部件的撞击，减小乘员的伤害。

3）碰撞后乘员易于逃生或进行车外救护，避免二次破坏或伤害。

（1）车身前部构造与耐冲击性能

车身前部构造的耐碰撞性能与下列内容有关：①撞车时的能量和车身的撞车特性（产生负荷的大小和车身变形量）；②车身构造和能量吸收方式（承载式车身和非承载式车身）；③车身前部的变形形式（压溃形式、弯曲形式或变形位置）；④车辆驱动方式和悬架形式（前置发动机后桥驱动 FR 形式和前置发动机前桥驱动 FF 形式）；⑤与车室相关的变形量。

首先分析正面碰撞时车身前部应吸收的能量，其中车辆为对固定壁撞车情况。

设车辆质量为 M，碰撞速度为 V，则碰撞前的总动能为 $MV^2/2$。一般认为在碰撞过程中车辆的质量是减小的（即变形的前部质量部分），被车身前部吸收的能量可用 $\int MV\mathrm{d}V$ 来表示，其中积分是对整个碰撞时间积分。碰撞期间的质量变化可根据车辆的总身设计方案大致获得。经计算可知，考虑乘员下沉以及由于车室、发动机等变形吸收的能量，在以80km/h的速度碰撞时，汽车前部若能吸收总撞车能量的70%，车内乘员的安全即可获得保证。

为了吸收冲击能量，对于承载式车身，可在车身前部加装杆件，依靠杆件的弯曲和压溃来吸收能量；对于非承载式车身，主要是在前部车架采用特殊结构，依靠骨架的变形来吸收能量。

前置前驱（FF）车的车身前部构造比前置后驱（FR）车还应多增加几项考虑事项：

1）由于FF车没有传动轴，不能向车身后部分散负荷，所以要有比FR效率更高的能量吸收特性。

2）由于发动机舱内布置很满，对不易破坏的零部件尽量布置在发动机舱后部，以控制其顺序从前顺次向后。

3）FF车多数是小型客车以下的车辆，须采用平均刚性较高的驾驶室构造。

总之，对于车身前部的构造，必须把车身的变形集中在车身的前部，而尽量减小驾驶室的变形量。车身前部和驾驶室的结合部也非常重要，对于车身前部产生的负荷应能高效地传送到包括驾驶室在内的车身后部，越是高速的情况，结合部就越是要求坚固。

另外，转向管柱在车身上的安装部位、座椅的安装部位、座椅安全带的固定处等局部负荷较大的地方必须有足够的强度和刚度。

轿车发生迎面碰撞或碰到固定障碍物时，前部产生特别大的平均减速度 j_{cp}（$300g \sim 400g$），从车头到车尾逐渐降低（图3.41）；轿车质心平均减速度 j_{cp} 为 $40g \sim 60g$（图3.42），瞬时值可达 $80g \sim 100g$。

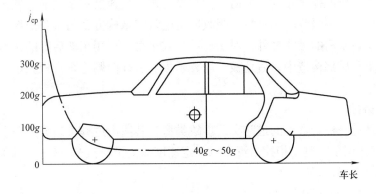

图3.41　平均减速度沿车长方向分布

为了降低迎面碰撞时的减速度，可将轿车前部做成褶皱区（图3.43），在碰撞时可提供 $500 \sim 600mm$ 的变形行程，以通过褶皱区吸收撞车时的动能。后部撞车的车速较低，轿车后部的褶皱区的变形过程为 $300 \sim 500mm$。侧面撞车时，碰撞部位允许的变形行程很小，应保证主撞车不会侵入被撞车的乘员舱。因此，车门和铰链、门锁机构承受碰撞的能力是一个关键。

（2）车身后部构造

追尾撞车发生时的安全考虑有两点：①确保乘员的生存空间；②防止火灾的发生。

一般来说，追尾撞车时乘员的减速度是比较小的，乘员受到的冲击也比较小。车辆碰撞

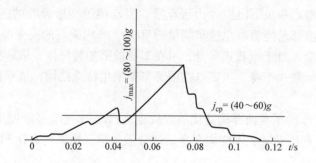

图 3.42　轿车质心平均减速度

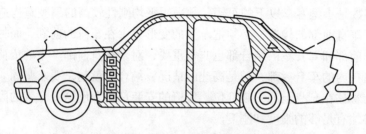

图 3.43　轿车各部分不同的刚度
注：乘坐区刚度大，以保证乘员的幸存空间。

能量的吸收方法与正面撞车相同，但由于没有发动机、变速器等坚固的大型构件，碰撞时的能量几乎都由车身直接吸收。车身后部吸收冲击能量的结构方案与车身前部基本相同，对于承载式车身，安装专门的吸能杆件；对于非承载式车身，可用车架后部的特殊结构来吸收能量。另外，在车身后部构造中，后地板、后翼子板、后柱内侧等车身板壳也应有较好的能量吸收特性。

（3）侧面碰撞

侧面碰撞是另一种最常见的道路交通事故类型，其撞击过程可划分为 3 个阶段：

1）加速度作用于车侧，指撞击汽车以一定速度撞上被撞汽车（0～20ms）。

2）乘员受伤（20～30ms）。

3）车身最后变形（30～70ms）。

在一般的车身构造中，由于主要构件贯穿于车身的前后方向，所以当侧面碰撞发生时，车身承受的横向力较大，乘员舱的生存空间易受严重损坏。因此对于前后车门和下纵梁要加大强度，以吸收必要的撞车能量。在一些安全试验车上，部分构件沿车辆横向贯穿，以确保乘员舱的强度，还有的在车门内侧安装车门梁，以防止车门钢板进入乘员舱。总之，高效的防侧撞系统应具有坚固的车侧结构、地板横向连接结构、车顶横向连接结构和座椅支承架，在一些新型车辆上还安装了防侧撞气囊。

（4）翻车

针对车辆行驶中由于急打转向盘使车辆翻车的情况，为确保乘员的生存空间，必须增强车辆结构；主要是对构成乘员舱侧向构造的车顶纵梁、前柱、中柱等进行增强，以保证翻车后车顶等部分向乘员舱内的突入量较小。具体方法是增加上述构件的板厚或采用双重结构等。此外还有采用高强度钢,把左右中柱用强力构件结合起来的翻车保护杠等。

4. 乘员约束装置及保护原理

安全是驾乘人员最关心的问题。一方面,生产厂家制造的汽车本身必须是安全、可靠的,即所谓主动安全,这主要从制动、操纵稳定性等汽车自身的性能上采取措施;另一方面,万一发生撞车、翻车事故时,也要能对乘员加以足够的保护,减轻二次碰撞,使伤害降低到最低限度,即所谓被动安全。这主要从车身结构(吸收撞击能量)、内饰软化、乘员保护等方面采取措施。

(1) 二次碰撞

加速度(或减速度)是造成人体伤害的主要原因。当车辆发生碰撞时,车速会发生急剧变化,这称为第一次碰撞。由于车速发生急剧改变,车内乘员在惯性力作用下,将与车内结构物发生剧烈碰撞,并因此而受伤,这称为第二次碰撞。汽车在第一次碰撞中的加(减)速度越大,车内乘员第二次碰撞的加(减)速度就越大,乘员的伤害也越严重。如以60km/h 车速进行碰撞试验,一个体重75kg 的人可产生3t 的冲力。

乘员的伤害值可用乘员各部分产生的减速度来表示,乘员的减速度以车辆碰撞时刻为起点,随着碰撞后时间的延长而变大,通常在二次碰撞发生时达到峰值。乘员约束装置的作用就是为防止二次碰撞的发生,同时将减速度限制在乘员所能忍受的范围之内。

(2) 乘员下沉

安全带作为基本的乘员保护装置,之所以能起到保护作用,是因为在高减速过程中,由于安全带的约束作用,将产生一种"乘员下沉现象",利用安全带吸收乘员的动能。假定乘员质量为 m,因安全带使乘员获得的减速度为 $a_m(t)$,减速中车体的速度为 $v(t)$,则利用"乘员下沉"所吸收的能量为

$$E_x = \int_0^t m a_m(t) v(t) \mathrm{d}t$$

设撞车前汽车的速度为 v_0,则乘员所具有的能量为

$$E_m = \frac{1}{2} m v_0^2$$

因此,安全带起作用时的能量吸收率为

$$K = \frac{E_x}{E_m} = 2 v_0^{-2} \int_0^t a_m(t) v(t) \mathrm{d}t \tag{3.38}$$

由此可知,获得一个较高而安全的减速度,是安全带起保护作用的根本原因。

(3) 安全带

安全带是一种将乘员柔性地固定在汽车座椅上的安全装置。在汽车紧急制动或碰撞发生时,能防止或减轻乘员所受伤害。

车辆发生严重的撞车(一次碰撞)事故时会产生很大的减速度,往往会在极短的时间(从几十毫秒至几百毫秒)内由高速运动状态变为停止运动状态。巨大的惯性力使得车内驾乘人员无法自控而向前运动碰到转向盘、仪表板或前排座椅的背面(二次碰撞),这种二次冲撞可能导致驾乘人员身体受到致命撞击,严重时甚至还会撞碎风窗玻璃飞出车外,与前方障碍物再次相撞。减轻这种二次冲撞及其伤害后果的有效途径之一就是车内驾乘人员使用安

全带（图 3.44）。

安全带是通过对车内乘员的约束作用，使乘员在撞车过程中获得一个比较安全的减速度值，并限制其向前移动的距离，从而防止乘员受到二次碰撞。此外，在车辆发生翻滚时，安全带还可以保护乘员不致被甩出车外。美国高速公路安全保险协会（IIHS）调查表明，在发生碰撞事故时，安全带起到的保护作用占 90%，加上安全气囊后是 95%，而如果没有安全带的帮助，那么安全气囊连 5% 的功效都很难保证。NHTSA 的统计也表明，安全带的使用减少了 45% ~ 65% 的生命死亡和严重受伤的数量。

a) 无安全带（车速45km/h）

b) 系三点式安全带（车速45km/h）

图 3.44　安全带的作用

安全带在汽车上使用始于 20 世纪 50 年代，开始是作为选装件在汽车上使用，1968 年，美国规定轿车面向前方的座位均要安装安全带；随后，欧洲和日本等发达国家都相继制定了汽车乘员必须要系安全带的规定，从而使得安全带在汽车上的使用制度化。我国公安部于 1992 年 11 月 15 日颁布通告，规定从 1993 年 7 月 1 日起，所有小客车（包括轿车、吉普车、面包车、微型车）在行驶时，驾驶员和前排乘客都必须使用安全带。

安全带装置结构简单、成本低、减轻乘员事故伤害的效果大（表 3.4），是现代汽车上广泛使用的主动安全装置。

表 3.4　小轿车各种碰撞类型中安全带的保护率

碰撞类型	在全部车祸中所占比例（%）	安全带的保护率（%）
正面碰撞	59	43
侧面撞击侧	14	27
侧面非撞击侧	9	39
后部碰撞	5	49
翻滚	14	77

图 3.45 所示为以 50km/h 撞墙试验时汽车与乘员头部减速度的变化情况，三点式安全带可使头部减速度降低一半。

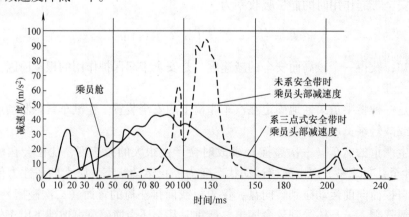

图 3.45　以 50km/h 撞墙试验时汽车与乘员头部减速度的变化情况

图 3.46 所示为安全带使用与否对乘员造成伤害的比较。

（4）安全气囊

安全气囊（图 3.47）是在汽车撞车或遇到障碍受到猛烈撞击时，装在乘员前面的一种自行充气的装置，其作用是防止乘员的胸部、颈部和头部在碰撞中与转向盘、仪表板或风窗玻璃等车内结构物接触，从而避免因二次碰撞而受伤。

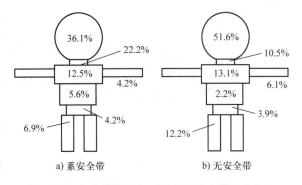

a) 系安全带　　b) 无安全带

图 3.46　安全带使用与否对乘员造成伤害的比较

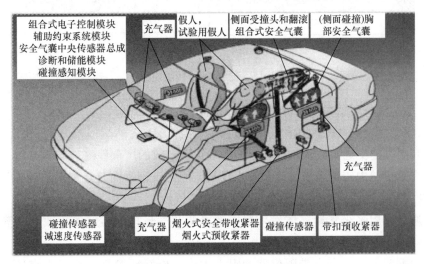

图 3.47　安全气囊系统布置

安全气囊自问世以来，已经挽救了许多人的性命。研究表明，安全气囊能大大降低中等及严重正面碰撞事故过程中乘员受伤的风险。装备气囊装置的轿车发生正面撞车时驾驶员的死亡率，大型轿车降低了 30%，中型轿车降低了 11%，小型轿车降低了 14%。安全气囊现已成为当今轿车上的标准配备。

对安全气囊的设计要求如下：在极短时间内使气囊膨胀展开，气囊的初期内压要超过一定数值；气囊的形状与乘员的接触面积尽可能大；设置排气机构，压入时气体从气囊逸出，以防止内压的过度上升而产生乘员回跳，减轻背部和颈部的负荷。

安全气囊的作用过程如图 3.48 所示，传感器 1 在撞车发生时可感知车身变形和减速度，撞车信号通过引爆装置 2 使气体发生器 3 产生了高压氮气和氩气进入安全气囊 4。气囊可在 0.1s 内充气完毕，保护乘员的头部和上身。事故发生后经过 0.4~0.5s，气囊的气体通过专门的孔放出，乘员可以自由活动。

使用安全气囊的缺点是在放气时形成 160~180dB 的声压，且成本高。

汽车碰撞过程中的安全性主要决定于两个因素：①汽车碰撞时的变形特性（汽车减速度的大小、乘员的生存空间等）；②车内乘员约束系统（如安全带、安全气囊等）。汽车碰撞安全性研究的目标就是尽可能地降低交通事故发生时对车内乘员的伤害。性能优良的汽车在碰撞事故发生瞬间一方面可以确保车上乘员的生存空间，另一方面借助车内乘员约束系统把

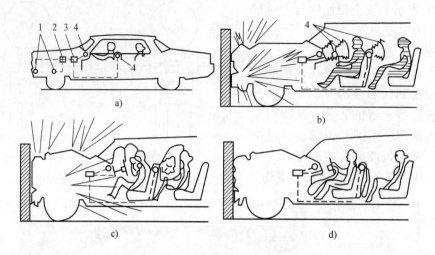

图 3.48 安全气囊的作用过程

作用于乘员上的负荷限制在人体可以承受的范围之内。

对于汽车碰撞安全系统，其发展目标如下：

1）具有更强的交通事故识别能力，能准确识别事故的严重程度。

2）具有乘员舱内传感系统，该系统不只是能静态识别，而且还能动态地感知出乘员的乘坐位置以及乘员身体大小和体重等，即智能安全气囊。

3）能通过采用多级气囊气体发生器或者可调节气囊排气装置等来改变气囊充气时的压力。

4）能根据要求改变安全带限位器的限力大小，更好地发挥安全带在交通事故中的效能，更好地同安全气囊系统一起保护车内乘员。

5. 其他构件安全设计

为减轻事故中乘员因二次碰撞所受到的伤害，除上述安全带及安全气囊装置外，还有以下各种结构措施。

（1）转向机构

发生正面碰撞事故时，由于车身前部的变形，转向盘连同转向管柱一起向驾驶员方向移动。与此同时，驾驶员在惯性力作用下向前冲出，这就会导致驾驶员胸部撞在转向盘与转向管柱上，从而受到严重伤害。

为减轻转向器产生的伤害，在撞车时要防止转向管柱向后突出，并能在二次碰撞时吸收能量。为了实现这一目标可在汽车的转向管柱上设置缓冲环节，如可使转向管柱的一部分在受到剧烈冲击时发生弯曲变形，从而吸收冲击能量，减轻对人体造成的伤害。

（2）座椅和安全头枕

座椅本身的强度及在车身上的安装强度要足够，以防发生撞车事故时因座椅损坏而对乘员造成伤害。当在座椅上的加载量为座椅总重量的 20 倍和座椅受到水平向前或向后的 $20g$ 加速度时，座椅骨架不应与座椅调节机构分离，座椅调节机构不应损坏、失灵，座椅与汽车车身不应分离。

安全头枕是指用以限制乘员头部相对于躯干向后摆动的弹性装置，其作用是发生碰撞事故时减轻乘员颈椎可能受到的损伤，分为独立式和整体式。安全头枕的前、后面应使用能吸收冲击能量的材料，并应具有足够的抗压强度。任何使用部位不能存在可能对乘员造成伤害的凸起和尖棱。

（3）安全玻璃

现代汽车的车窗玻璃常用钢化玻璃或夹层玻璃。钢化玻璃是指经热处理的玻璃板，由于玻璃表面形成压应力层，从而提高了抗外力作用及耐一定温度急变的强度，而且破碎时呈颗粒状。夹层玻璃是指两块以上的玻璃板用塑料作为中间膜粘结的制品，当受外力的作用而破损时，因中间膜的存在而使绝大部分碎片粘附于中间膜上。这两种玻璃被破坏后，不会产生尖锐的碎片，不致伤害乘员皮肤，被称为安全玻璃。

最近，国外又研制出新型的车用玻璃，它具有特殊的功能，比夹层玻璃更安全，每平方毫米能承受1200kg的压力。汽车以200km/h的速度高速行驶时，这种玻璃被金属物击中后不会被击穿。此外，这种玻璃表面镀有用透明塑料制成的无色硅树脂糊剂，因而雨、雪、雾、蒸汽均沾不到玻璃上，从而可以保持视线清晰。

（4）仪表板

仪表板表面应以弹性材料覆盖，以便受到撞击后能产生一定的变形，吸收冲击能量，减轻对人体的伤害。

（5）减少车内突起物

车内的结构物，如门把手、遮阳板、桌板等表面不允许有尖棱和粗糙面，并以弹性材料覆盖。

思 考 题

1. 车辆主要安全性能有哪些？

2. 简述车辆的动力性能，有哪些表征指标。

3. 车辆的最高车速与道路最高限速的关系是什么？为什么？

4. 简述影响驱动力大小的因素有哪些。

5. 汽车行驶阻力有哪些？如何表述？

6. 汽车空气阻力有哪些？降低空气阻力有哪些具体措施？

7. 什么是行驶方程式？如何表述？汽车行驶的驱动与附着条件是什么？

8. 简述汽车制动安全性的三项评价指标以及它们之间有何内在关系。

9. 路面附着系数随滑转率如何变化？为提高汽车制动过程的安全性，应如何利用路面附着系数？

10. 简述汽车制动原理和汽车制动过程。哪些因素可能导致汽车距离延长、制动效果不佳？

11. 汽车制动跑偏和制动侧滑与哪些因素相关？

12. 汽车发生侧倾和侧翻的条件有何差别？主要影响因素有哪些？

13. 什么是制动器的热衰退？影响因素有哪些？

14. 保持汽车制动系统、转向系统、行驶系统、车身等重要装置良好的技术状态对行车安全有何现实意义？

15. 何为汽车的稳态转向特性？影响汽车操纵稳定性的主要结构因素有哪些？

16. 什么是车辆的主、被动安全性？

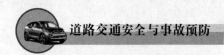

17. 简述防抱死制动系统（ABS）的工作原理。什么是理想的制动控制？

18. 简述驱动防滑控制系统（ASR）的工作原理和作用。

19. 简述车辆动态控制系统（VDC）的工作原理。

20. 如何实现碰撞预警？

21. 减轻乘员和行人伤害的被动安全技术有哪些？

22. 表示人体耐冲击性的物理量有哪些？

23. 简述汽车结构安全性设计的主要原则。

24. 简述汽车乘员约束装置及保护原理。

25. 为什么说汽车主动安全装置和被动安全装置对保障乘员安全的作用不是万能的？

第 4 章 Chapter 4

交通参与者特征

交通参与者是交通安全的主体，包括所有道路使用者，如驾驶员、乘客、骑行者、行人等，他们是交通系统中的客观对象。在道路交通系统中，交通参与者既是交通事故的制造者，又是交通事故的受害者。若不能全面、及时地感知，准确地判断、灵敏地操作，就会酿成交通事故。

4.1 驾驶员的个性特征

驾驶汽车是由驾驶员（交通参与者）在驾驶室（车内环境）操作驾驶机构（驾驶员－车辆系统）在道路（车外环境）上行驶的过程。这里的驾驶员操作环境与其他人－机系统有所不同，驾驶员的信息不仅来自车辆，还来自道路环境，而且信息的内容瞬息万变，驾驶员必须根据道路环境和车辆状态的变化去操作车辆。交通安全心理学的首要任务就体现在这种关系上，研究人与车辆以及环境的融合，以促进更好地设计和建造汽车与道路，减少驾驶员的行为错误。

驾驶员的个别差异是一项不可否认的事实。不仅驾驶员年龄不等，而且能力也不相同，每个驾驶员之间的生理与心理特征，如身高、性别、性格、经验等都有很大差异。可以从与驾驶行为有关的个别差异来研究交通安全心理学。

首先，对同龄驾驶员的观察发现，他们处理信息、判断和反应能力就存在很大差异。驾驶员的年龄分布在 18～60 岁或更大一些，随着年龄的增长，驾驶员的能力也会发生变化，老年驾驶员可通过他们的驾驶经验和细心来补偿他们生理上的弱点。其次，驾驶员个别差异不论在白天、黄昏和夜晚，还是在好天气与恶劣气候情况下都始终存在。交通安全心理学家所关心的是个别差异的类型以及造成这些差异的原因所在，研究区别安全驾驶员和出事故驾驶员的特征。

保险公司对这些问题的研究不是为了满足科学上的求知欲，而是关心对保险业务的需要，依据过去发生的交通事故的统计分析差异来识别出事故驾驶员。虽然这些差异重复地在交通事故中出现，但很难看出这种差异是引起交通事故的自变量。这里我们从保险费的收取方式来观察保险公司关注驾驶员及车辆的角度。

（1）英国汽车保险公司计算保险费的要点

1）车辆用途：家庭私用和娱乐用车辆的保险费较低，用作上下班的车辆保险费较高，而用于营运车辆的保险费更高。

2）投保人职业：对发生交通事故可能性大的、某些职业的人的赔偿金额很高，故根据不同职业分别收取不同的保险金。

3）驾驶经验：外地和本地的驾驶经验要分别对待。

4）驾驶记录：驾驶记录良好的具有长期不发生交通事故的可能性，收取的保费也低。

5）车辆型号：运动型汽车的风险最大。

6）车辆价格：如果汽车价格高出一定限度，则收取的保险费也较高。

7）车辆行驶地区：在城市人车混杂的地方容易发生交通事故，其保险费必然收得多些；在偏远的地方，发生事故的机会少，保险费也定得低一些。

8）投保者年龄：美国 IIHS 报告"驾驶员年龄对交通事故的影响"，显示了不同年龄段驾驶员的交通事故概率（图 4.1）。15～19 岁的驾驶员事故率最高，而后随着年龄的增长而下降，到 60 岁左右时降为最低，从 70 岁开始，随着年龄的增大，事故率明显开始上升。从图 4.1 可以看出，60～64 岁的年龄组的事故率是最低的，而 15～19 岁年龄组的事故率是平均水平的 1.7 倍。

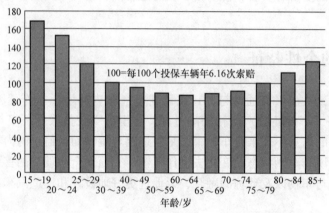

图 4.1　不同年龄段驾驶员的交通事故概率

国内某区域近年驾驶员年龄与交通事故率的统计数据表明，最易发生事故的是 20 岁左右的青年人，最安全的则是中年人。国内交通事故统计也表明，取得驾照 3 年内的年轻人发生事故的比例占总数的 25% 左右。

对那些可能影响驾驶行为的驾驶员特征所进行的研究可以罗列出一长串因素来，遗憾的是不能将它们单个列出，因为这些因素常常是相互关联的，而且很难分开进行试验。例如，人们希望随着驾驶经验和驾驶技能的提高来改善驾驶行为，然而，在美国佛罗里达州、纽约州和得克萨斯州，对注册赛车驾驶员与普通驾驶员相比较的一项综合研究中，赛车驾驶员发生交通事故和违章的次数都比普通驾驶员多。

（2）对驾驶员特性的研究结果

1）驾驶员个性是指影响驾驶员在不同情况下行为方式的一种相对稳定特征综合体。

2）许多研究表明，驾驶员个性特征与驾驶行为和交通事故有一定的关系。驾驶员的个人适应不良和社会适应不良都可能引起交通事故，而疲劳、酒精、药物等引起的暂时损伤也可能导致交通事故的发生。此外，有关的驾驶技术和能力，如驾驶经验、视力等，都可能影响驾驶行为和交通事故。

3）现场独立性可用来区别优秀驾驶员和出事故驾驶员。具有现场独立性特征的驾驶员在复杂环境下可以敏感地发现视觉线索，而具有现场依赖性的驾驶员发现危险情况的能力差，前者很少发生交通事故，而后者多次发生事故。

4）暂时损伤对驾驶能力的影响很大，疲劳、酒精和药物都可能引起暂时损伤。疲劳影响驾驶员视觉探测行为、制动行为和保持车辆正确行驶位置的能力；酒精对交通事故的影响也得到充分证明，许多国家都在法律上规定酒精中毒的驾驶员不准开车，通常，驾驶员血液中的酒精含量在0.1%时即为酒醉，在这种情况下发生的交通事故是未受酒精中毒时发生事故的6~7倍；药物，如苯基丙胺、大麻和镇静剂等，都在不同程度地影响驾驶技能，如果同时与酒精混用，其影响就大大加强。

5）事故趋势理论认为，对事故多发者进行测量可以发现他们的共同特征，然后用这些特征作为预测、预防手段将有助于减少交通事故。

6）生物节律理论提出人类行为受体力、情绪和智力周期变化循环的影响。许多研究分析驾驶员生物节律状态与交通事故的关系，发现临界日的交通事故较多；还有一些试验报告认为，当驾驶员处于临界日时给他们一些提示警告，有助于减少交通事故。然而，这些理论也缺乏充分的科学论据，引起了人们的广泛争议。

7）某些个别差异与驾驶行为有关，如驾驶经验（典型地体现在驾车年限上），虽然它对掌握和提高驾驶技能是很重要的，却与交通事故无关。

8）视力好是安全驾驶的必要条件，对交通事故的研究都支持这一公理。对驾驶必需的视力研究表明，现行测量视力的方法不能作为标准，应当检查驾驶员边缘视力、动视力、夜间视力及辨色能力。

4.2　自行车交通行为特性

自行车是一种灵活、轻便、相对低速的交通工具，由于依靠人力运行，出行距离不宜太远。在资源日趋紧张的今天，自行车交通作为一种绿色环保、灵活性高和高效率的替代交通方式日益受到重视。在我国城市交通系统中，自行车占有重要地位，但遗憾的是，无论从安全保护措施还是从路权和道路资源分享方面，自行车都处于交通系统中的弱势地位。

由于自行车具有个体小、行动灵活等特点，其行驶行为与基于车道运行的机动车的驾驶行为截然不同。这种灵活性为交通管理和控制带来不少困难，尤其是在我国，机非混行是城市交通系统运行的典型特征。在路段中，自行车常占用机动车道行驶，对交通运行效率产生极大影响，自行车与机动车的刮蹭事故也时有发生。在交叉口，机动车、自行车和行人之间存在大量的冲突，特别在无信号交叉口，因为自行车运行线路非常灵活，时常在机动车流之间穿插，这种行为给自行车交通安全带来很大的隐患，同时降低了交叉口通过能力和机动车交通的服务水平。除自行车外，我国城市交通系统中还存在大量的摩托车和电动自行车，这两种车辆的运动特性与自行车有很多相似之处，因此这里主要介绍自行车的交通行为特性。

4.2.1　骑行过程和心理特征概述

自行车靠人力驱动，由双腿交替踩踏踏板实现向前运动，并依靠前轮的转动改变运动方向。骑行时重心高、轮胎与地面接触面积小，骑行者易失去平衡而摔倒，引发交通事故。骑行者保持平衡的过程，不仅是一种生理运动，而且是由心理活动到生理反应的一种过程。自行车骑行者行为过程可以划分为感知信息、处理和判断、决策、行动4个过程，如图4.2所示。自行车骑行过程所具有的 4 个阶段和机动车驾驶员的行为过程类似，只是每个阶段的要素存在差异，但都需要驾驶员根据多种信息做出准确判断并完成车辆操控。与之类似，电动车和摩托车骑行者的骑行行为过程也包含这 4 个阶段，由于骑行的动力和速度不同，电动车和摩托车骑行者感受到的交通环境信息状况、环境变化估计及反应行为会存在着较大的差异。

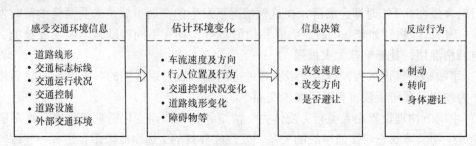

图 4.2　骑行者行为过程示意图

对于自行车骑行者而言，每个个体都具有独特的思维方式，而不是具有整齐划一的行为模式。在具体的行为过程中需要根据个体感知到的外界环境和内部状态，结合骑行者自身的目的、经验进行决策判断，进而操纵自行车完成一系列的活动。由此可见，骑行者驾驶自行车完成骑行过程的行为与建立在物质与能量关系基础上的非生命、物理系统的运动输入/输出关系之间具有较大的差异。这主要是由于人的行为是高级生物复杂心理的表现，且该心理过程属于闭环的、不断需要外界环境进行信息反馈并调整的过程。这种不同主体的心理过程表面上看十分复杂，似乎存在着偶然、随机的因素，但可以通过适当分类处理，对心理过程进行归纳总结，使其简化。

同机动车驾驶员驾驶车辆的过程相似，骑自行车的过程也伴随着复杂的心理过程。首先，骑行者通过感知器官（主要是视觉和听觉）将外部的环境信息输入大脑中枢神经系统，大脑中枢神经系统通过一定的信息处理过程，将骑行行为通过手和脚等身体运动器官控制自行车的运动状态（转向、加速、减速）。自行车骑行过程的心理特征如下：

（1）惧怕心理

骑行者惧怕机动车，尤其是大型机动车。一方面是因为其既无驾驶室，也无座舱等物理设施的隔离保护，无论在生理方面还是在心理方面，都受到外界环境的直接影响和干扰，自身的安全得不到任何防护。另一方面则是自行车具有不稳定性，机动车可以随意停住，而自行车一停即倒。

（2）超越心理

骑行者无论为任何目的而出行，省时、快捷地到达目的地是他们普遍的心理需要。自行车轻便、灵活，能连续行驶而不需要换乘，因此，人们乐于使用自行车，但超越心理表现明显。有人骑行时，低头用脚猛蹬，随意穿行，曲线行驶，有人明知机动车已到身旁，也敢冒险超越，甚至逼迫其他驾驶员紧急制动避让。这样的快速超越行驶，在我国城市的交叉口尤其是无信号交叉口很普遍，恶化了交叉口交通环境，降低了通行能力，且极易诱发事故。

（3）从众心理

心理学将从众心理定义为只有自己的行为与多数人一致时，心理才感到安稳，否则就觉得孤立的心理。在道路交通中常会看到，只要有一个人违章过街而又无人制止，就会有后续者一拥而上跟随，随后人数越来越多。这种现象不仅会造成交通秩序混乱，还容易引起交通拥堵，而且往往会诱发交通事故。

（4）习惯心理

人对不断重复的行为往往会形成习惯。从人的生理机制上看，习惯是行为与一定情况之间建立的暂时神经联系。这种联系既可以在大脑皮层优势兴奋区形成，也可以在大脑皮层相对抑制区形成。因此，习惯行为可以是主动的，也可以是无意识的。另外，人的习惯又有好、坏之分。在自行车骑行者中，具有好习惯的人，无论何时何地、在任何情况下都能自觉遵守交通规则；而具有不良习惯的骑行者则随心所欲，安全意识淡薄。

4.2.2 个体骑行行为特性

1. 自行车交通流差异性分析

在交通流中，自行车骑行者有保持相对积极的骑行态度的趋势，他们在拥挤的车流中寻找适当的机会，进而超越前方阻碍行驶的慢速障碍物，以期按照期望的速度行驶。因而与机动车交通相比，自行车运动更加灵活，更具有"流"的特征。

自行车流是大量自行车在移动介质上所表现出来的流体特性，而宏观测得自行车流体的物理量是由大量微观个体共同作用而呈现出来的统计特性。自行车流表现出的宏观全局特性，根源是单个自行车骑行者所表现出来的与其他交通方式不同的特征。通过总结自行车流发展中各个方面的研究成果，结合大量实际观测，分析自行车流的微观交通行为特征与机动车、行人交通的差异，详见表4.1。

表4.1 自行车交通流的微观交通行为特征与机动车、行人交通的差异分析

特性	机动车	自行车	行人
视 野	前方视野受到限制，存在后方视野	前方视野较大，几乎不注意后方事物	前方视野较大，几乎不注意后方事物
空间静态	小型机动车 5m×1.8m	人车单元 1.9m×0.7m	个体 0.6m×0.5m
需求动态	40~47m²	5.2~12.1m²	0.66~1.21m²
质 量	较大	较为轻便	仅为行人本身
操控性能	复杂度较高，难度较小，运行较平稳，受机械性能和法规限制	复杂度较低，难度较大，易左右摇摆，受机械性能和个体体力的影响	复杂度低，难度低，受个体体能影响，速度差异大
速 度	速度较高	速度差异较大	加减速活动频繁
加、减速度	动力驱动加速度较大，液压制动减速度较大	人力驱动加速度较小，机械制动减速度较小	加、减速度较小

由于自行车骑行者与机动车驾驶员、行人在运行过程中存在生理、心理以及车辆机械操作系统上的差异，因此导致三种交通方式具有不同的行为特点。

（1）视野

骑行者及行人的前方视野要比机动车驾驶员的前方视野宽，这是由于机动车驾驶员的视野受到风窗玻璃框架、A柱、车门和驾驶舱内设施的阻挡，产生视线盲区，导致驾驶员在评价确切的净空距离时存在困难。这种不同的视野范围将影响个体的运行行为，机动车驾驶员不能准确评估前车的净空距离，因此倾向于保持较大的前方安全距离。

同时由于机动车配置有后视镜，驾驶员能够观察到后方区域内的环境状况，当其运行中有换道行为时，需要综合考虑前后方车辆的运行状况。与此相反，骑行者和行人在运动过程中很少注意后方的交通情况，甚至是在变换运动方向或紧急避险时也将大部分的注意力集中在前方路面的交通状况上。

在研究自由流时，自行车骑行者在视野上的差距可以忽略，但是当考虑在拥挤的城市道路上行驶时，却难以忽略视野因素导致的行为差异。这是由于自行车具有转向灵活、能在较狭窄的空间内穿行、较近的行驶间距、运动各向异性等交通行为特性。

（2）空间需求和质量

从个体对空间需求的角度而言，运行空间可以分为静态空间和动态空间。静态空间描述的是个体静止不动时的占地面积，而动态空间则刻画了个体运动时对空间的需求程度。

一般机动车长约为5m，宽为1.8m，静态停车面积一般为9m^2。相对于机动车等交通工具，自行车具有灵巧的特性，一般为长1.9m、宽0.7m，静态停车时的占地面积为1.2～1.8m^2。动态空间需求则呈现出明显增大的趋势，这除了与交通工具本身的占地需求相关，还取决于不同类型交通方式的运动速度。由于自行车的尺寸较小，它对地面道路资源的占用相对较少，可以灵活安全地在前方两个较近的障碍物之间穿行。自行车交通方式与行人的行为比较类似，究其本质，都与其本身灵巧的性质有关。

另外，自行车的质量相对机动车而言较轻，骑行者通过移动自己的身体便可以实现对自行车的控制；此外，较轻的质量使得自行车在加、减速时具有较高的灵活性，自行车的起动速度要明显高于机动车。

（3）操控性能

机动车一般具有复杂的机械构造，操纵的复杂程度较高，但驾驶难度不大，可以保持车辆在车道稳定地行驶。而自行车属于单排轮车辆，本身具有不稳定的运行特性，因而操作难度较大；但在实际运动中，骑行者仅需对车把、踏板及车闸进行控制即可维持车辆运行，操作的复杂性相对较低。

（4）个体速度和加、减速度

大部分机动车的自由行驶速度一般可以达到100km/h以上，同时受到车辆性能的影响及法律出于安全性的限制，运行过程中车辆个体之间的速度差异较小，有明显的跟驰行为。由于靠动力驱动，车辆能够达到较大的加速度，同时机动车的制动系统一般能够产生较大的制动力，可以产生较大的减速度。

行人的运动速度受到体能的影响，因此不能达到较高的数值，一般平均速度约为1.5m/s，并随个体体能的不同，速度差异也呈现出明显的不同。行人运动的速度服从正态分布，且加减速活动频繁，动作时间较短，加、减速度较小。

自行车受到机械性能和骑行者体力的双重影响，个体间的速度差异较大，一般的速度区间集中分布在10～25km/h范围内，且服从正态分布或对数正态分布，速度变化较快，动作持续时间较短。由于自行车靠人力驱动，一般情况下10min以上能发挥出的功率约为220.6W，加速度值较小，同时自行车的制动系统采用手动操作，减速度一般可以达到2m/s^{2}以上。

2. 自行车交通行为特性

自行车骑行过程因其自身物理特征及骑行者的主观特征而导致与机动车交通行为具有较大差异。特别是一些因自行车自身的构造特点而产生的骑行特性，与宏观的交通流量无直接关系。

（1）不稳定性

自行车是一种慢行交通工具，自行车轮胎与地面接触面积小，骑行过程依靠骑行者调整方向以及自身重心位置来维持，其运动过程中的稳定性远比机动车差。骑行者在骑行过程存在不稳定地摆动行为，行驶轨迹呈现蛇行现象。

（2）灵活性

自行车的灵活性是其区别于机动车的现状运动特征。自行车体积小，易于转向，加减速迅速，运动过程受骑行者主观意愿的影响远大于道路设施。在可能的情况下，自行车可以在道路范围内的任意空间行驶，例如在机非混行的时候，如果机动车速度较低，那么骑行者可以在机动车的间隔中"穿行"。自行车骑行行为的灵活性也是造成交通拥堵和事故的直接原因之一。

（3）横向心理压力

骑行者在心理上受到来自机动车的横向心理压力。这种横向心理压力和自行车与机动车横向的距离成反比：自行车与机动车横向距离越小，这种压力就越大，骑行者就越感到受威胁和不安全；相距越远，压力就越小，骑行者也就感到安全。在横向距离一定的情况下，侧方出现的机动车速度越高，车型体积越大，骑行者横向心理压力也越大。

（4）出行距离短

自行车行驶过程依靠人力，因此自行车不适合远距离出行。一般而言，自行车出行时耗不宜超过 50min，距离以 15km 为宜，日常出行中的自行车出行时长多数为 30min 左右。

（5）集群性

自行车行驶时不像机动车那样严格按照车道行驶，也无须保持严格的间距，因此不会沿直线成队列行驶，而是成群成团行驶，具有明显的集群特性。特别是临近信号交叉口处，自行车成群成团等待放行，受此影响，自行车成团成簇地通过下游路段。

（6）分散性

与集群性相反，自行车的骑行行为还具有分散性，但这并不与集群性矛盾，因为自行车骑行过程从整体上呈现集群效应，但并非所有自行车都集结成群，仍有部分自行车分散在集群之外。因为部分骑行者不愿在陌生人群中骑行，也不愿过于靠近其他骑行者，往往冲到前面单行，或滞后一段单行。当存在电动自行车时，这种分散特性更为明显。电动车是自行车流中的"鲶鱼"。

4.3 行人交通行为特性

4.3.1 行人交通特征分析

行为是人在生活中表现出来的生活态度及具体的生活方式。它是在一定的物质条件下，不同的个人或群体，在社会文化制度、个人价值观念的影响下，在生活中表现出来的基本特征，或对内外环境因素刺激所做出的能动反应。行为具体是指人的反应系统，它由一系列反应动作和活动构成。有的行为表现得很简单，而有的行为表现得很复杂。行为科学认为，行为既是人对外界刺激做出的反应，又是人通过一连串动作实现其预定目标的过程。

行人交通行为是行人为了实现某种目的，从一个地点移动到另一个地点的过程，以及在该过程中体现出来的基本特征和对外部环境所做出的能动反应。按照心理学描述，行人在产生某种出行需求之后，便会根据自身和外界的各种环境条件（供给条件），选择一种具体的行走过程。一般情况下，该过程是以效用最大化（如节约时间、节省费用、减少体力消耗、减少危险性等）为考量，也就是说行人会选择自身最为满意的行为方式完成出行目的。特殊情况下，由于受到外部环境的影响、道德伦理等约束，行人可能会采取次优的选择。

1. 行人交通行为的特点

交通系统作为一个整体，是一种动态的、非线性的、自适应的复杂系统，人－车－路－环境是其基本组成元素。行人交通作为交通系统的一个子系统，同样具有交通系统复杂性的特征，而且还具有一些独特的特点。

（1）多样性

与机动车必须依赖于道路及车道的单一性特征不同，行人的活动范围具有明显的多样性特征。道路、广场、车站、大楼、商场、娱乐场所等都是行人交通系统的一部分，行人的活动范围可以遍及其所能到达的任何空间。多样的场所加之多样的个人特性导致了复杂多样的行人交通行为。

（2）随机性

行人可以任意选择其行动状态，行人的这种随机性与环境的类型以及出行目的有一定关系。环境内容越丰富，出行目的性越弱，行人的随机性就越大。行人通道和行进路线不像机动车道那样拥有规则的形状，行人交通拥有众多的出入口，支持多方向运动。因此，在大多数情况下行人的运动是不被渠化约束的，多股行人流出现交织交叉的概率大，行人可以任意改变行进速度及其在道路上的停留位置。

（3）慢速性

步行方式是一种非机动化的慢行交通方式，完全依据人自身的能力来完成空间位移。如果不是赶时间，行人都倾向于以自己最舒适的（能量消耗最少的）步行速度来行走。行人的这个特征决定了步行适合于短距离的出行或作为一次完整出行的一部分。另外，行人慢速的特征也使得行人能够快速地转换他们的状态，能够快速寻找到他们的目标，并快速地采取相应的措施。

（4）瞬时性

尽管行人的步行速度很慢，但由于行人主观意愿和动作的同步性，人对环境的反应以及自身的主观意愿可以迅速地反映在交通行为上，如瞬时改变行走方向或速度。

（5）自组织性

行人交通的自组织是指在没有预先关于行人系统行为模式的外界信息输入和组织设定的情况下，行人系统根据本系统的目标调整自己的行为，由原先宏观上混沌无序的状态转换为一种在时间、空间或功能上有序行为模式的现象。由于行人所具有的动态特性，使得行人自组织现象产生的环境也是一种瞬时环境、动态环境。例如，在通道中双向运动的行人流会在自组织行为的作用下形成各自方向上的有序流线通道。

（6）盲从性

大量行人在一定空间内行走时，如果在人群中树立一个参照点，则无形中会给周边其他人提供一种心理暗示，在这种暗示的驱使下，其他人会潜移默化地朝着参照点的方向前进，这种跟随行为在心理学上又被称为盲从行为。盲从行为通常发生在行人对环境不熟悉、环境提供信息不足以及意外 3 种情况下。盲从行为在意外情况发生时表现得最为明显,例如,在极短时间内一般意外事件的发生所带来的恐慌,可以从几个人的恐慌演变为群体中所有人都处于恐慌状态,并出现盲从行为。这种情况下,行人交通具有缺乏群体合作、移动速度快、密度极高等特点,易导致客流组织的混乱。

此外,行人交通还存在结伴出行、不愿意偏离其意愿的运动方向、个体之间容易发生拥挤和摩擦等特点。

2. 行人交通行为产生机理

行人交通行为是在环境、心理、行为三要素联动模式的影响下产生的。其中,环境作为行人实施行为的外因,是指无法随行人主观意愿改变的一种客观存在,它既包括客观条件,如出行时间、交通设施及时刻表等时空环境和其他行人行为,也包括由年龄、性别、健康状况等可以对行人交通带来影响的主观条件。这种定义的环境同时包含了时间和空间上的环境,这与传统意义上的环境概念也存在一定差别。该定义下的环境具有时间推移特性,即可根据过去、现在的行为对未来的行为趋势进行科学的预测。这种模式已经在环境心理学以及建筑心理学中得到了应用。此外,心理因素作为行人内部环境被归为一种独立要素,是行人实施行为的内因;而行人行为则是在行人内外环境的综合作用和驱策下产生的一种决策以及能动反应。行人的交通行为(B)可以表示为一定空间(s)和时间(t)下环境(E)和心理(P)的函数:

$$B = f_s^t(E, P) \tag{4.1}$$

行人从决策到行动的整个过程可以用图 4.3 表示,这种过程是行人行为机理分析的主线,最终行为是根据环境和心理的变化不断进行反馈和调整后的最终输出。这种输入和输出关系模式升华了行人和外部环境影响关系的含义——行人不仅被动地接受和适应环境,还具有主动影响环境的意愿和能力。行人的各种行为都可以看作是一种决策过程,决策可以是宏

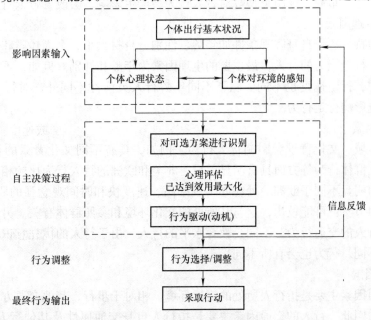

图 4.3　行人交通行为形成过程分析

观层面的，对某种行为的整体进行把握；也可以是微观层面上的，对行为的每一个细节进行把握。因此，明确行人的决策过程是研究行人行为特性的基础，行人的决策过程是一个与环境实时信息交互的复杂过程，在这个过程中，行人从环境中获得相应的信息并进行选择和加工，再结合自身特点做出决策以调整自己的行为过程。行人完成决策并调整行为方式的过程，也是其自身效用实现最大化的过程。在这一过程中，行人会根据外部环境因素和心理因素，综合自身状态，做出自认为最优化的决策。这个最优化决策实现了行人效用的最大化，如获得了最佳行走路径、最快速度等，并且效用最大化带有浓厚的主观色彩，很多情况下受到行人自身因素的影响非常显著。最为直观的例子就是行人违章过街，外部环境中交通状况、交通管制等都约束着行人的行为，但是仍能找到使自身回避这些约束的条件，进而满足自身效用最大化（按照自身意愿随时随地过街），而非真正的最优选择（在规定地点、规定时刻过街）。由此，行人忽略交通法规的约束，在自认为安全的前提下完成过街行为，实现了自我效用的最大化。这种效用最大化的决策过程加上行人所具有的机动灵活特征，使得行人的交通行为过程异常复杂。

3. 行人交通行为的影响因素

行人行为的影响因素可以分为环境因素和心理因素。行人行为都是在一定的环境下发生的，没有独立于环境之外的行为。行人行为的触发是外界环境作用于行人的感觉器官，被行人感知后，与心理联动产生的行为结果。其中环境因素包括物理环境、行人生理因素、社会因素以及交通因素4个部分。影响行人行为的这些因素之间不是孤立的，而是相互影响、相互转化的。

（1）物理环境

物理环境指一切作用于、服务于行人以及为行人提供活动载体的各种空间和设施的总和。它包括各种行人空间、建筑及其他服务性设施。行人在不同场所内行走时，空间环境、建筑物形态、尺寸、布局、设施类型等对行人行为会产生影响，会改变行人行为特征。

（2）行人生理因素

行人的行为特征还受自身客观条件如年龄、性别、身材大小、个人体质和健康程度的影响。对具有独立行走能力的行人，最主要的生理因素为年龄和性别。例如，不同年龄段的行人行走行为不同，行走速度也不同。除了不同年龄行人灵活性不同外，对行走环境的警觉性、灵敏性等也影响行走行为。

（3）社会因素

行人所处地域、文化背景会影响行人行为。例如，具有不同文化背景的行人在速度选择、障碍避让、群体行为等方面具有明显差异，北美和欧洲的行人行为比较相似，但是亚洲国家的行人行为明显不同于欧洲。处在办事效率高、速度快和时间观念强的职业环境当中，走路步调和行为节奏就可能较快，这与其所处的文化环境和参照群体有关。另外，受教育水平也会影响到行人的交通行为，不同受教育水平的行人，由于行人的优先意识不同，面对外在的因素表现不同，行为也会有所不同。

（4）交通因素

行人的交通因素主要是指行人所处的交通环境。相对于步行，其他交通方式则归为物理环境影响因素。因此，行人的交通因素主要是指行人自身交通属性及其他行人的影响因素。以行人速度为例，出行目的、拥挤程度会直接影响出行速度，另外行人流的数量和方向也会影响行人行为，单向、双向、多向行人交通流在方向平行、交织、交叉等情况下行人的行为会有所不同。

（5）心理因素

行人交通行为的发生伴随着环境因素和心理因素的影响，有明显的心理导向特征：行人在行走和活动过程中由于受外部条件的制约，选择的具体行为可能发生变化，但是他本身的效用分析和决策的原则一般不会发生变化。行人个体在受到某一特定环境影响时，遵循个体的思维模式，实时地选择和调整自己的行为。行人具体的心理需求主要包括空间需求、时间需求、惯性需求和压力释放需求。

4.3.2 行人宏观交通行为及参数

行人的宏观交通行为是密集行人所反映出来的交通行为，是不同行人个体聚集在一起所表现出来的相同的、一致的整体性行为。传统的宏观行为主要是指行人交通流的要素及其相互关系，这是自上而下的行为。行人的宏观交通行为与行人具体交通场景无关，而与行人交通设施有一定关系，不同设施内行人所表现出来的宏观交通行为具有显著差异。目前，受制于观测数据的差异，行人宏观交通行为特性仅在平直通道处具有一致性和代表性，因此，这里针对平直通道中的行人宏观特性的速度、流量、密度以及行人空间占有量进行介绍。

1. 行人步速

行人步速是描述行人交通流状态的基本参数，是指行人在单位时间内通过的距离。当大量行人聚集到一起形成行人流时，行人的个体特征表现不明显，表现出来的是整体特征，即行人流速度，一般单位是 m/s 或 m/min。在行人交通流中，每个人的步速都不尽相同。因此，行人交通流本身不可能用一个精确的速度值来表示，只能对单个行人的速度分布进行讨论。对离散型的步速分布，可以用统计学的办法，即用平均的或代表性的数值（集中趋势的描述值）来近似代表行人交通流的整体步速。本节提到的步速若无特殊说明，均指平均步速，即所有行人行走速度的平均值。统计分析表明，行人流速度样本分布基本服从正态分布特性。

2. 流量

行人交通量又称人流量，与机动车交通量类似，是指单位时间内通过道路（或道路上某一车道）指定地点或断面的人数。行人流率是指单位时间内通过道路（或道路上某一车道）指定地点或断面的人数经过等效换算得到的单位小时人数，一般以每15min的行人流量或每分钟的行人流量的形式表述。

行人交通量和流率是研究行人交通流特性的最重要的参数，它们都是反映交通需求的变量。但两者无论从概念上还是从本质上都有重要差别：交通量是指通过实际观测或者通过预测得到的值，流率则是对不足1h的交通量进行等效转换得到的小时流量。

统计表明，行人流的流量在时间上是离散的，随着时间的变化呈现无规律变化。尤其是在通道中，当行人的流量未达到饱和时，流量变化趋势不明显，当流量达到通道的通行能力时，变化趋势就相对稳定。

3. 密度与行人空间占有量

行人流密度是指在道路或排队区域内某一单位面积的平均行人通过量，单位是人/m^2，它直接反映了交通需求量。

由于行人流密度是瞬时值，随观测时间或区间的长度而变化，并不能明确表示行人交通流的状态，所以实际应用中经常引用另一概念——行人空间占有量来表示行人流密度。

行人空间占有量是指在道路或排队区域内每个行人的平均空间占有量，单位为 $m^2/$ 人。它是行人流密度的倒数，在分析行人问题时，更具有实用性。

行人空间占有量对于研究行人在人群中的运动特性具有重要意义。在运用流体模型对行人运动进行描述时，一般是假设行人在进入一个特定区域后，总是均匀地分布于该区域。行人具有完全的感知和行动的能力以在人群中得到自己认为合理的安全性和益处，因此行人在人群中总是通过一定的空间，自由到达自己认为合理的密度空间中。

4.3.3 行人微观交通行为及参数

行人微观交通行为是个体行人在从事某项交通活动时所表现出的行为特征或特性。掌握行人微观交通行为的形成模式以及基本特性对改善交通基础设施设计和建造水平、改善交通设施通行效率、提升建筑设计的安全性具有重要意义。由于行人在完成个体交通行为过程中受主观因素影响非常明显，同时又受到周围环境和其他行人的影响，行人的微观交通行为特征可以反映行人出行和行人个体基本行为间的关系。

1. 步频和步幅

步频是行人行走时的步数频率。步数为步行者在单位时间内两脚着地的次数，一般以每分钟移动的次数为计量单位，常用单位为步数/min。一般行人每分钟行走步数变化为 80 ~ 150 次，常用值为 120 次。行人的步频主要受到行人的出行目的、天气情况、携带行李、步行设施、周围行人速度等因素的影响。

步幅指行人行走时每跨出一步的长度，单位为 cm。步幅的分布区间受性别、年龄、行人心理状况、身体条件等行人个体属性因素影响而稍有差别。通常情况下，妇女、老年人和儿童的步幅较小，而男性、中青年人步幅较大；身体的生理和心理状况也会影响步幅，如身体高步幅大、下坡步幅大、精神愉悦步幅大，而身体矮小、上坡、精神不振则步幅小。步幅除了受到行人自身的差异性影响外，还受到外界环境的影响，如人行道路面铺装平整程度。路面良好，步行自由度大，步幅整齐；路面不良，步行受到拘束，步幅凌乱。

步频和步幅是构成行人运动过程的基本要素，也是表征行人个体速度的基本参数，二者的乘积即为行人的瞬时速度。

2. 个体速度与加速度

行人速度是描述行人交通状态的一个基本参数，是指行人在单位时间内行走的距离，一般单位是 m/s 或 m/min。为避免与行人交通流的速度混淆，单个行人的速度可以称为个体速度。行人的个体速度受到外界环境（交通设施、自然环境）、个人特性（包括生理和心理方面）、出行特性（出行目的、出行时间价值）等因素的影响，差异性明显。

行人个体速度的频繁变化可以看作是行人加减速行为的直接结果。行人运动过程的加速度也是表征行人微观交通行为的重要参数。行人运动过程中会受到多种因素的影响，当行人的运动预期无法实现时，就会通过调整加速度来调整个人运动状态，如减速避让或加速绕行等，由此达到个人的最佳运动状态。行人的加减速非常频繁，特别是在拥挤人群中，行人常因运动受阻而频繁改变运动速度。

3. 运动空间

行人的运动空间是指行人在行走或活动时，在前后左右各方向与其他行人和障碍物保持的空间范围。运动空间需求是行人在运动过程中除理想速度以外的另一个重要运动条件预期。因为在任何条件下，不论是出于安全要求还是个人隐私的要求，行人都会同周围的人和物保持一定的距离，行人就在这个空间范围内运动。当周围的实际空间小于个人预期时，行人会调整自身的运动状态来获得理想的运动空间。行人的运动空间需求同个体的生理和心理特征关系密切，尤其是心理特征的影响最为显著，同时也会受到交通环境的影响，例如在拥挤人群中，行人只能适当降低个人的运动空间需求，但仍会努力争取适当的运动空间。

行人运动的前向空间和行人自身所占用的区域面积共同构成了行人运动时的动态空间需求，如图4.4所示。行人运动所需要的最小空间需求可以定义为行人可以自由地跟随前面的行人运动，向前迈步基本不受影响，并且同侧面的行人保持一定的距离。

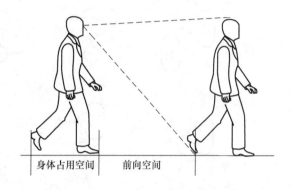

身体占用空间　前向空间

图4.4　行人运动动态空间需求示意图

为了解行人运动的服务水平定义情况，这里引用《道路通行能力手册HCM2000》中对行人人行道服务水平的分级情况，以国内成年男子平均身体尺寸46.9cm×24.5cm（GB/T 10000—1998《中国成年人人体尺寸》）为基准，绘制出C～F级水平下行人占用空间的平均面积分布情况，如图4.5所示。这里计算的行人运动最小需求空间值同HCM2000给定的指标之所以有一定的差异，主要是因为国内成年人的身体特征与欧美一些国家成年人的身体特征具有一定差异。

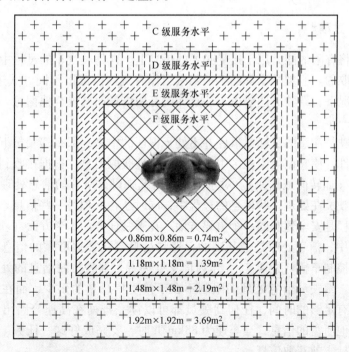

C级服务水平

D级服务水平

E级服务水平

F级服务水平

0.86m×0.86m=0.74m²

1.18m×1.18m=1.39m²

1.48m×1.48m=2.19m²

1.92m×1.92m=3.69m²

图4.5　HCM2000规定的不同服务水平下行人占用空间的平均面积分布情况

4. 行人避让行为

行人在遇到障碍物或者受到周围行人、车辆的干扰时都会进行避让。一般情况下，行人避让有 3 种形式：一是减速、侧身，通过上身位置的变化进行避让，其前进方向基本不改变；二是侧身通过障碍后再恢复正常的行走；三是车身位置不发生变化，通过改变路线选择障碍旁边的空间而避让。图 4.6a 所示为行人侧身通过障碍后继续正常行走；图 4.6b 所示为行人改变前进路线，从障碍侧面通过。

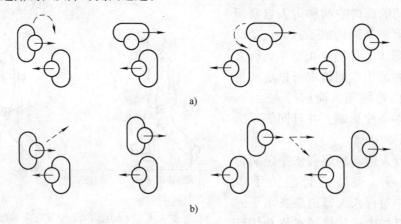

图 4.6　行人避让行为示意图

4.4　驾驶信息处理

4.4.1　信息处理过程

驾驶员只能将有限的能力用于接受必要的信息上。在驾驶汽车的过程中，信息的主要来源是通过视觉获取的。心理学家都趋于把刺激当作有机体内部以不同方式进行处理的信息。在信息超荷的情况下，驾驶员还要决定注意那些有用信息而忽视其他信息，这就是驾驶员信息处理过程的第一步。

如果吸引驾驶员注意的目标或事件并不处于视区的中央，那么驾驶员下一步就要把眼睛移向该目标或事件，使它们处于视区中央而能更好地获取信息，根据接收到的信息来决策是否改变驾驶行为（如转向或加速）。对于复杂的情况来讲，所有的信息处理过程并不是有序的，实际上，驾驶员在处理一些信息的过程中，同时还在处理另一些信息。

信息处理过程是安全驾驶的一个重要方面，在驾驶任务的 3 个方面（获取信息、制定决策和控制车辆）中，信息处理是最基础的，驾驶员只有在掌握可靠的信息基础上才能制定出正确的决策去控制车辆（图 4.7）。作为信息处理者，驾驶员对信息的处理是在一定的时间限制下进行的。驾驶员信息处理的限制不在于接受信息量的多少，而在于信息处理的速度。比如，只要有足够的时间，任何驾驶员都可以读完排列在高速公路出口处的 5 个标志牌，并从中获取他所需的信息，当车速为 88km/h 时，要完成好这一任务，驾驶员就要降低车速以便在通过标志前获取信息。

驾驶员视觉信息通道的最大接收信息速率为 $4.6 \times 10^6 \text{bit/s}$，听觉为 8000bit/s。对各种

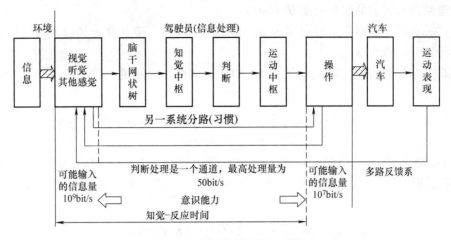

图 4.7　驾驶控制系统示意图

情况（高事故或低事故、违章多或违章少）的驾驶员进行测量，用他们的决策时间来比较其信息处理能力，结果见表 4.2。可以看到，高事故率驾驶员的信息处理能力很低，意外的是，无交通事故而违章次数多的驾驶员具有最高的信息处理能力，这可能是因为他们的驾驶习惯接近危险状态，但又没有超过信息处理能力，因而避免了交通事故的发生。

表 4.2　不同事故率和违章率驾驶员的信息处理能力　　　　（单位：bit/s）

事故率	违章率	
	无　违　章	多　违　章
无事故	26.09	38.67
多事故	21.13	15.69

有一项研究假设每千米道路含有一定比特的信息量，据此提出驾驶员信息处理模型。驾驶员车速越快，单位时间内处理的信息必然越多。如果驾驶员以固定的时间间隔观察道路，那么，从最后观察道路开始，他就不能肯定他在道路上的位置及发生了什么事件。考虑驾驶员视线周期性被遮断的情况如图 4.8 所示。

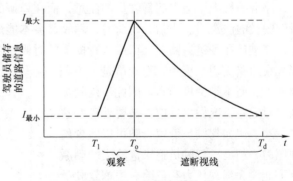

图 4.8　事件计时图

在 $t = T_1$ 时，视线无阻碍，驾驶员获取信息；当 $t = T_o$ 时，驾驶员储存的道路信息数量最大。此后，驾驶员视线受阻碍，在这段时间内，其存储的信息逐渐减少，在 $t = T_d$ 时，存储的道路信息数量最小。此时恢复视线就会如前述情况循环反复。

有关驾驶员信息处理模型的假设与推导如下：

1）驾驶环境为稳定状态，车速恒定 $V(\text{km/h})$ 观察计时呈周期性。在 $t = T_1$ 时，视线无阻碍，而在 $t = T_d$ 时视线被遮断。

2）道路含有固定的信息密度 H（bit/km）。

3）驾驶员存储的影像信息密度为 $He^{-X/D}$（bit/km），其中 D 为加权系数（km），X 为从遮断开始时的距离（km）。

4）观察期间对驾驶员获取所有信息来讲，时间应是足够的，信息存储量在 $t=T_0$ 时为 HD（bit）。

5）信息按 $I_r(t)/F$ 速率被遗忘。遮断开始 ts 后的信息存储总数为 $HDe^{-\left(\frac{V}{D}+\frac{1}{F}\right)t}$，其中 I_r 为存储的信息量（bit），F 为时间常数（s），V 为车速。

假如驾驶员调整车速或遮断时间，在遮断结束时的不肯定性 $U(T_d)$ 小于临界值 U_c。这里的不肯定性包括关于道路、车辆位置和车辆方向的不肯定性。这样，驾驶员特性模型可写为

$$U(T_d)=HD\left[1-e^{-\left(\frac{V}{D}+\frac{1}{F}\right)T_d}\right]+K_nV^2\left(T_d\right)^{\frac{3}{2}}\leqslant U_c$$

根据对驾驶员的试验：$H=12.0\sim34.0$bit/km；$D=0.18\sim0.50$km；$F=3.5\sim10.0$s；$U=1.07\sim13.47$bit。

结果表明，观察频率越小或观察周期越短，驾驶员所能保持的车速越低；反之，车速越高，驾驶员必须更多地观察道路。

由于驾驶员信息处理受到速率的限制，使得驾驶员的注意力和视觉探测行为显得格外重要。通常，驾驶员会注意一些重要的事件或目标，而驾驶员未注意的事件也许对安全驾驶很重要。例如，未被注意的广告栏对安全驾驶并没有什么意义，而未被注意的停车标志却可能导致交通事故，所以说，驾驶员还有一个适宜的目标观察密度，只有在这个范围内驾驶员的情绪才不紧张，并可以对道路环境变化及时做出反应。目标观察过大，即信息超荷，就要求驾驶员高度集中注意力。驾驶员在注意驾驶操作的同时，选择性地观察目标，并根据目标的多少及与车辆的远近来估计目标的意义，忽视那些与交通无关的目标。在交通紧张的情况下，路旁的行人不会引起驾驶员的注意，而在单调的平原公路旁，一个行人却会长时间地吸引驾驶员的注意力。当信息超荷时，驾驶员会本能地降低车速，使接受信息的速率适当，因此，驾驶员在驶进道路交叉口或人行横道的时候总要降低车速。

在道路交通系统中，驾驶员是一个积极因素，而不是消极因素。因此，驾驶员既要对危险情况做出反应，又要处理好这些危险。假如驾驶员低速行驶可以减少驾驶压力，相反，驾驶员追求危险大的刺激就可能增大驾驶压力和危险。根据驾驶员的心境、需要和能力变化，驾驶操作水平随时间与环境而变化。如图4.9所示，只要驾驶员的驾驶水平保持在环境需要之上就可以防止交通事故。在拥挤条件下高速行驶，由于环境的需要，驾驶员信息处理

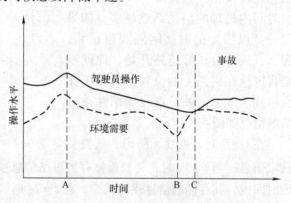

图 4.9 环境需要与驾驶员操作水平之间的关系

能力就应集中在驾驶任务上，图中 A 点说明了这种情况。当环境需要低速或驾驶员低速行驶时，驾驶员就可把一些信息处理能力分配到非驾驶任务上，图中 B 点说明了这种情况。

许多危险情况的典型特征是，当环境需要高时，驾驶员毫无准备，因而导致图中 C 点的情况。当驾驶员操作水平与环境需要曲线交汇在一起时，便产生交通事故。

4.4.2 注意

经常观察并注意道路环境发生的事件对安全驾驶是很必要的。对交通事故的统计分析表明，如果驾驶员都注意观察事故发生前的危险情况，则可以防止 40% 的交通事故发生。驾驶员受到车内外的干扰或专注于其他任务，都可能导致错误的观察标志和信号等。要了解注意对驾驶行为的影响，下面将详细讨论注意的两个主要特征：注意的水平和注意的分布。

注意是心理活动对那些对个人具有意义的事件或物体的指向和集中。在道路交通系统中，驾驶员面临的道路环境事件和物体都很多，但驾驶员并不需同时感知所有的事物，而是带有选择性地感知其中与交通活动有关的事物。当驾驶员的感觉器官指向这些事物，并且集中在这些事物上，这种心理现象就是注意。而被注意的东西就成为一系列知觉和运动事件的"目标"。在道路上行驶，吸引驾驶员注意的 3 个方面是：

1）与道路有关的因素，如道路的各组成部分（如弯道、交叉口、标志）和路边环境。

2）与交通有关的因素，如其他汽车、自行车以及行人的情况。

3）与交通无关的因素，如引人注目的建筑物、周围的景观，甚至飞过道路上空的飞机等。

1. 注意的水平

驾驶员分配到各个目标上的注意量是不同的，它受外部的环境需要和内部的动机所影响。对比驾驶员在未画车道线的长直道路和都市地区长直道路高峰小时的行驶情况，可以发现，这两种情况的主要差别就是分配到驾驶任务的注意量不同。通常，分配于驾驶任务的注意量取决于道路环境，当环境需要增加时，驾驶员分配于驾驶任务的注意量也相应增加；当环境需要减少时，分配的注意量也减少。道路设计师的主要目标之一是，通过减少环境需要来减轻驾驶员负担，以使驾驶汽车成为一件容易的事。当然，环境需要的过分减少也是危险的，它可能引起对驾驶任务的注意水平不足。

许多时候，驾驶员都可保证分配到驾驶任务上的注意量与环境需要相适应。在英国进行的一项研究证明，在需要少量注意的环境下（如轻量交通条件），驾驶员可做一些另外的心理任务而不损害主要的驾驶任务，但是，在比较紧张的环境下，分散注意会使驾驶任务和其他心理任务同时恶化。

如果分配注意是一种需求任务，那么，驾驶员就是不断努力减少危险影响的信息处理者，只要这种危险不超过他所乐于忍耐的范围。在研究中，同样可证明驾驶员根据知觉到的危险情况去分配注意的能力也是变化的。运用标志知觉研究可以说明，在实际驾驶环境中，客观危险和标志重要性是怎样影响注意水平的。驾驶员在通过各种标志行驶 640m 之后停止下来，报告他们通过的最后一个标志是什么。结果发现，驾驶员正确报告的比例很低，而且对不同标志的正确报告比例也不相同，详见表 4.3，它表明驾驶员正确回忆标志的比例与标志的客观重要性相关，或与标志包含的危险相关。因此，要更正确地知觉速度限制，驾驶员首先应理解标志的含义，并且在以某种方式阅读了标志或根据标志的物理线索（如形状和颜色）理解标志含义后才能实现。这个结果还表明，驾驶员可以处理大量的信息，那些被知觉到的不重要标志（信息）可能很快被遗忘。因此，驾驶员分配到不同目标上的信息处理注意量就是目标重要性的函数。它是一个相当宽容的系统，允许驾驶员比较自由地改变注意量而不是把全部注意集中到一个目标或分散到所有目标上。

表4.3　通过标志后正确回忆标志的能力

标志内容	正确回忆标志的比例（%）
300m 后限速 50km/h	78
警察控制（检查）	63
1km 后制动（由于霜）	55
一般警告	18
300m 后行人过道	17

既然驾驶任务并不需要驾驶员的全部注意，那么，驾驶员剩余的注意又用于什么地方呢？一般大部分剩余注意都被存储起来，当需要时，驾驶员就可以将更多的注意分配到驾驶任务上，而不影响驾驶速度，如超车，此时的驾驶操作比在无阻碍道路需要更多的注意，当完成超车之后，驾驶员都会感到如释重负。在任何时刻都需要意识到危险性，而驾驶员并不总是把全部注意力分配到驾驶任务上，这个道理很简单，因为在驾驶过程的绝大多数时候是宽容的。驾驶员注意水平的变化是各种刺激线索和需求重要性的函数，进一步说，获取的驾驶经验越多，驾驶员就表现出更宽容的行为。

　　2. 注意的分布

　　驾驶员注意的分布类似于探照灯的光束，集中在小面积而分布在很大范围上，而且注意的分布可从一个范围转移到另一个范围，这就是注意分布的两个特点，既可把注意集中在某一区域或目标上，又可把注意分散到各个相关目标上。在视区范围内，驾驶员的注意典型地集中在前面道路区域上，同时也分散一些注意在边缘上，形成一扇形视区，视区各部分的重要性也不相同，对驾驶员来讲，利用各部分视区信息的方便性也不同。驾驶员视区内图像的准确性取决于车速、转弯半径和驾驶员期望的停车距离。驾驶中扇形视区随车辆加速度和路面条件而变化，如图4.10所示。

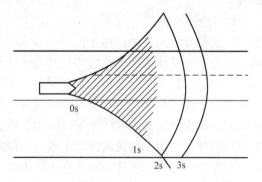

a) 扇形区域的准确图像取决于车速、转弯半径和停车距离

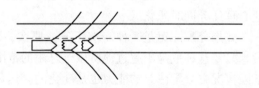

b) 在驾驶中，扇形区随车辆加速度和路面条件而变化

图4.10　行驶车辆的驾驶员视觉区

　　为了有效地注意有关的信息源，新驾驶员趋于把全部注意分配到驾驶任务上，而有经验的驾驶员只将少量注意分配在驾驶任务上而把多数注意分配到非驾驶任务上。甚至在有经验的驾驶员中，有效分配注意方式的差异也是影响安全驾驶的一个重要因素。研究发现，驾驶员把眼睛注意从一个地方迅速转移到另一个地方的能力与交通事故有着明显的关系。在以色列对公共汽车驾驶员进行的一项试验中，要求被试者通过耳机接收两种不同的模拟信息，每个耳机传递不同的信息，驾驶员的任务是根据收到的信息把"注意"前后左右移动。研究

者发现，完成的注意任务与事故率之间有着明显的正相关，即事故率高的驾驶员趋于错过较多的信息，而且在选择注意任务中的错误也比较多。在美国，通过对公用事业公司的驾驶员进行试验，发现驾驶员的事故频率与选择注意测验情况之间存在统计上的相关。应当说明的是，这两项研究都是使用的听觉信息而不是视觉信息。不过这些研究的结果都支持这样的观点：驾驶员感觉器官的信息处理能力水平是有限的，听觉和视觉输入也同样是有限的。

4.4.3 视觉探测

人们常将眼睛当作心理活动的窗户，那些可以被观察到的眼睛运动即是**视觉探测**。它经常被当作心理活动的指标或注意的方向指标。怎样才能通过视觉探测获取大量的信息呢？

驾驶员的视觉探测过程受到两种机制的控制，一种是外部的，另一种是内部的。外部控制是在边缘视区的模糊表象相当引人注目的时候，大脑思考认为对它注意是值得的机制；内部控制是驾驶员期望所注意的多数信息进行聚焦的机制。这两个机制通常是和谐地进行的。例如，驶进弯道时，连续的视觉探测（观察）是由道路和路缘线控制的，而驾驶员的注意趋于聚焦在视区中信息最多的地方。

驾驶员视区中哪些是信息区呢？在大多数的时间里，驾驶员的注意又集中在哪里呢？利用眼动记录装置，研究者可以直接观测驾驶员眼睛指向的视区。由于最高的视力位于眼睛的中心，可以认为，中心指向的地方即是驾驶员主要视区的指向地方。有两种方法可以描述驾驶员视区指向的地方。第一种方法是按照距离某一中心的度数来描述驾驶员前面的视景。对驾驶员眼动行为的一系列研究之后，得到关于驾驶员视觉探测行为性质的结论是：在驾驶中，驾驶员的眼动很少超过6°，多数情况的眼睛注视时间为100ms，持续时间为350ms。大约90%的观察处于距扩张焦点±4°的范围内。

描述驾驶员视觉注视习惯的第二种方法是测量观察视区内不同目标所花费的时间量。研究发现，在无阻碍道路上驾驶，驾驶员大约花费50%的时间观察正前方，大约有27%的时间观察左右的远景，6%～8%的时间观察其他车辆情况，7%～8%的时间观察桥梁，只有2%的时间观察车前的路面和车道标线。

影响驾驶员视觉注视类型的因素有很多，例如个性、酒精中毒、疲劳和驾驶经验等个别差异以及环境因素等。

总体来讲，驾驶员视觉注视类型反映了信息获取过程及其损伤。有经验的驾驶员可以把注意固定在视区中与需要有关的范围上。在无阻碍道路上，驾驶员趋于把注视集中在扩张焦点上，当道路几何形状变化时，驾驶员的视觉注视类型也相应变化。掌握驾驶员在道路环境中观察不同目标的地方及时间情况，就可以更好地了解驾驶员利用的视觉线索，从而可通过改进道路和标志的设计来帮助驾驶员进行驾驶。

4.4.4 知觉与知觉判断

所谓**知觉**，就是人们对周围客观事物经由感觉器官接受的信息结合期望把个别感觉理解为事物完整映像的心理过程。当驾驶员知觉目标时，首先对通过个别注视获取的信息进行重建和说明，然后，大脑解释这些感觉输入，只有当这些输入变为有意义的时候，驾驶员才对目标有知觉，如道路、车辆、标志、行人等。大量研究表明，驾驶员的知觉能力随着对事物突出的结构特征的逐渐把握而发展起来，驾驶员的经验对触觉能力有一定的影响，经验越丰富，知觉也越丰富，从事物中看到的东西便会越多。

空间知觉是驾驶员对客观存在的空间反应，包括形状、大小、目标位置、距离和方位知觉。空间知觉在驾驶员与道路环境的相互关系中起着重要作用。因为行驶中，驾驶员要随时了解道路几何形状、其他物体的大小、距离和方向等情况，以便正确处理驾驶中出现的问题。例如超车，驾驶员要了解被超车的大小、距离，以便掌握超车时机。驾驶员在运动活动过程中，既要确定目标的形状大小、位置和相对距离，同时还要分析周围物体的位置，这是一种综合与特殊的能力表现，称为空间分析。

1. 道路几何形状的知觉

形状是眼睛把握物体的基本特征之一，它涉及的是除物体在空间的位置和方向等性质之外的那种外部形象。换句话讲，形状不涉及物体处于什么地方，而主要涉及物体的边界线。三维物体的边界是由二维的面围绕而成的，而二维的面又是由一维的边线围绕而成的，对于物体的这些外部边界，人的感觉器官可以毫不费劲地把握到。通常，驾驶员可以准确而有效地知觉道路，并安全地行驶。有些资料表明，在某些情况下的视觉错误形式将迷惑驾驶员对道路的知觉。当然这种资料是不充分的，举例来讲，驾驶员驶进弯道都要把车速调整到适当范围，这并不仅仅是在弯道前一定距离时，驾驶员认识到弯道看起来比实际情况要陡的缘故。实验室研究反复证明，弯道可见部分越小，驾驶员就越会低估曲率，而在实际道路上，甚至在较远就可完全看见弯道时也会产生低估现象。眼动研究表明，驾驶员利用路缘标线作为曲率线索，那么，要使那些错误理解弯道的驾驶员对曲率线索敏感起来的一个方法就是使路缘标线正确地变化。

另一些影响驾驶员知觉道路几何形状的线索是听觉和动觉线索。虽然驾驶员对道路的知觉几乎是单独的视觉线索，但在驶进弯道时，由于向心力引起的轮胎响声和车体的摇动也会为驾驶员提供曲率判断是否正确的反馈信息。如果这种反馈不是太晚的话，那么，驾驶员就可利用它来修正驾驶行为。实际上，驾驶员对车辆侧向加速度的生理忍耐是有限的，因此，在这种情况下，驾驶员更愿意把车速降低下来。例如，当车速高达 66km/h 时调整车速控制侧向加速度在 $0.25g \sim 0.40g$ 范围内，这是驾驶员愿意忍耐的舒适水平，这也表明他们对危险的知觉。

2. 时间、距离和速度的知觉判断

（1）超车知觉判断

驾驶汽车是与时间因素密切相关的过程。准确地判断时间、距离和速度是在道路上安全操作所必需的前提。在驾驶中经常要完成超车活动，通常迎面还有交通，驾驶员需要连续地判断和准确地估计车头距、净空和两车间的相对速度，以及被超车和迎面交通的情况。

在双车道上允许超车的地方，为了不致与迎面而来的车辆相撞，驾驶员必须具有一定的超车视距才能安全完成超车，如图 4.11 所示。超车过程可分为 4 个阶段来计算超车视距：

1）超越车辆开始加速至行驶到对向车道的距离 d_1。

2）超越车辆在对向车道上的行驶距离 d_2。

3）超越车辆完成超车后与对向车辆的距离 d_3。

4）超越车辆在对向车道上行驶时间内对向车辆的行驶距离 d_4。

显然，安全超车所需的视距为上述距离之和。驾驶员在超车时的反应时间（包括看见信号和理解信号的时间）、决策时间、操作时间和平均反应时间都随车速的提高而减少。

研究表明，驾驶员超车都会低估超车的最小距离，估计误差范围是实际超车距离的20%～50%，这个比例随车速提高而提高。

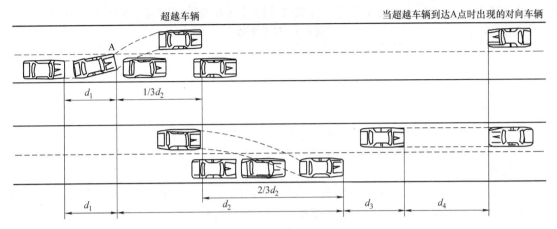

图 4.11　超车视距

（2）速度特性

在公路交通事故中，由于驾驶员没有掌握好车速造成转弯冲出、撞坏护栏的事故较多，汽车驾驶员在车流中没有掌握好前后车之间的跟随距离，引起追尾事故也时有发生。这些事故的产生虽然表现为速度过高或超速现象，但其深层原因是驾驶员缺乏速度感和距离感。

1）速度低估特性。驾驶员对车速的感知，主要是通过视觉看到路面和路两旁景色的移动，借此判断车辆速度。当然，驾驶员还可以根据发动机的声音、加速踏板、车辆的振动来综合判断车速。驾驶过程中，驾驶员通常不会完全根据速度表来获取车辆的运行速度值。

对驾驶员估计车速的试验表明，驾驶员在驾驶过程中对车速的估计偏低，尤其表现在减速过程中，当由高速减至某一低速时，要比由某一低速增至某一高速时所产生的速度估计误差大。这一点尤其在道路拐弯处和出入口处对行驶安全有至关重要的影响。

2）速度顺应特性。人对速度有一种顺应特性（表4.4），汽车在高速情况下行驶时间越长，人就越容易产生顺应性，对速度的感觉就越有下降的趋势。驾驶员长时间在高速状态下行驶，产生顺应性后再低速行驶，就有可能产生对速度估计不足的现象，从而造成高速行车。安全行车要求驾驶员对车辆的主观估计速度 V_c 与车辆客观实际速度 V_s 一致。

表 4.4　速度顺应特性试验

试验条件	驾驶员实际掌握车速/(mile/h)	标准偏差（%）
车速由 0 提升至 40mile/h 后稳定行驶	41.4	3.38
以 70mile/h 行驶 5s 后减速至 40mile/h 后稳定行驶	44.5	10.1
以 70mile/h 行驶 20mile 后减速至 40mile/h 后稳定行驶	50.5	20.8
以 70mile/h 行驶 40mile 后减速至 40mile/h 后稳定行驶	53.4	25.1

注：1mile/h≈1.6km/h。

3）影响速度感的因素。试验研究表明，主观估计速度 V_c 与车辆客观实际速度 V_s 存在着如下的指数关系：

$$V_c = KV_s^n$$

式中，K 为常数；n 为幂数。

对白天和夜间驾驶行车的速度感进行试验并经数据处理后得到表 4.5 的参数值。

表 4.5　试验系数

系数	白天	夜间
K	0.030	0.084
n	1.60	1.34

影响速度感的因素不仅仅是视觉情报，还与听觉有关。对被试者按下述程序开展试验：①一般状况；②限制视觉情报（将眼睛遮住）；③限制听觉情报（将耳朵遮住）；④限制视觉和听觉情报。

在上述 4 种工况下，车速控制在 20～70km/h 的范围内，每相差 10km/h 车速为一个速度点，共在 6 个速度点开展试验，驾驶员所产生的速度偏差（表 4.6）趋势如图 4.12 所示。

表 4.6　驾驶员速度偏差

工况	速度/(km/h)				
	20	40	50	60	70
1	−4	−4	−2	0	1
2	−3	−1	2	2	1
3	−4.5	−5.8	−4	−6	−4
4	−3.8	−6	−4	−5	−6

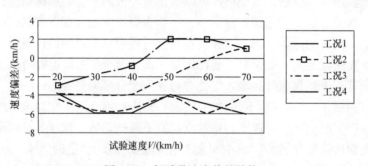

图 4.12　驾驶员速度偏差趋势

由上述试验可知：

1）在低速（约 40km/h）时，驾驶员估计的速度普遍偏低。

2）听觉受限制时，耳朵听不到发动机的声音和轮胎摩擦路面的声音，此时估计的车速一直较实际车速低。

3）汽车行驶过程中放有适当音量的音乐可以减缓驾驶员的驾驶疲劳，调剂驾驶员单调的驾驶生活，但音量不能过大，否则将会降低驾驶员的速度估计能力，从而导致车祸。

（3）影响距离感的因素

人的视觉器官不仅是单纯的"照相式"感知客观事物，而且还能感知事物的远近。

当观察者与所视目标之间是一片平静的湖水或平坦的雪地时，观测者容易把目标点估计得较近一点，这是因为提供距离远近参照物的水面或雪地缺乏线条密度的变化，使人产生距离较近的感觉。同样，当道路两旁没有布设合适的道路景观或栽种一定的树木时，由于驾驶员在驾驶过程中对距离的估计没有参考对象，或称为道路设计缺乏"线条密度"，会导致距离感缺乏，从而产生速度估计偏低的错觉。

在多雾地区能见度较低时，容易把距离估计得偏大；在明净、晴朗天气则容易将距离估计得偏小；雨天行驶时，由于环境的变化，同样会对驾驶员的距离判断产生影响，因此要加以注意。

影响人对距离远近估计的因素还有物体的亮度、颜色等。在同一距离下，人们通常会觉得红、黄色物体相对蓝、绿色物体要近一些，这是因为亮的物体有推近感，而暗的物体有退后感。

被视物体的背景暗淡和明亮程度，也会导致距离感的差别，其中暗背景会使距离感减弱。在暗室和明室的环境中分别开展试验，对所示物体远近的估计表明，主观判断距离 L_s 和实际距离 L_f 之间存在着如下关系：

$$L_s = KL_f \qquad (4.2)$$

式中，明室与暗室的 K 值分别为 0.99 和 0.86。

在设置标志标线时，必须充分考虑到驾驶员对设立对象的生理反应和驾驶特性，使标志标线能达到理想的使用效果。

（4）对车头间隔判断能力

在尾随车辆驾驶中，对两车间隙和相对速度的判断比对自车速的判断更重要。在驾驶过程中的判断，是处理已观察到的情报和进行决定的过程，如在行车中要调整自车与前车的车头间隔及速度，以决定超车或合流。但是，通常驾驶员对车头间隔的判断均较实际车头间隔小。

美国人洛克威在 1972 年对 12 名驾驶员进行了两个试验，每个试验做了 140 次观察，其观察结果见表 4.7。

表 4.7　对车头间隔的判断能力

项目		速度					
		80km/h			112km/h		
试验1	实际的车头间隔/m	30	91	152	30	91	152
	驾驶员判断的车头间隔/m	21	55	85	15	40	64
试验2	所指定的车头间隔/m	30	91	152	30	91	152
	驾驶员调整的车头间隔/m	27	55	73	18	40	55

在判断过程中由于驾驶员的认知能力、知识水平和经验等的不足致使自己的要求和欲望不相符合，造成错误的判断。交通实践中，车道分割（虚）线长度尺寸的运用可以有效地提高驾驶员的距离识别能力。

4.4.5　决策与决策时间

上面讨论了驾驶员怎样知觉判断距离和速度的情况，而知觉与决策的区别却是很模糊的。为了讨论方便，我们先分析根据经验、期望、人为规则和其他非感觉信息进行决策的情况。通常，驾驶员是先有知觉然后才进行决策的。举例来讲，当驾驶员期望超过前面慢速行驶的汽车时，首先要知觉判断自己车辆与对向交通的距离，然后才决策是否超车，又如，驾驶员知觉到道路上的红色信号灯后，才决策停车。显然，决策中的个别差异比知觉和知觉判断中的个别差别要大得多。因为驾驶员的知识水平、经验和期望等的差别很大，而这些因素又以两种方式影响人们的决策：决策时间和决策意义。

为说明知觉与决策过程，可利用知觉模型来进行分析，如图4.13所示。图中1段表示在最小知觉时间内行驶的距离；2段表示在最小决策时间内行驶的距离；3段表示在最小反应时间内行驶的距离；4段表示在完成转弯或停车操作后车辆的最小滑行距离；S表示取决于车速、载重、制动效率及道路摩擦系数的最小停车距离。危险情况用X表示，它可以是停止的汽车、行人或潜在的危险（如交叉口、弯道等）。

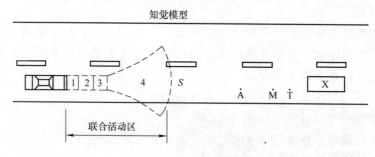

图4.13　驾驶员知觉模型

图4.13中的T称为不动点，即为了避免危险可以采取行动的最后地点，超过T点后采取行动就不可能完全避免交通事故了；M称为心理点，它是驾驶员知觉到不动点T的位置；A称为行动点，即驾驶员决策采取行动（操作）的地点，这些行动是减速、停车、转向或加速。应当注意，在图中A和M都表示为点，但实际上，驾驶员是把它们当作区段来理解的。这个模型表示的是某一时点的情况，在动态条件下，这些点都在变化。

图4.14所示为驾驶任务的知觉误差。TM叫作知觉误差距离。驾驶员的心理点M既可以在不动点T的前面，也可在T的后面。若M点与T点重合则TM为0。通常，TM为正数。AM距离是驾驶员的误差边界，指向危险方向为正，对大多数驾驶员来说，AM都是正值，只有企图自杀的驾驶员才会出现负值。

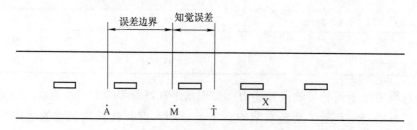

图4.14　驾驶任务的知觉误差

在驾驶中，驾驶员进行知觉、决策和反应所花费的时间叫作反应时间。当决策的困难程度增加时，反应时间也相应增长。研究表明，影响驾驶员反应时间的因素主要是刺激的水平、刺激与反应的和谐性和刺激的不确定性以及驾驶员期望等。

1. 刺激与反应时间

驾驶员的反应时间长短与交通事故的发生有密切关系。国外统计资料表明，反应时间长的人出事故率也高。以制动的反应时间为例，无事故的驾驶员平均为 0.377s，出事故的驾驶员平均为 0.393s，相差 0.016s。反应是否及时，主要取决于时间的长短。反应时间的长短与刺激物的种类有关。

（1）简单反应

从驾驶员受到某种刺激（如光线或声响等）开始，至做出相应的反应动作为止所需要的时间即是反应时间。对单一信号刺激做出反应的时间称为简单反应时间，试验表明，驾驶员简单反应时间组成见表4.8。

表4.8　驾驶员简单反应时间组成　（单位：s）

光线到达人眼视网膜	0.000
视网膜细胞产生兴奋	0.020
神经将兴奋传至视觉中枢	0.020
从视觉中枢到运动中枢	0.095
从运动中枢至肌肉产生动作	0.017

总计起来，简单反应时间大约为 0.152s。驾驶员对不同刺激的简单反应时间见表4.9，从中可以看到，人对触觉信号的简单反应时间最短，其次是听觉信号，对视觉信号的反应时间较长。

表4.9　驾驶员对不同刺激的简单反应时间　（单位：ms）

感觉	触觉	听觉	视觉	冷觉	温觉	嗅觉	味觉
反应时间	117~182	120~182	150~225	150~230	180~240	210~390	308~1082

（2）复杂反应

在实际驾驶中，作用于驾驶员感官的外界刺激很多，因此，复杂反应时间（也称选择反应时间）对驾驶员来讲更为重要。所谓复杂反应时间，就是无规律地向被试者呈现若干信息，指导被试者只在某一指定信息出现时才按下开关，与简单反应时间所不同的是，在复杂反应时间中含有判断过程。随着呈现的信息量越大，复杂反应时间越长。一项对圆形仪表指针数的研究结果表明，当仪表板上只有一个仪表时，读取数字需 1.171s，而当仪表板上有 7 只同样形状的仪表时，读取数字需要 1.522s，延长了 0.531s。汽车仪表板上仪表状态的判断就是一个典型的复杂反应。

（3）反应时间的影响因素

驾驶员的反应时间不仅依赖于受刺激的感官，还与有机体的状态有关。例如，驾驶员手与脚做出的简单反应时间就是不同的，在一项研究中，被试者坐在静止的驾驶室里，当车前的指示灯亮时，要求被试者立即旋转转向盘或踩踏制动踏板，试验结果表明，手的反应时间为 0.238s（均方差为 0.078s），脚的反应时间为 0.448s（均方差为 0.128s），相差约 0.21s。

此外，驾驶员的反应时间还与技术熟练程度有关，即通过练习可以改进驾驶操作（但必须有反馈）。在实际驾驶中的复杂反应时间是可以通过练习缩短的，这是因为减少了决策时间的缘故。决策犹豫不定是新驾驶员的一个特征，而有经验的驾驶员可以很快地完成决策，不论在道路交叉口或绿灯变为黄灯时，有经验驾驶员的决策过程大多是自动化的了，只需少量的时间就可对刺激做出反应。

不同的性别和年龄会影响反应时间。一般来讲，在 30 岁以前，反应时间随年龄的增加而缩短，30 岁以后则逐渐增加，同龄的男性比女性反应时间要快（图4.15）。

2. 刺激反应的和谐性

刺激与反应之间的关系应当是和谐共存的，两者之间的联系也是直接的。例如，在右弯道上按顺时针转向转动转向盘，在左弯道上按逆时针方向转动转向盘，对绿灯的反应是踩下加速踏板，这些都是和谐的刺激反应。如果颠倒上述刺激反应关系就会破坏刺激反应的和谐性，延长反应时间，从而导致更多的操作错误或交通事故。应当注意，上述关系似乎是很明显和直接的（如右转弯时向右转动转向盘），不过有些又是通过学习获得的（如遇上红灯应停车等）。刺激反应关系越和谐，决策越正确。这种刺激反应的和谐原理已广泛运用于汽车设计和道路环境设计，在一些关系不易显示的地方，通过设计的标准化可使刺激反应关系最终变为和谐的。然而不同的系

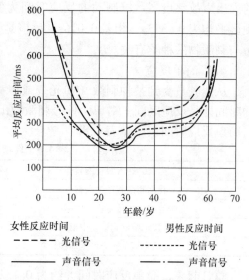

图 4.15　人的年龄、性别与反应时间的关系

统也可以和谐共存，例如，中国人是自然地在双车道上靠右行驶，而英国人同样是自然地在双车道上靠左行驶。这两种通行制度对中国人和英国人来讲都是和谐的，而对整个道路交通系统的效果均没有太大的影响。从人机工程的观点来分析，实行车辆靠右行驶较为有利，从世界各国的调查研究发现，大多数人的右手和右脚要比左手和左脚灵活、有力，在驾驶汽车时，右行制采用左置转向盘，以便于驾驶员观察迎面驶来的车辆。变速杆、加速踏板、制动踏板和其他一些重要的开关、手柄均可用右手右脚来操作，这对大多数驾驶员来讲，有助于减少操作反应时间。从另一角度来看，实行右行制时驾驶员在车辆左边上下车，而车辆左侧是道路中线，这在比较狭窄的道路上对驾驶室安全很不利，且容易造成行人伤亡事故。

3. 不确定性和驾驶员期望

首先简要说明一下不确定性的概念。1940 年，仙农和维纳在所提出的通信数学理论中指出：不确定性与事件的概率有关，事件的概率与事件发生的期望值相等。大量研究认为，人们心理范围的期望会影响反应时间。对目标的期望越高，人们就能越快地对目标做出反应，相反，对目标的期望越低，对目标的反应就要花费越长的时间。例如，驾驶员在单车道上识别驶来的车辆需要的时间就比在双车道上完成相同任务所需的时间要长。通常，一个或一组事物由一组符号信息来表示，符号与事物之间的联系通过联想来实现，不同的符号引起不同的联想，而相同的符号对于不同的人所引起的联想也是不同的。这就是符号信息的不确定性，符号的容量越大，其不确定性也越大。

我们知道，决策时间对驾驶情况的主要影响是制动。在一项经典研究中，假设反应时间是有关因素的函数，驾驶员的任务是尾随引导车行驶，并对它的信号做出制动反应，这里的有关因素是信号和驾驶员期望。尾随驾驶情况下的制动反应时间见表 4.10，当两车为静止时其反应时间最短，行驶中驾驶员由于要注意其他一些任务故反应时间较长。当脚放在加速踏板上休息，然后去踩制动踏板所需的反应时间比脚放在加速踏板上准备去制动所需的时间要长。因此在驾驶中，当驾驶员期望引导车停止下来时，其对制动灯的反应时间为 0.65 s，

在这个时间内，如车速为96km/h，就能驶过17m；然而，当驾驶员不期望引导车停止下来时，其平均反应时间增加到0.82s。当引导车的制动指示灯不亮时，只有车头距变化作为驾驶员视觉线索，其反应时间上升到1.65s。在危险情况下，1.65s的反应时间很可能引起不同程度的交通事故。

在实际驾驶中，驾驶员经常遇到具有不确定性的事情，即在同一时刻同时发生许多情况。例如，信号灯从红色变为绿色再变为绿箭头；前面车辆在下一交叉口可能向左、向右或向前行驶，如果驾驶员对这些情况能尽快地做出反应，那么就可以避免危险发生。一些研究比较了驾驶员的反应时间与因决策时间引起的交通事故和违章情况，结果未发现驾驶操作与反应时间存在相互关系。然而，使用更精确的方法来研究驾驶员信息处理速率，我们就可以证明反应时间与发生交通事故和违章之间的关系。

表4.10 尾随驾驶情况下的制动反应时间

车辆运动	刺激	脚开始的位置	反应时间/s
静止	听觉	制动踏板	0.24
静止	发光灯	制动踏板	0.26
静止	停车灯	制动踏板	0.36
静止	听觉的	加速踏板	0.42
静止	发光灯	加速踏板	0.44
行驶 - 正常道路条件	听觉	加速踏板	0.46
静止	停车灯	加速踏板	0.52
行驶 - 试验条件	停车灯	加速踏板	0.68
行驶 - 正常道路条件	停车灯	加速踏板	0.82
行驶 - 试验条件	无	加速踏板	1.34
行驶 - 正常道路条件	无	加速踏板	1.65

在一项有关875人的情况的研究中，根据其驾驶经验分为4个组：一组在3年中无事故和违章；一组有两次以上事故或违章；另两组有两次以上事故或无违章。给予被试者一些简单反应时间任务（要求他们在红灯亮时按下开关）和复杂反应时间任务（要求他们在3个灯中某个亮的时候按下它的开关），试验结果见表4.11。结果表明，多事故和违章驾驶员的决策时间最长，他们是最慢的信息处理者；而决策时间短表明信息处理能力好，推测他们可以在紧急的危险情况下做出较快的反应。在驾驶中，需要处理的信息量随时都在变化。那些决策时间长的驾驶员就可能遇上超过他们信息处理能力的情况，因而发生交通事故的概率就会增加。然而，最有趣的事实是那些多违章无事故驾驶员却表现出最高的信息处理速率。这些驾驶员都清楚自己的驾驶能力，由于驾驶习惯就可能牵连到"危险情况"，但又由于他们的信息处理能力未超荷从而避免了交通事故。

表4.11 驾驶员决策时间   （单位：s）

交通事故	违章		
	无	一般	多
无	0.038（5）	0.031（8）	0.026（3）
一般	0.043（8）	0.039（15）	0.038（7）
多	0.047（3）	0.054（3）	0.064（4）

注：括号内的数字是被试者人数。

不管道路设计师如何努力，驾驶员经常不利用道路设计师为他们提供的信息，例如，驾驶员趋于把弯道前的推荐速度标志当作注意前面弯道的警告标志，而不把车速调整到推荐速度。与此类似，黄色闪烁信号灯要求驾驶员进入有交通信号灯控制的交叉口之前降低速度，而实际上驾驶员并未这样做。在一项研究中，为了研究驾驶员对各种信号灯的反应，在乡村道路交叉口操作交通信号灯，使驶来汽车的驾驶员遇上无信号、绿色信号、黄色闪烁信号或红变绿信号。在这 4 种情况下驾驶员行为的唯一显著差异是，那些遇上无信号的驾驶员通过交叉口的车速比那些遇上信号的驾驶员的车速高 5 ~ 8km/h。因而，使用黄色闪烁信号灯与绿色信号灯相比较并没有什么优越性，尽管大多数人都知道黄色闪烁信号灯的意义及应做出的反应。可以肯定地说，驾驶员对各种道路刺激的反应取决于他们的期望及对道路系统的理解（例如，驾驶员遇上闪黄灯时，交叉交通遇上闪红灯，因此应当停车），而不是依据道路系统设计师的意图。

4.4.6　反应能力

驾驶行为可大致分为两类：一类是通过加速、减速及制动来控制车辆纵向运动；另一类是通过转向来控制车辆横向运动。这些驾驶行为包括用手动控制转向，脚动控制加速、制动，以及脚从加速踏板移到制动踏板或反过来的活动。下面我们将讨论有关活动速度和准确性的反应限制，以及有关转向和制动行为等内容。

1. 移动时间

在执行操作转向盘和脚踏板的活动中，活动的速度和准确性都很重要。关于人类活动能力的研究证明，只要活动范围增加而活动准确性下降，那就可以保持活动时间不变。换句话讲，活动的速度随活动距离的增加而提高，活动的准确性在短距离活动时误差率最大，随着活动距离的增加，误差率逐渐减少，这就是菲特法则（Fitts Law）：只要比率 $A/0.5W$ 不变，活动时间就恒定。这里的 A 是要求的活动范围或活动振幅；W 是误差允许范围。

菲特法则指的是：任意一点移动到目标中心位置所需时间与该点到目标的距离（A）和大小（W）有关，距离越大时间越长，目标越大时间越短。

驾驶人的制动反应所产生的移动时间（MT）与运动幅度 A、控制移动结束时的控制量 W、最小操纵动作的反应延迟时间 a 之间的简单关系由 Fitts 公式给出：

$$MT = a + b\log_2\left(\frac{2A}{W}\right) \tag{4.3}$$

式中，a 为最小反应时间延迟，不包括动作；b 为经验系数，不同的车身部位取值不同。

举例来讲，移动控制杆 0.25m 需花费 0.5s 的时间，允许误差为 0.025m。那么，同样花费 0.5s 的时间去移动控制杆 0.50m，允许误差则为 0.050m。如果要求活动的准确性不变，那么活动范围越大，所花费时间就越长。活动范围与活动准确性之间的倒数关系是由人们的活动方式所决定的，在两点间运动，人们总是迅速提高运动速度，而在接近终点时采取减速和调整活动。当活动范围增加时，运动速度也相应增加，接近终点时的调整时间也要增加。为达到车辆控制的最佳设计，通常要求活动的调整范围不超过误差允许范围，总的活动时间（运动时间加调整时间）为最小。调整时间与运动时间的相互关系原理已应用在汽车设计中，以转向盘活动影响车轮运动为例，驾驶员按顺时针方向连续转动转向盘的最大转速为 180°/s，为了完成急转弯而使用动力转向系统时，驾驶员就要调整转向控制运动与车轮运动之间的比率，以保证很小的转向操作引起车轮方向的较大变化。然而，在正常驾驶条件下，这个动力转向系统都可能产生一些新问题，因为少量偶然的转向盘运动就将引起车辆行驶方向的急剧变化。但是，在设计车辆控制器中，还没有系统地考虑人的活动能力问题，如现在道路上行驶的汽车，其转向盘运动与车轮运动的比率就是因车而异的。只是在设计汽车加速踏板与制动踏板间的最佳距离时才考虑到驾驶员活动能力。这里的关键活动是脚从加速踏板移至制动踏板，制动踏板的宽度可看作是误差的允许范围 W，只要驾驶员的脚踏下制动踏板的任何部分都会产生制动功能。研究结果表明，通常使用的汽车踏板之间的最佳距离大约为 0.18m。若增大这个距离就可能产生较长的活动时间，若制动踏板高于加速踏板也会增大活动时间，而在汽车驾驶中遇到危险时，驾驶员希望脚可迅速地从加速踏板滑到制动踏板上，这将有助于减少活动时间。

2. 转向修正

转向盘是操纵汽车行驶方向的机构。正确的转向行为是保证车辆在道路上沿正确路线安全行驶的重要因素。操作转向盘时，驾驶员的两手分别握稳转向盘边缘的左右两侧，转动时以左手为主，右手为辅，适当地拉转或推转转向盘。急转弯时，两手交叉操作以加速转动转向盘。除上述明显可见的大活动之外，驾驶员还重复地对转向盘稍作调整，这种调整活动叫作转向修正。甚至在平直道路上行驶时，驾驶员也要进行转向修正活动。转动转向盘应避免猛转猛回，特别是在高速行驶时，由于离心力的作用，很可能会造成翻车的恶果。在许多研究里，转向修正行为可作为驾驶任务要求、驾驶困难和驾驶员经验的量度。各种研究表明，不论在平直道路或是弯道上，有经验的驾驶员会比没有经验的新驾驶员少一些转向修正行为。一般地讲，驾驶员的转向修正率受到两种困难的影响，一种是由环境引起的困难，另一种是由驾驶员暂时损伤引起的困难。因此，道路曲率的增大和可见度的下降都使转向修正活动增加。另一方面，驾驶员酒精中毒也会增加转向修正活动，当然，疲劳使驾驶员警觉下降也会导致转向修正活动的增加。

3. 车辆制动距离

当驾驶员遇到紧急情况时，车辆制动时间历程如图4.16所示。

考虑到驾驶员的反应时间，车辆的总制动距离 $s(\mathrm{m})$ 为

$$s = V\tau_1/3.6 + \frac{1}{3.6}\left(\tau_2' + \frac{\tau_2''}{2}\right)V + \frac{V^2}{25.92 j_{max}}$$

$$(4.4)$$

式中，V 为制动前的车辆初速度（km/h）；τ_1 为驾驶员反应时间（s），$\tau_1 = \tau_1' + \tau_1''$，通常 $\tau_1 = 0.3 \sim 1.0s$，当人员因素和外界条件过于突出时，该值将会有较大变化（表4.12）；τ_2 为制动器响应时间，$\tau_2 = \tau_2' + \tau_2''$，通常 $\tau_2 = 0.2 \sim 0.9s$，$(\tau_2' + \tau_2'')/2$ 的值通常为 0.36s（M_1 车辆）和 0.54s（M_2、M_3、$N_1 \sim N_3$ 级车辆）（EC 委员会准则 71/320EWG）；j_{max} 为车

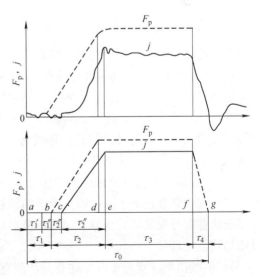

图 4.16　车辆制动时间历程

F_p—踏板制动力　j—车辆制动减速度　τ—制动时间

辆能达到的减速度，$j_{max} = \phi_b g$，其中 ϕ_b 为附着系数，该值随路面状态、车辆运行速度、交通条件、轮胎的使用程度等因素而变化（表4.13）。

表 4.12　反应时间（τ_1）对人员和外界因素的依赖关系

因素		下降到 0.3s	延长到 1.7s
人员因素		条件反射动作	选择动作
		良好的处置，最佳效率	低劣的处理，如疲劳
		卓越的驾驶技术	低劣的驾驶技术
		年轻	高龄
		预知	漫不经心，精神涣散
		体格和精神状态良好	健康功能失调
			饮酒，精神遭受打击
外界因素	交通情况	简单、畅通、预先知道	复杂、混乱、不能预见、异常
	障碍物类型	突出、明显	不突出、不明显
	障碍物位置	在视野内	在视野边缘
	操作机构布置形式	操作方便、易见、方便	操作机构不易见

表 4.13　充气轮胎对道路表面的附着系数

车速/ (km/h)	轮胎 状态	道路状况				
		干	湿，水深 0.2mm	大雨，水深 1mm	泥泞，水深 2mm	结冰
50	新	0.85	0.65	0.55	0.5	≤0.1
	磨旧	1	0.5	0.4	0.25	
90	新	0.8	0.6	0.3	0.05	—
	磨旧	0.95	0.2	0.1	0.05	
130	新	0.75	0.55	0.2	0	—
	磨旧	0.9	0.2	0.1	0	

综上所述，我们可以得到以下结论：

1）为了保证汽车在道路上安全行驶，驾驶员必须连续不断地处理有关信息，并利用它们制定适当的决策。驾驶员视区较大，而他们只能注意视区中的少部分目标，只有被驾驶员注意的目标才能被知觉。通常，驾驶员根据知觉到的信息来制定有关驾驶操作的决策，并对环境需要做出反应。驾驶员信息处理的各个过程（注意、知觉、决策和反应）都影响驾驶行为。

2）驾驶员分配到各个目标上的注意量是不同的。大多数时候，有经验的驾驶员只分配必要的注意到驾驶任务上，可以有较多的注意去听广播或与朋友谈话，而没有经验的驾驶员总是把注意都分配到驾驶任务上。当环境对驾驶员的注意需求较高时，驾驶员就应降低车速以增加信息处理量。

3）驾驶员的注意分布既把注意分散到有关目标上，又同时把注意集中在某一目标或区域上。注意的选择就是把注意集中在视区中信息量多的地方。通常，驾驶员把注意集中到他认为重要的位置上。在驾驶中，随着驾驶员经验的增多，可以提高注意选择的效率，有经验的驾驶员趋于观看道路的"终点"而很少观看道路边缘。

4）信息处理过程中，驾驶员对信息的理解过程即是知觉。知觉可以精确地反映事物的真实情况，偶尔也会有视觉缺陷等情况，使驾驶员的知觉发生错误。对驾驶员来讲，道路几何形状和车速的错误知觉都是很危险的。低估弯道曲率和车速都可能引起交通事故。驾驶中最复杂的任务是超车，要安全地完成超车，驾驶员必须正确地估计自己车辆的速度、与被超车辆之间的相对速度、与对向车辆的距离。判断能力较差的驾驶员，可通过小心谨慎（不去冒险）和减速补偿这一不足。

5）驾驶员根据知觉进行决策，在驾驶中，特别是在危险情况下，在适当的时间内制定决策是很关键的。假定在危险情况下，驾驶员的决策时间长，将影响驾驶员的操作反应时间。

6）驾驶员的经验、刺激反应和谐性以及不确定性和驾驶员期望都会影响决策时间。研究表明，决策时间长可能导致较高的交通事故率和违章率。

7）驾驶员信息处理过程的最后程序是车身外部的反应活动。驾驶员手和脚的活动准确性是有限的，而各种活动都要花费时间，这个时间则随活动的准确性提高而增加。在驾驶中，要保持车辆安全地行驶在车道上的适当位置，驾驶员要经常进行转向修正活动，这种修正活动随驾驶任务困难性的增加而增加。脚活动的准确性对安全行驶来讲并不太重要，但驾驶员的制动反应类型却表明一些驾驶员更易撞上其他车。

4.5 驾驶适应性

由于个体差异的存在，对于不同性质的工作，不同的人存在一个适应性的问题。影响驾驶员驾驶适应性的因素很多，因此不能采用单一指标对其进行评判。

4.5.1 驾驶适应性定义

适应性是指人具有可能圆满完成某一工作的素质，而素质是指有圆满完成某一工作所必需的最低限度的生理、心理特征和技能。

归纳起来，适应性有以下几种理解：

1）指执行作业所必备的车身、心理最低特性。

2）从事故灾害角度来说，指某人在作业上所发生的错误、灾害或事故频度低于其所属集团的平均数时，所具备的特征。

3）对于某一作业，其在一定时间内完成的作业量超过集团的平均数，或作业量相等，其能在比集团平均时间更短的时间内完成时，该人可以说具有适应性。

以上理解显然偏重于作业能力，其实与引起作业意欲的动机和情绪也有关系。为了提高工作效率和防止灾害发生，在重视作业能力的同时，还应将其情绪和动机也列入研究之列。

事故倾向性的存在，引出了一部分人适宜从事汽车驾驶工作，有另一部分人不适宜从事驾驶工作的所谓"驾驶适应性"理论。

驾驶适应性是指人具有可能圆满完成汽车驾驶工作必备的素质。

驾驶员的驾驶适应性是由驾驶员的先天素质和后天学习的技能构成的，二者是相对稳定而又相互弥补的。实际上造成驾驶技能差别也是取决于驾驶员的先天素质，即心理、生理

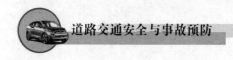

状态。

人的行为是在动机支配下，由人的心理、生理状态决定的。以往在分析事故成因时，大多仅以驾驶员"责任心不强""操作失误"等为结论，很少研究和分析操作失误是怎样由驾驶员的心理、生理状态造成的。

既然驾驶员的心理、生理状态与行车安全关系密切，则了解驾驶员心理、生理规律及其对操纵车辆的影响就十分必要。心理、生理规律是指人的认识、情感、意志等心理变化过程和能力、性格以及人体机能等心理生理特征。在汽车驾驶中，驾驶员内因受其心理、生理支配，外因是车辆、道路和交通环境，外因只能通过内因起作用。因此，如果管理人员和培训人员能了解这些规律，在学员培训、运输调度、运行管理等各个环节，掌握每个驾驶员的心理特点，有针对性地教育和管理驾驶员，驾驶员就能自觉地进行心理训练，克服自身心理活动上不适宜开车的各种缺陷，达到优秀驾驶员的水平。

4.5.2 驾驶适应性的评价指标

驾驶员自身的素质将决定其驾驶适应性，考虑到汽车驾驶过程对驾驶员的要求，可将其评价指标归纳为以下六种。

1. 速度估计

该指标反映了驾驶员对速度及空间的估计水平，即时－空判断水平，从而影响到驾驶员在驾驶过程中对车辆运行距离的判断。该指标可以通过速度预测检查机测试驾驶员的速度估计情况，根据测试值给出原始评判等级分。

2. 选择反应时间

可以通过选择反应检查机或红黑表进行测试，测试时一般需在有外界干扰和无外界干扰两种环境下分别进行。根据记录的反应时间及误反应次数给出原始评判等级分。该指标反映了驾驶员对外部刺激的判断及操作反应水平，这一反应水平对驾驶员的驾驶过程影响相当大，是驾驶适应性的重要评价指标。

3. 动作协调性

可以通过处置判断检查机进行测试，根据记录的指标值给出原始评判等级分。该指标反映了驾驶员在操作过程中各种操作动作的灵活性及协调性，与驾驶员本身素质、年龄、性别、精神状态及操作熟练程度等因素有关。

4. 视野

视野是指当眼睛固定注视一点时（或通过仪器）所能看见的空间范围，分静视野与动视野。它影响到驾驶员在驾驶过程中对周围环境及交通状况的观察，是考核驾驶员生理特征的重要指标。

5. 动态视力

动态视力是指在一定速度下所测得的驾驶员视力。一般来说，视力随车速的增加而下降是人眼固有的生理特征，这一特征与驾驶过程的要求相抵触，不过从医学的角度，在同一车速下，不同的人眼视力下降的程度会有所差别。

动态视力一般要比静态视力低 10% ~ 20%，特殊情况下比静态视力低 30% ~ 40%。

动态视力还与年龄有关。年龄越大，动态视力与静态视力的差越大。

6. 静态视力、辨色力、立体视觉能力

静态视力是指人在静止状态下的视力，一般测定的静态视力指的是中心视力。中心视力是视网膜黄斑区在中心凹处的视力功能，能使驾驶员获得清晰而准确的信息，它对驾驶行为特别重要。行车中要求驾驶员应该注视前方，不断转动眼球，尽量用中心视力接收更多清晰准确的信息，以保持驾驶行为处于良好状态。

辨色力是指辨别颜色的能力，分正常、色盲、色弱三种状态，一般通过色盲测试图来检测。

立体视觉能力是指感受三维视觉空间、感知深度、感知物体立体形状以及不同物体相互远近关系的能力。立体视觉的好坏直接影到劳动效率、工作质量、人身安全等方面。行车过程中，由气象条件、道路状态，车型等因素构成驾驶员的视作业环境。据调查，在发生车祸的人中，有20%是缺乏立体视觉的。

4.5.3　工作能力

1. 疲劳

在驾驶中，驾驶员打瞌睡是疲劳的一种表现。驾驶员在驾驶汽车时，需要集中精力不断处理有关信息，可时间一长就会造成大脑氧气减少，从而导致中枢神经疲劳、感觉迟钝、知觉减弱、调节肌肉收缩机能衰退，精神逐渐变得不集中。在试验中可以测量疲劳对驾驶行为的影响，驾驶员在24h未睡眠之后，连续驾驶9h，研究者观察驾驶员的眼动情况，结果表明，疲劳驾驶员很少表现出响应型眼动，他们不是观看前面道路和监视其他车辆与标志，而是趋于注视道路右缘。另一研究的结果也是如此，驾驶员在24h未睡眠之后，很难做出满意的操作（包括保持车速恒定和车辆的正确行驶车道位置）。研究发现，驾驶员在24h未睡眠之后进行驾驶，不到60min就开始打瞌睡。

为了了解疲劳对驾驶行为的影响，经常要用类推法。在实验室研究中，把驾驶当作警戒任务，要求驾驶员连续监视偶尔出现的目标，一致的结果是，在睡眠严重不足的条件下，大多数任务的操作都只能维持几分钟，只要超过半小时以上，驾驶员的注意力就不能集中了，而且这种监视任务对驾驶员来讲也是令人厌烦的（有时连驾驶汽车也是如此）。与此相反，在60h未睡眠之后，驾驶员进行复杂而有趣任务的操作并没有行为退化现象。这里的关键问题是驾驶员的注意分配情况。在正常情况下，多数驾驶员未遇到危险，也就不必把全部注意力分配到驾驶任务上，因此，在道路试验研究中，可以观测到一定程度的操作退化，少数交通事故就起源于疲劳问题。

疲劳的表现形式很多，测量疲劳的方法主要有生物化学测量、物理机能测量、精神机能测量和疲劳感测量。对驾驶员来讲，应当清楚疲劳的表现形式：

1）对交通变化的反应时间较长，延迟或减慢反应速度。

2）很少进行转向修正。

3）对紧急事件的皮电反应减少。

4）车身活动多，如擦脸、闭上眼睛、伸懒腰等。

如果这些标志并没有表明注意水平急剧下降，那么，驾驶员仍可继续驾驶。引起疲劳的原因除驾驶操作方面之外，还包括驾驶员车身条件（如性别、年龄）及生活环境等，各种疲劳原因如图4.17所示。

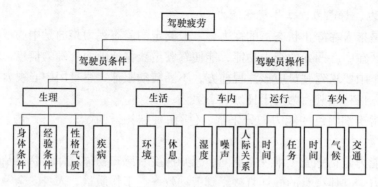

图 4.17　驾驶疲劳原因

2. 酒精

各种研究表明，酒精中毒是交通死亡事故的一个重要因素。在大多数高收入国家，20%左右的受到致命伤害的驾驶员被发现其血液中的酒精含量（BAC）比法定阈值要高。与之不同的是，在中低收入国家的研究表明，大约有 33% ~ 69% 受到致命伤害的驾驶员和 8% ~ 29% 受到非致命伤害的驾驶员，在事故前曾饮酒。图 4.18 所示为血液中酒精浓度与酒醉程度的关系。

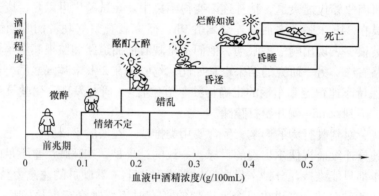

图 4.18　血液中酒精浓度与酒醉程度的关系

酒精在社会中有很多作用，并在大多数国家承担了重要的文化、宗教和象征意义。酒精影响中枢神经系统，这种影响与血液中的酒精含量成比例变化。表 4.14 说明，酒精对行为的影响随剂量的多少而定（以 70kg 体重的人为标准），许多国家在法律上将这一标准作为确定酒精中毒的根据。通常，当血液中的酒精含量大约为 0.10% 时，人们就达到酒精中毒的程度。在美国，许多州法定"醉"的限度为 0.10% ~ 0.15%，这个标准对多数人是适用的。因为酒精对人的影响太复杂，现有的知识还不能准确地揭示酒精是怎样影响人的，因为每个人对酒精的反应有很大差异，而且同一个人在不同时间的反应也有差异。多数人在血液中酒精含量少于 0.05% 时，会产生镇定作用，超过这个水平，视觉协调能力就开始下降，简单反应时间也会增加，但对那些豪饮的人来讲，这个水平却没有什么影响。在一项研究中，对 1000 人进行试验，有 105 人在血液中酒精含量为 0.05% 时即处于"中毒状态"，而这个水平是法定酒醉标准的一半；在豪饮组有 6/7 的人在血液中酒精含量为 0.40% 时还未醉，他们的中毒水平大约相差 8 倍。此外，酒精对人的影响还受胃中食物或液体的影响，以及身体中脂肪量的影响。

利用表4.15可以估计不同体重驾驶员的饮酒量与血液中酒精含量的关系，假如体重为65kg，只要饮4oz（1oz = 28.3495g）酒就达到法定醉的标准，而对一个体重45kg的人来讲，只要饮3oz酒就会达到醉的标准。

国外法律普遍将血液中酒精含量为0.10%作为酒醉标准是根据许多研究的结果来确定的。在大约80%以上的交通死亡事故中，驾驶员血液中的酒精含量超过0.10%。在道路上的研究中，将所测量到的5985起交通事故中驾驶员血液中的酒精含量水平与7590个对照组驾驶员情况相比较，结果表明，发生交通事故驾驶员的酒精含量比对照组驾驶员要高0.08%，当血液中酒精含量在0～0.08%范围时，两组的各级水平频率是类似的。另一项研究比较了交通死亡与非死亡事故驾驶员血液中的酒精含量，发现血液中酒精含量少于0.05%与未饮酒驾驶员一样可能（或不太可能）引起交通事故，而血液中酒精含量为0.06%的驾驶员发生事故的概率是未饮酒驾驶员的2倍，血液中酒精含量为0.10%的驾驶员发生事故的概率为未饮酒驾驶员的6～8倍。图4.19所示为车祸与驾驶员有关的相对危险度。

随着驾驶员血液中酒精含量的增加，越来越多的驾驶能力受到损伤。在血液中酒精含量很低时，视觉和知觉判断能力就开始受其影响，当血液中酒精含量为中等程度时，决策能力也受影响，当血液中酒精含量超过0.15%时，运动协调能力受损伤。在驾驶任务中，这些能力的损伤都会影响驾驶员操作。这可以通过驾驶模拟器研究来证明，未饮酒驾驶时，无意识的车道横穿概率为0.001；当血液中酒精含量为0.11%，车道横穿概率为0.05，增加近50倍！这些结果在实际道路情况下也得到证实。

当血液中酒精含量≥0.10%时，酒精对驾驶员的影响，包括发现道路标志的能力差，对速度、距离、信号灯和停车标志的错误判断和知觉能力差。

表4.14 BAC对人体机能的影响

血液酒精含量（g/100mL）	对人体的影响
0.01～0.05	增加心跳和呼吸频率
	降低各种大脑主要机能
	不协调的行为表现
	降低判断力和抑制力
	轻微的兴奋、放松和愉悦
0.06～0.10	对几乎所有生理系统的镇静作用
	注意力和警觉性降低、反应变得迟缓、协调能力削弱、肌肉力量减小
	做出合理决策或判断的能力降低
	增加了忧虑和沮丧情绪
	逐渐失去耐心
0.11～0.15	反应能力急剧下降
	平衡和运动能力削弱
	部分视觉功能削弱
	说话含糊不清
	呕吐，特别是迅速达到该BAC值的情况下

（续）

血液酒精含量（g/100mL）	对人体的影响
0.16 ~ 0.29	感知能力严重下降，包括对外剖刺激的感知降低
	运动能力严重下降，如频繁的步履蹒跚或摔倒
0.30 ~ 0.39	没有响应的昏迷状态
	失去知觉
	麻醉状态（与外科手术的麻醉类似）
	死亡（对多数人而言）
0.40 或更高	没有知觉
	停止呼吸
	死亡（通常是由于无法呼吸）

表 4.15　驾驶员饮酒数和体重与 BAC 的估量值

饮酒数/oz	体重/kg							
	45	55	65	75	80	90	100	110
1	0.04	0.03	0.03	0.03	0.02	0.02	0.02	0.02
2	0.08	0.06	0.05	0.05	0.04	0.04	0.03	0.03
3	0.11	0.09	0.08	0.07	0.05	0.06	0.05	0.05
4	0.15	0.12	0.11	0.09	0.08	0.08	0.07	0.06
5	0.19	0.16	0.13	0.12	0.11	0.09	0.09	0.08
6	0.23	0.19	0.16	0.14	0.13	0.11	0.10	0.09
7	0.26	0.22	0.19	0.16	0.15	0.13	0.12	0.11
8	0.30	0.25	0.21	0.19	0.17	0.15	0.14	0.13
9	0.34	0.28	0.24	0.21	0.19	0.17	0.15	0.14
10	0.38	0.31	0.27	0.23	0.21	0.19	0.17	0.16

注：1oz 标准浓度酒 = 12oz 啤酒，或 3.5oz 果酒，40min 饮完。

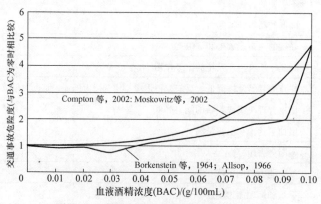

图 4.19　车祸与驾驶员有关的相对危险度

　　职业驾驶员在饮 3oz 酒后他们就不能安全驾驶车辆，饮 5oz 酒后就完全失去思维能力和车辆控制能力，但仍能行走和进行交谈，不过对标志的判断以及知觉能力下降。比较典型的是在夜晚（这时饮酒的人最多）的单车交通事故最多，如驾驶员把汽车开出道路、撞翻固定物等。

酒精与驾驶行为最相关的另一个影响是产生隧道视觉，驾驶员的视区收缩到前面的目标上。由于边缘视觉对驾驶很重要，所以，边缘视觉范围一旦减少，这是很危险的。此外，酒精中毒还会降低驾驶员有效分配注意的能力。

几乎每个人都意识到酒精的各种影响，这些影响也为内科医生和交通安全研究人员提供驾驶员是怎样醉的大致概况。酒精中毒对行为损伤的临床检验证明，中等程度的酒精中毒者说话含糊、笔迹明显退化、闭上眼睛不能用手触摸鼻子，不能直线行走，甚至闭上眼睛不能直立；但是，这些人自己感觉却是良好的，甚至喜欢冒险。当酒精中毒已达到完全失去协调能力时，仍然去驾驶汽车显然是一种行凶行为。遗憾的是驾驶员并未认识到他们的认识和知觉机能在下降，以致无法完成安全驾驶任务。一项研究对比了 50 名驾驶员在饮酒前后做开关键的试验，情况表明饮酒前，3 个小组的平均错误率大约为 12%，饮酒后的错误率增加到 55%，而且开关键所花费的时间也在增加。

关于酒后驾驶有以下一些结论：

1）酒后驾驶在许多国家是一个主要道路安全问题。

2）即使是少量饮酒，酒精也会削弱对于安全使用道路的若干功能，包括视觉和驾驶技能。

3）酒精的麻痹作用使得所有道路使用群体（包括驾驶员、骑行者和行人）增加了卷入事故的机会。

4）研究表明，酒后驾驶交通事故有系列特征，但在地区间也许有很大差异。

5）澳大利亚和法国的经验表明，实施协同努力的有效干预，对于减少酒后驾驶引发的交通事故的伤害程度有很大效果。

6）许多减少酒后驾驶行为的措施已经过系统化评估并被证明对减少酒后驾驶的发生有积极作用。

检验驾驶员饮酒情况可采用酒精检测仪，它根据驾驶员呼出气体中所含的酒精量与血液中酒精含量的比例关系，利用化学药品的颜色变化来确定血液中酒精含量的水平。

3. 药物

许多国家在交通法规中对药物都不大明确，人们很少认识到药物对交通行为的影响，但在医学界，一般都知道所有药物对驾驶能力都有潜在的危险，常见的危险是刺激中枢神经系统和压抑中枢神经系统。不同的药物和剂量对驾驶员生理状况甚至体重等都可能产生不同的影响。在奥地利统计的 9000 例交通事故中，有 16% 因驾驶员服药引起。

世界卫生组织（WHO）对药物的定义为：进入活着的有机体内以修正一种以上功能的物质。在我国的药物目录上，收录了一万多种药物。许多药物除可以治疗疾病之外，还可能产生一些副作用，而这些副作用也可能影响驾驶操作。常见药物的功能与副作用见表 4.16，从中可以看到，这些药物的副作用差异很大。

有时候，驾驶员同时受到两种以上药物的影响，它们对驾驶员知觉、心理和运动功能的影响有三种情况：一是加成，各种药物影响的总和；二是对抗，一种药物的影响抵消另一种药物的影响；三是协和，两种以上药物的总影响大于各种药物影响的总和。任意两种药物都会产生上述情况之一，一万多种药物的各种可能结合将产生的影响则是不可思议的。

表 4.16 常见药物的功能与副作用

药物分类	功能	副作用
抗菌素	抗传染	视觉、听觉不安，眼花头晕
抗糖尿剂	治疗糖尿病	疲劳、失调、障碍
降压药	治疗高血压	疲劳、眼花头晕、血压过低
晕车药	防止晕车晕船	瞌睡
镇痛药	治疗溃疡、神经性胃病	视觉失调
止咳药	解除咳嗽	瞌睡
心脏药	治疗充血性心脏病	视觉障碍、肌肉衰弱
利尿剂	治疗水肿、肥大	疲劳、肌肉衰弱
眼药	折射、视觉检验	视觉障碍

4.5.4 驾驶能力

"驾驶能力"与"行车需求"的匹配程度决定了驾驶行为的安全性。"驾驶能力"即行车操控能力，是驾驶员素质、技能、风格、生理和心理状态等因素的综合标度。"行车需求"即行车任务需求，是道路、交通参与者行为、车速、车辆及行驶车辆所处位置等客观动态环境（或因素）的整合反映。图 4.20 所示为驾驶任务行为需求的衍生模型。

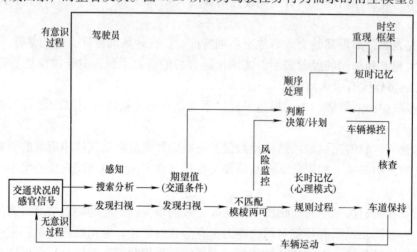

图 4.20 驾驶任务行为需求的衍生模型

大家都认为，有技术和驾驶能力高对于驾驶汽车是有益的。言外之意是，谁的技术和能力分数高，他就是好的或安全的驾驶员，要想证明这一论点是很困难的，因为那些能力分数高的人通常具有一些抵消能力优势的特征。本节讨论驾驶员的两个特征：经验和视力。

众所周知，驾驶行为可通过实践得到改进，盲人不能驾驶汽车，但是，我们很难证明有经验和视力良好可以改善交通安全。

1. 经验

驾驶员第一次开车时，总是感到驾驶操作好像是一件很复杂的任务。要保证车辆在道路上的适当位置行驶，既要控制加速和减速，又要注意其他车辆、行人、信号与标志等。研究表明，要保证车辆安全行驶，驾驶员必须掌握大约 1500 个不同的知觉－运动动作。

驾驶教育课程的基本任务是帮助驾驶员认识驾驶汽车的复杂性。现在，全国各地都开设驾驶员培训学校，大部分学习课程是为了掌握各种操作程序，如变速、制动和转向，比较难以掌握的是信息搜集任务。驾驶员的主要任务之一是搜集信息，如自己车辆的位置、其他车辆的位置，驾驶员利用这些信息控制车辆在道路交通中的位置而安全行驶，要完成好这种知觉－运动任务，驾驶员应学习怎样进行驾驶观察。所谓观察是指应用感觉器官去感知道路交通系统中的事物，例如，用眼睛观察行人动态、用耳朵听其他车辆的喇叭声。

对驾驶员在道路上行车的观察研究发现，新驾驶员总是紧盯着前方和行驶车道的右边，而有经验驾驶员会注意左右观察，而且从后视镜中获取的信息比新驾驶员多。在驾车的开始阶段，几乎所有驾驶员的注意力都集中在保持车辆位置方面，逐渐地认识到还要不断地监视道路边缘才能防止汽车驶出道路，得到一些经验之后，就学习依靠边缘视觉来保证车辆行驶的位置，进一步就把注意集中在道路上以增加有效的信息处理时间。当特别要求注意道路标志时，没有经验的驾驶员与有经验的相比则会遗漏更多标志。对交通事故的深入调查分析表明，新驾驶员关心的是能够正确地控制车辆在车道上的位置，而没有经验的驾驶员比有经验的驾驶员更容易因控制方式不当而造成交通事故。

然而，技术高和有经验的驾驶员情况究竟如何呢？这里的关系很复杂。前面提到，赛车驾驶员发生的交通事故和违章都较多，这可能是因为这些驾驶员获得经验后急于改变驾驶习惯。新手感到危险后就采取许多防止危险的操作，而有经验者却经常做出一些危险的操作。这样一来，技术高的好处就被抵消了。

2. 视力

在驾驶员感觉系统中，视觉是特别重要的。研究表明，驾驶员视觉所获得的信息占全部信息的 80% 以上。

几乎所有国家在驾驶执照考核中都要检查视力。所谓视力是指驾驶员在一定距离内，眼睛能辨明物体形象的能力，包括中心视力（远、近视力）、边缘视力（视野）、动态视力以及夜间视力（暗适应）。通常运用视力表来检查驾驶员视力，视力表由字母（如"E"）或其他大小不同的图形（如"C"）所组成，由观察者在一个标准距离处阅读，根据他的正确判断来测量视力，一般是以与平均视力的相对比例来表示。视力为 1.00 或 20/20，表明在标准距离即 20ft（1ft = 0.3048m）处看清楚字母或符号的能力，也就是说，观察者在 20ft 处能辨明一般人在这里辨明的物体；视力为 0.5（或 20/40）表示观察者在 20ft 处只能辨明一般人在 40ft 处能辨明的物体。

虽然驾驶任务对驾驶员静视力有一定要求，但是，大量的研究表明，静视力与交通事故的相关程度很低。一种更符合逻辑的方法是检查驾驶员的视觉环境，然后根据驾驶员的视觉系统来确定哪些视力和局限可能影响驾驶行为。表 4.17 所列为夜间驾驶员辨认距离的检查方法。

表 4.17　夜间驾驶员辨认距离的检查方法

物体的颜色	白	黑	乳白	红	灰	绿
能发现某种颜色的距离/m	82.5	42.8	76.6	67.8	66.3	67.6
能确认是某种物体的距离/m	42.9	18.8	32.1	47.2	36.4	36.4
能断定其移动方向的距离/m	19.0	9.6	13.2	24.0	17.0	17.8

（1）视力适应

视力适应是指人眼对周围环境亮度变化的适应过程，分为明适应（由暗处到明处）和暗适应（由明亮处进入暗处）。例如，由隧道外进入没有照明条件的隧道内大约要经历10s的暗适应时间。因此，在隧道入口处应设有缓和照明，以减少视觉障碍，或在路旁设立"隧道内注意开灯"的标志，以引起驾驶员注意。

（2）眩目

眩目俗称晃眼，指视野内有强光照射，颜色不均匀，使人的眼睛产生不舒适感所形成的视觉障碍。例如，夜间行车的驾驶员受到对向车的前照灯光的照射后会产生眩感，从而使视力下降。为了避免眩光影响，可采用将前灯用偏振玻璃做灯罩、使用双束光前照灯或者戴防眩眼镜。

与眩光有关的另一种现象是"消失现象"，即当某一物体因同时受到对向车与自己车灯照射，而在某一相对距离内完全看不清该物，呈消失状态。当双向车距约50m时，站在路中心线的行人一般会呈现消失现象，驾驶员将辨认不出行人。因此在黑夜横穿过马路时，站在中心处是很危险的。

（3）视野

两眼注视某个目标，注视点两侧可以看到的范围叫作视野。视野分静视野和动视野。随着车速的增加，驾驶员的注意视点前移、视野变窄（图4.21），只注意景象的中心而置两侧于不顾的现象叫作"隧洞视"。隧洞视的发生易导致道路催眠，使交通安全不利。因此在道路设计时，限制直线长度，加入曲线，强制促使驾驶员变换注视点，避免打盹肇事。

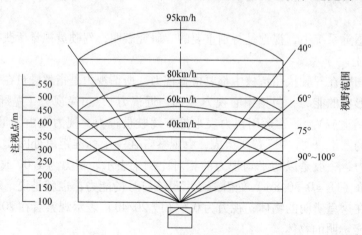

图4.21　不同车速时视野和注视点的关系

（4）视觉敏锐度和视差

1）视觉敏锐度：指分辨细小的或遥远的物体或物体细部的能力。

2）视差：是对外界事物的不正确的知觉。

（5）错觉

错觉可能是生理和心理原因引起的。当前的知觉与过去的经验相矛盾，或者思维推理上的错误，不同分析器提供的信号不一致等，都是造成错觉的原因。我们可以从错觉产生的机理出发，利用错觉为提高道路交通安全服务，下面举例加以说明。

图 4.22 所示为在弯道前 100m 涂上 V 形标线，然后在弯道上再使 V 形标线的夹角逐渐加大，使驾驶员在行车时有道路变窄的错觉，从而使其降低车速。试验表明：使用标线前，平均车速降低了 6.4km/h；使用标线以后，平均车速降低了 11.7km/h。

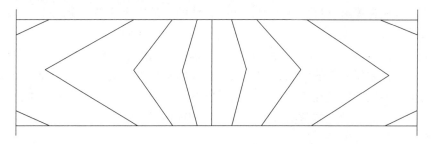

图 4.22　车道 V 形线

图 4.23 所示为从高等级公路驶入一般公路的交叉口前 400m 内，在环行交叉口的路面涂上由疏到密间隔不等的黄色横线，距环形交叉口越近横线间隔越小。当驾驶员看到这些黄线后，首先产生警觉刺激，随后降低车速并适应路面标线的视觉变化情况，把车速降到合理水平。

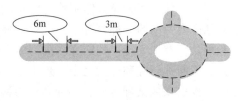

图 4.23　车道疏密横线

4.6　驾驶疲劳机理与评价

在事故统计中，影响驾驶员安全驾驶的因素包括驾驶疲劳、酒精中毒、驾驶经验等个别差异以及环境因素，这其中，驾驶员注意力涣散（驾驶疲劳）因素占据了驾驶员不安全驾驶的主要组成部分。

驾驶员注意力涣散（驾驶疲劳）引起驾驶效能下降，从而易导致交通事故。驾驶员不同精神状态对驾驶行为的影响见表 4.18。驾驶注意力不集中导致事故的形成过程为：大脑供氧不足→中枢神经疲劳→感觉下降、知觉迟钝→肌肉收缩的调节机能恶化→感觉刺激中断→认识迟缓、判断失误、操作失误→打瞌睡等→交通事故。因疲劳驾驶所造成的交通事故在交通事故总数中占有一定比例，国外统计资料表明，在乡村公路上所有单车事故的 14% ~ 24% 是由于疲劳所致；还有些学者给出了更高的估计，认为交通死亡事故的 35% ~ 45% 可归因于驾驶疲劳。

表 4.18　驾驶员不同精神状态对驾驶行为的影响

驾驶操作	注意力集中	注意力分散（疲劳）	注意力涣散（瞌睡）
控制车速	加速、减速敏捷	加速、减速时间较长，速度较慢	速度变换较慢，或者不变
行车方向控制	能迅速正确地做出判断并不断调节操作动作	不能及时迅速地做出调节性操作动作，甚至产生误操作	停止操作
车身操作	操作姿势正常，无多余动作	较多身体动作：揉搓颈、头，眨眼，伸懒腰，吸烟	睡眠，身体摇晃

4.6.1 驾驶员注意力涣散（驾驶疲劳）机理

疲劳是由于过度的体力或脑力劳动引起的一种复杂的生理现象，它是人体一种正常的生理活动规律，表现为瞌睡、精力不集中，同时人体的正常反应减慢，交感神经活动减弱，副交感神经增强。医学上没有给疲劳以明确的定义，因此，我们平时把疲劳、瞌睡、困倦等同为一个意思。严格地讲，疲劳是一种超过负荷或延长时间的脑力或者体力劳动引起的生理现象，而瞌睡是一种需要睡觉的状态，这种需要是人体本身不能抵制的一种状态。疲劳虽然是一个正常的生理现象，但是在驾驶员等特殊的群体中，就可能引起严重的后果，甚至危及生命，因此，对疲劳的监测是非常必要的。由于疲劳这种复杂的生理现象能引起人体的众多指标发生改变，因此，检测的方法也多种多样。

1. 驾驶疲劳的概念

医学上认为疲劳是人体困顿、倦怠的感觉，它通常是需要休息和放松的信号。任何从事脑力和体力劳动的人都会有不同程度的疲劳感觉。到目前为止，世界上对疲劳的定义在理论上和现象上都缺乏统一的定义。因为疲劳是一种复杂的生理、心理现象，其生理、心理机理还处于不断地研究和探索之中，理论上难以做定量的准确描述，现象上也因人而异。但是，疲劳表现出来的某种生理、心理和行为科学指标可以通过试验来测定，如用肌电图（EMG）来描述肌肉的疲劳现象，用脑电图（EEG）、闪光融合频率来描述脑力疲劳现象，用眼电图（EOG）来描述眼睛的视觉、视觉方向和眼睛疲劳，为测试疲劳提供了一些有益的方法。

从疲劳的产生原因看，主要分功能性和病理性两种。功能性疲劳又包括体力疲劳、脑力疲劳、心理（精神）疲劳和混合性疲劳4种。体力疲劳就是人们常说的"累了"，干活或运动时间较长或强度较大，都会产生累的感觉。当人体在持续长时间、大强度的体力活动时，肌肉（骨骼肌）群持久或过度收缩，在消耗肌肉内能源物质的同时，产生乳酸、二氧化碳和水等代谢产物。这些代谢产生的废物（乳酸、二氧化碳）被称为疲劳素，如在肌肉内堆积过多，就会妨碍肌肉细胞的活动能力。疲劳素进入血液并运行全身，会进一步刺激中枢神经系统，使人产生体乏无力以及不快的感觉，削弱了体力，并对工作失去兴趣，疲劳就产生了。脑力活动持续时间过久，也会产生疲劳。当人们用心看书或演算时间过长时，会感到头昏脑涨，记忆力下降，思维变得迟钝，这就是脑力疲劳。它产生的机制与体力疲劳相仿，是细胞活动所需的氧气和营养物质供不应求的结果，也是脑力活动中产生的疲劳素堆积造成的。病理性疲劳不在本书讨论的范畴内。

驾驶疲劳是脑力、体力同时参与的技术性疲劳。由于驾驶员动作反复、连续，且重复的次数太多，使其生理上、心理上发生某种变化，在客观上出现驾驶机能低落的现象。疲劳的表现可分为车身症状、精神症状和神经症状。身体症状表现在车身有倦怠、沉重、硬板的感觉，下车后弯腰感到困难，以及周身疼痛、手脚和小腿发胀等；精神症状表现为思考不周全、健忘、精神分散、焦虑、急躁等；神经症状主要表现在动作失调、脸部的其他肌肉颤动、手脚发抖、精神不振等。驾驶员疲劳时除表现有循环机能的变化、血液的变化、呼吸机能的变化、尿的变化、神经机能的变化、体温的变化等以外，在心理状态方面也会出现各种各样的变化。这些变化主要通过驾驶员的自觉症状和他觉症状反映出来。

心理疲劳也称为精神疲劳或心因性疲劳。它与体力疲劳和脑力疲劳不同，一般不是发生在驾驶过程之中，而往往在刚刚驾驶开始甚至还没有开始时，就表现出很累，不想活动，对驾驶失去兴趣，严重者会感到厌烦。有些驾驶员还没有驾驶就觉得周身乏力、四肢倦怠，甚至心烦意乱；有些驾驶员把手放在转向盘上，就觉得头昏、厌倦、打不起精神来等，这些都属于心理疲劳。因此，心理疲劳的人不是不能做，而是不愿意做。心理疲劳大都是由情绪的低落引起的，而且是常见的长期性疲劳。混合性疲劳，又名综合性疲劳，是指几种疲劳同时存在，最常见的有体力疲劳与脑力疲劳并存、脑力疲劳与心理疲劳并存。当然，体力疲劳也可与心理疲劳并存。其形成的原因较为复杂，因此，测评这种疲劳比较复杂。

驾驶员在行车过程中，车身负荷除了与一般的劳动有相同点之外，由于长时间精神高度集中，坐在一个座位上，动作受到一定限制，忙于判断处理车内外刺激信息，精神状态格外紧张，从而更容易出现驾驶疲劳。当驾驶疲劳出现后，注意力容易分散，严重时甚至困倦打瞌睡，无法正常接收和处理外界的信息，使驾驶操作失误或完全失去驾驶能力。这时候驾驶员最容易因为疲劳产生事故。

机动车驾驶员驾驶疲劳的测量和评价方法对驾驶员的要求是除了正确地操作控制车辆、了解交通法规、排除简单故障外，还应具有健康的车身，正常的生理和心理状态，以便能对路面及车辆出现的情况做出及时正确的反应。这里所指的驾驶疲劳特指驾驶员在连续行车所产生的生理、心理机能以及驾驶操作效能下降的现象，也就是正常的机动车驾驶员（年龄20~60岁，车身状况良好，有一年以上道路驾驶经验）由于车身状况、精神状态、连续驾驶时间过长等原因造成的不能对意外情况做出及时正确的反应或不能正常操作控制机动车辆的身体状态。这里主要从心理学、生理学、行为科学等几方面来阐述驾驶疲劳的机理。

2. 驾驶疲劳的心理学机理

机动车是现代社会的重要运输工具，它们在整个交通运输中占有举足轻重的地位。作为单个独立的社会人，驾驶员有思想、有感情、有个性，因此对机动车驾驶员驾驶疲劳应当从心理学角度分析发生的原因及其表现形式。

（1）驾驶疲劳的心理学分析

机动车驾驶是复杂的"人－车－路"闭环系统，在该系统里，驾驶员的心理状态会发生各种各样的变化。驾驶员的主要工作内容是驾车行路，但这驾车行路中包含着千头万绪的具体事情。当驾驶员一坐进驾驶室，车辆的各种仪表就呈现在他面前，各种操纵杆就包围在他身边，等待他操作。车辆起动后就产生了车和路的矛盾，路况限制着车速，车速制约了任务的完成进度。同时，在行驶过程中的会车、倒车、超车等的具体技术措施也需要驾驶员认真对待。此外，行车过程中车辆与行人的关系处理，车辆与其他障碍的关系处理，也需要驾驶员来执行。如此种种，使驾驶员处于各种事情的中心，立于各种矛盾的旋涡之中。与一般社会劳动不相同的是，驾驶员的劳动内容、层次异常丰富，并且内容是不断变换着的。

正是由于其复杂多样性，就更需要驾驶员随时做出准确的反应。一方面，行车过程中，驾驶工作内容繁多，外界信息千变万化，驾驶员很难准确捕捉信息和对情况事先做出正确的估计和判断，这就要求驾驶员提高技术的熟练程度和增强迅速接收及处理各种信息的心理承受能力。但是，人在面对复杂的劳动内容时，所能接收的信息和具有的心理承受能力总是有限的。就注意的范围来说，成年人在1s的时间内，一般能注意到4~6个毫无联系的孤立对象。在很短的时间内，眼球还来不及转动，因而人所把握的对象非常有限。在高速行车的过程中，信息的出现超过驾驶员所能接受和处理的临界线，这就要求驾驶员把车速控制在一定的范围内，与其接收和处理信息的能力相匹配。另一方面则应训练自己的心理承受力，以提高接收和处理信息的能力。一些研究表明，有些人注意的范围较大，有些人注意的范围较小，这除了部分先天原因外，更多的是后天劳动中长期训练的结果。本质上讲，驾驶疲劳的心理体现是相当复杂的，此研究范畴应该属于医学界的研究领域，尤其对于职业驾驶员，随着驾驶时间增加、行车路线的延长，必然造成其身心的疲惫，此时如果再驾车行路，势必会提高事故的发生概率。在疲劳状态下，其心理活动效能低下，感知判断容易出错，动作反应迟钝，容易导致车祸；分心的状态则会使驾驶员对车前的车辆及行人视而不见、充耳不闻，驾驶员处于高度警觉的应激状态，对刺激做出瞬间的迅速反应有困难。人的心理状态体现着人在从事某种活动时心理的激活程度与脑功能的积极性水平。驾驶员要想行车平安，就应注意随时调整自己的心理状态，确保自己在良好的心理状态下行车。

机动车驾驶员有流动性和连续持久性的职业特征。驾驶机动车的目的是将货物或人从一个地方运输到另一个地方。这两地相距可能是几千米，也可能是几百上千甚至几千千米。机动车驾驶员要完成运输任务，就需从一个地方转移到另一个地方，这就是流动性。流动性一方面表现为空间的不停变换，即车辆所经过的地方不同，路况不同，交通状况不同、路旁景物不同，有时天气也不同。这些不同要求驾驶员不断地调节自己的心理行为，以努力适应各种空间状态，在该过程中，驾驶疲劳更容易发生。流动性的另一方面表现为时间的不停流逝，这种时间流逝是在驾驶员连续不断的驾驶动作中发生的，这也就带来了机动车驾驶的另一个特点，连续持久性。这种持久的驾驶机动车，是一个连续不断的动作系列，驾驶员必须根据具体交通情况不断做出相应的动作反应。此外，时间随驾驶距离远近的不同而不同。机动车驾驶的流动性和连续持久性对驾驶员提出了较高的要求，因为机动车从一个地方转移到另一个地方，路途环境中存在着各种不可预料的情况，道路崎岖、弯道多、陡坡长、路面打滑、交通堵塞、行人拥挤、车况变差、制动突然失灵、雾大能见度低等情况，都会使驾驶员情绪紧张，注意力高度集中，从而耗费大量体力和精力。特别是长时间驾车，驾驶员眼睛疲劳、感知觉迟钝、身心机能状况降低，加之长时间以固定姿势就座，腰部血液流动不畅，就会产生酸胀的感觉。机动车驾驶具有独立性和风险性是因为操纵控制机动车通常是由一个驾驶员单独完成的，这就需要驾驶员有较充分的事先心理准备，以及在行车过程中要进行必要而合理的自我心理调节。

（2）驾驶疲劳的心理表现

1）对驾驶操作缺乏信心，主动性降低，或无法按驾驶操作规程要求继续行车。

2）注意分散，判断能力下降，注意分配不均衡并且转移速度降低，经常丢失重要的行车信息。

3）感觉器官的功能发生减退或紊乱，如视觉模糊、听力下降、判断迟缓。

4）驾驶动作不灵活，节律失调，动作的自动化程度减低。

5）记忆和思考能力下降，在过度疲劳情况下，往往会忘记操作技术规程，违反交通法规，甚至走错行车路线。

6）驾驶员的决心、耐性和自我控制能力减退，缺乏坚持不懈的精神，易于激动、急躁和开快车。

7）过度疲劳会在行车途中产生困倦，甚至打瞌睡。

3. 驾驶疲劳的生理学机理

（1）驾驶疲劳的生理学分析

从生理学角度来分析，疲劳大致分为肌肉疲劳和精神疲劳。

1）肌肉疲劳。驾驶员的驾驶动作需要肌肉群联合作用对外做功。当肌肉收缩做功时，其自身也发生非常复杂的生化反应。肌肉细胞中的三磷酸腺苷（ATP）发生分解，产生二磷酸腺苷（ADP）和磷酸，同时放出能量供肌肉完成机械活动而做功，这一过程不需要氧的参与，称为无氧代谢过程。

肌肉的ATP储备量很少，必须边分解边合成才能使肌肉的收缩活动持续下去，因此ATP一旦被分解，就要立即从其他物质吸取能量而重新再合成。当ATP消耗过多，以致ADP增多时，肌肉中的另一种高能磷酸化合物——磷酸肌酸就会立即分解为磷酸和肌酸，放出能量供ADP再合成ATP。但肌肉中磷酸肌酸的含量也很有限，只能供肌肉收缩活动短时间之用。体内真正的储能成分是糖、脂肪和蛋白质。它们不断分解，放出能量供ATP的再合成，以维持肌肉的继续活动。糖、脂肪和蛋白质的分解代谢取决于劳动时机体的供氧情况，当供氧充足时，糖和脂肪是通过氧化、磷酸化过程提供能量来合成ATP的，当供氧不足时，则主要通过糖的无氧酵解提供的能量来合成ATP，同时生成大量乳酸。这样，在工作的肌肉内便存在着一个能量释放、消耗和储存的动态平衡过程。如果对能量的需求太大超过合成能力，则这个动态平衡便会受到破坏，使糖元大量迅速消耗，乳酸集聚过多，从而引起肌肉酸痛，导致疲劳，甚至不能继续工作。乳酸必须与血液中的氧化合，才能变成水和二氧化碳。血液的功能在这里就是给肌肉提供氧，以转化产生的能源副产物，同时带走二氧化碳和水，这一过程称为有氧代谢过程。既然产生肌肉活动能量的反应过程并不依赖氧的参与，那么即使暂时供氧不足，也可以做功。因此，重要的是必须消除积累的乳酸。

由此可见，血液供氧是减轻肌肉疲劳程度或延缓肌肉疲劳发生的主要因素。因此必须创造条件，使供应肌肉的血液有效流量得以保持甚至增加。动态施力时，肌肉有节奏地扩张和收缩，相当于一个泵的作用，使血液流量大大增加。泵压作用将血液注入供血给肌肉的血管，帮助分解乳酸为二氧化碳和水。只要血液和氧供应充足，乳酸在肌肉内不产生积累，肌肉疲劳就不易产生。但在静态施力时，不发生血液泵压作用，肌肉很快缺氧，而且肌肉收缩使毛细管堵塞，容易形成缺氧。因此，设计作业时，应尽量避免施力过长，尽可能使肌肉的活动具有间歇性，以使血液通畅地通过肌肉，减少缺氧积聚的可能性，或使缺氧尽快得到补偿。

人的体格强弱不同，肌肉收缩产生的力的大小也不同，这种差异可用最大肌力来表示。所谓最大肌力，就是以某种方式用力所能达到的最大值，如最大握力、最大推力等。静态施力时，肌肉内供血受阻程度与肌力大小成正比。当用力达到最大肌力的60%时，血液循环几乎完全中断；当用力达到最大肌力的15%～20%时，血液循环基本正常。静态施力越大，肌肉内压力越大，当血液循环受阻时，肌肉就出现疲劳。当施力超过最大肌力的60%时，肌肉收缩的持续时间将小于1min，而当肌肉施力小于或等于最大肌力的20%时，就可延续相当长的时间。人在长时间作业以后，即使没有出现缺氧也会产生肌肉酸痛的疲劳感，这是由于乳酸分解物仍集结在肌肉内，没有被血液带走的缘故。通常，这种集结经过适当的休息就可以得到释放。但若休息不充分，又接着从事更多的活动，则将增加积累程度。久而久之，肌肉内的分解物积累过多，形成肌肉肿块和纤维物质，从而影响肌肉的正常收缩机能，严重时甚至会导致永久性损伤。

2）精神疲劳。精神疲劳主要表现为全身乏力、头晕、恶心、思睡或失眠、心情压抑、思维能力减弱及活动减少。若得不到休息，人们就会感到非常苦恼。这种感觉和口渴、饥饿一样，都是人类的一种保护性反应。人的大脑中存在两种神经组织，形成两个系统。一种组织的机能是增加大脑皮层的激活程度，形成活动系统；另一种组织的机能是降低大脑皮层的激活程度，形成抑制系统。大脑皮层的活动状态取决于活动与抑制两个系统的均衡情况，就好像天平一样。如果活动系统占优势，则人的机体处于对刺激的准备应答能力增强的状态，其生理表现为对周围事物和工作感到新鲜、兴趣浓厚和非常清醒；如果抑制系统占优势，则人的机体处于对刺激的准备应答能力减弱的状态，其生理表现为疲倦、思睡和思维活动减少。一个人在任何特定时刻的功能状态，均取决于这两个系统的活动水平，而处于从熟睡状态到警觉状态之间的某种状态。

产生驾驶疲劳的原因是多方面的，主要有驾驶员的睡眠情况、驾驶持续时间、驾驶动作单调枯燥、卫生条件、道路条件以及驾驶操作的人机界面设计不合理（如操纵踏板、转向盘及座椅的结构不合理）等。

在路况较好、交通情况简单的情况下，长途驾驶时容易产生疲劳，甚至打瞌睡。驾驶员连续开车、大脑中枢神经麻痹、困倦等是导致道路交通事故的主要原因之一。

（2）驾驶疲劳的生理学规律

1）生物钟节律。对于机动车驾驶员来说，其工作性质是十分警觉的，在什么时候驾驶，驾驶多长时间与其警觉水平、生物钟节律有密切关系。

研究表明，影响驾驶员疲劳和警觉的因素之一是一天当中的驾驶时刻。用录像记录驾驶员的状态，观察发现，从黄昏到黎明的过程中，驾驶员出现疲劳峰值；晚间驾驶（如午夜到黎明）时，驾驶行为变坏，一天当中的驾驶时刻能更好预测驾驶员警觉行为的下降。导致这些结果的原因可以从图4.24所示的人体昼夜觉醒水平的变化规律中得到很好的解释。图中显示了人体昼夜觉醒水平在上午10：00—12：00最警觉，黎明6：00警觉最低。机动车驾驶员从午夜到黎明时候驾驶容易产生疲劳，容易产生交通事故。

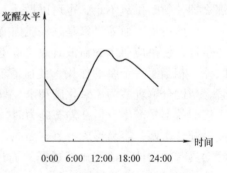

图4.24　人体昼夜觉醒水平的变化规律

机动车驾驶员执行任务时间（Time – on – task）与24h生物学节奏有明显的相依性。人体24h生物钟节律体现了人体昼夜觉醒水平，而Time – on – task总是在某一觉醒水平上，如果执行任务时间长，就可能使机动车驾驶员达到觉醒水平的低谷，从而产生疲劳，进而造成交通事故。

研究表明，若前一天的睡眠时间在4~5h或更少，而驾驶时间超过10h，则肇事率比较高。一般情况下，要求驾驶员一昼夜的睡眠时间应不少于7h。睡眠时间充足，但睡眠时间不当，或睡眠质量不高，也会引起疲劳，因为人的睡眠受其昼夜节律的影响。人在10：00—12：00的觉醒水平最高，而在深夜至凌晨时刻觉醒水平最低，人的这种昼夜节律是很难改变的。如果违反了人体昼夜节律，即使白天已经睡足，仍不能完全避免夜间行车时疲劳状态的产生。

2）睡眠与脑电图。驾驶疲劳是人体保护性的一种反应，它与睡眠有密切的关系，而研究睡眠最好的手段是脑电图（Electroencephalogram，EEG）记录仪。因此，有必要对睡眠和脑电图进行分析,用以揭示疲劳与睡眠的本质关系。

① 睡眠。长期以来,研究睡眠最主要的方法就是依据 EEG 的记录。进入睡眠后,EEG 波形会随着时间从异步变成同步,像潮汐般的变化。进一步研究表明,可以将 EEG 再分为 4 种不同的波形,即 stage1、stage2、stage3 和 stage4 4 个时期。每晚 8h 的睡眠中,大约有 5 次周期变化,每次大概 90min,即由异步的波形经周期性变化到达同步的波形,然后再回到异步的波形称为一个周期。当由 stage4 回到 stage1,而维持在 stage1 时,此时的 EEG 类似清醒的 EEG。这个时候常伴有眼和车身其他器官的一些自主反应,如所谓快速眼动(Rapid Eye Movement)、瞳孔放大、心跳加快、呼吸加速,有时有小规模的肌肉反射(Muscle Jerk),这时睡眠者被推醒后会报告有清晰的梦境出现,文献中称之为快速眼动睡眠(REM Sleep)。而在 stage4 时,EEG 表现为低波睡眠(Slow Wave Sleep),此时基本上没有清晰梦境。正常人在睡眠的最初期,低波睡眠出现时间较长,越是往后的周期,快速眼动睡眠出现的频次越多、时间越长。因此,睡眠的初期以低波睡眠为主,而后期则以快速眼动睡眠为主。在低波睡眠中,较难从睡眠中自我醒觉(Internal Arousal)。反之,快速眼动睡眠则较易自我醒觉。因此,低波睡眠可视为生理上比较深度的睡眠。但从外界刺激唤醒睡眠者的角度看,情况则相反,低波睡眠时,外界的刺激比较容易令睡眠者清醒,而快速眼动睡眠时则比较困难。因此从外界唤醒(External Arouse Ability)来说,快速眼动睡眠才属于较深的睡眠。

由此可见,所谓睡眠的深度本身,已经不能用一个单一的参数衡量。关于与睡眠有关的神经结构,即睡眠中心(Sleep Center)的研究是大多数引自 Merozzi 等在 19 世纪 50 年代后期所做的研究。他们发现在脑干网状结构(Reticular Formation)前端的作用可使动物维持醒觉,而脑干网状结构后端可使动物进入睡眠。例如,将麻醉剂注射到前端可使动物进入睡眠,而注射到后端可使睡眠动物进入清醒状态。近来的研究证明脑干中的缝际核和孤束核在睡眠中也起重要的作用。

② 脑电图。大脑皮层神经细胞放电可以被记录下来。在头皮表面用电极记录下的大脑神经细胞电活动称为 EEG。用手术打开颅骨,用电极直接在皮层表面引导的电位变化称为皮层脑电图。

EEG 的波形是多变的,根据频率可以人为地分为几种:0.5~3Hz 称为 δ 波;4~7Hz 为 θ 波;8~13Hz 为 α 波;14~30Hz 为 β 波。一般来说,频率慢的 EEG 幅度较大,频率快的幅度则较小。不同皮层区域易出现不同波形,如枕叶区 α 波活跃,β 波在额叶和顶叶较显著。EEG 波形与皮层功能状态有关,如人在清醒、安静并闭眼时出现 α 波,睁开眼后,α 波中断而出现快波。EEG 是皮层细胞电活动的综合变化。

皮层诱发电位(Cortical Evoked Potential)是由刺激某一部位而引起某些皮层细胞产生的电位,对研究外周与中枢的功能联系非常重要。但一般单个刺激引起诱发电位较弱,常"淹没"在正常 EEG 中,无法记录到,需采用信号平均(Signal Averaging)方法才能记录。这种方法是重复刺激某一部位并重复记录 EEG,然后将各次 EEG 叠加在一起,由于 EEG 波是随机出现的,每次可正可负,叠加起来可以相互抵消,只有刺激引起反应部位的波形规律性地出现,加在一起才被放大,因此可以显现出这种电位的变化。

以上讨论了睡眠和脑电图情况,而驾驶员的疲劳与睡眠有密切的关系。睡眠不足和睡眠时间不当都会引起驾驶疲劳。

正常良好的睡眠,可以调节生理机能,维持神经系统的平衡,是生命中重要的一环。睡眠不良、不足，都会使人头昏脑涨、全身无力。进而引发疲劳。由此可见，睡眠与驾驶疲劳的关系甚为密切。

通过图 4.24 人体昼夜觉醒水平的变化规律也可以看出，如果驾驶员睡眠的时间不适当，导致其在一天中觉醒水平较低的时刻进行驾驶工作，那么即使有足够的睡眠时间，也会容易疲劳。

驾驶员的持续工作时间过长是造成驾驶疲劳的主要原因之一。驾驶工作虽然不需要太强的体力劳动，但需要紧张的脑力劳动。当大脑在维持高度的觉醒水平时，就比车身的其他器官需要更多的氧。而长时间地连续行车，会使驾驶员脑部供氧不足，出现疲劳现象，并随连续工作时间的增加而加剧。交通事故发生率在持续驾驶 8h 后开始增大。其中，在第 8~10h 之间不太明显，但在此之后，驾驶员的疲劳感和发生交通事故的危险性都大大增加，在第 11h 后尤为明显。在不良的道路（如路况复杂的山区公路，或无交通标志、交通流量太大、路面铺装不良的道路）上行车，驾驶员要频繁地修正行车方向、换档以及进行其他驾驶操作，经常处于过分紧张的状态，这种额外的心理负担也会加速和加重驾驶员的疲劳。

此外，当单独在笔直、平坦、宽阔、人车稀少的干线公路上行车时，由于驾驶操作少，路边景色单一，耳中又响着发动机单调的声音，使人处于一种近似安静的状态，对驾驶员的刺激过少，容易陷入所谓的"驾驶单调感"和"感觉中断性幻想"，使驾驶员心理上疲劳，从而昏昏欲睡。在突然遇到险情时，驾驶员反应迟缓，甚至措手不及，极易发生事故。促使驾驶员产生疲劳的主要原因还有以下几种：不合理的道路照明、车身剧烈颠簸、座椅结构设计不合理造成的不舒适、进入驾驶室的废气等；驾驶室不通风、气温过高会使驾驶员产生睡意和疲劳；还有驾驶员出车前的情绪和体力状况也是产生驾驶疲劳的因素。

关于因睡眠导致的交通事故，有些学者给出了图 4.25 所示的瞌睡事故的时间分布。图中显示因瞌睡导致的交通事故数量在 10:00—12:00 时最少，大部分都在黎明 6:00 发生，说明机动车驾驶员从午夜到黎明时候驾驶容易产生疲劳，容易产生交通事故。这与图 4.24 中的人体警觉水平是契合的。

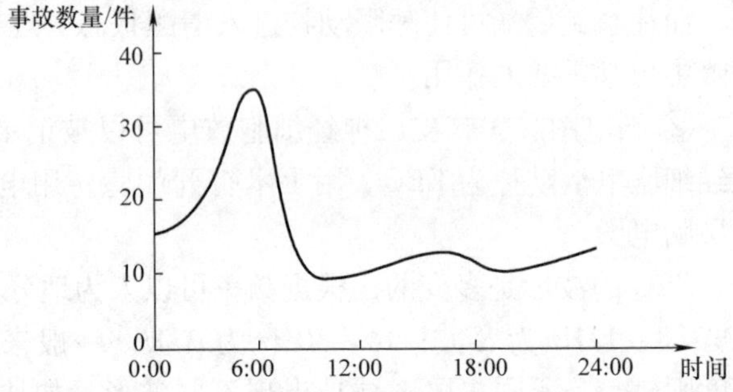

图 4.25　瞌睡事故的时间分布

4. 驾驶疲劳的行为科学机理

行为是个体对所处情境的一种反应系统，它是由一系列动作与活动构成的。在日常生活中，人的行为是复杂多样的。人的行为的产生不是无缘无故的，而是在具体环境中由一定的刺激引起的。所谓刺激就是指引起行为的各种情境因素。刺激既可以来自外部环境，也可以来自有机体内部。前者称为外部刺激，包括外界环境中的声音、光线、温度、气味，他人讲话内容、动作、面部表情等。后者称为内部刺激，包括有机体内脏器官的活动、机体内分泌腺或血液中化学成分的变化以及头脑中浮现的思想、观念和欲望等。人类的行为总是由一定的刺激引起的，它受刺激的制约。一定的刺激引发个体的需要，需要与诱因结合形成动机，动机促发行为，行为指向目标。目标达到后，个体需要得到满足，但此时人的行为并没有完全终止，又会在各种新的刺激作用下，产生新的需要，进而形成新的动机与行为。如此周而复始，连续不断。

行为与心理是两个彼此区别但又密切联系的概念。心理与行为有区别：心理是人头脑内部的观念活动，行为则是人的外部的车身运动或动作：心理是主观的精神活动，而行为则是客观的物质活动；行为是可以直接被观察的，心理是不能被直接观察的。驾驶员行车时，驾驶操作控制车辆的动作是驾驶行为，而驾驶员驾车时头脑中的所思、所想、所感等则是驾驶心理。

在行车过程中，驾驶员不仅要眼观六路、耳听八方，时刻了解各种随机的信息，而且要迅速、准确地对外界信息进行分析比较，考虑应采取的措施并迅速正确地进行操作，这就要求驾驶员的多种器官高度地协调配合。在这样复杂的情况下，驾驶疲劳更容易出现。行车安全需要在保持高度警觉的同时，加上客观的驾驶疲劳预警装置加以保证。

驾驶行为与交通事故有密切的关系，错误的驾驶行为增大了交通事故的危险，明确错误的驾驶行为将有助于对各种交通事故中人的直接原因进行准确的把握。因此，对驾驶行为进行分析是驾驶疲劳导致事故研究的一个重要内容。图4.26所示为驾驶疲劳导致错误的驾驶行为操作，进一步导致交通事故的示意过程。

由于种种原因使得驾驶员出现了疲劳症状，它会导致驾驶员眩晕、打盹，而眩晕、打盹使得驾驶员发生决策错误、知觉错误、操作错误。其中，决策错误主要有预测不准和判断错误；知觉错误主要有疏忽大意、精神恍惚、注意不当和视力下降；操作错误主要有动作不准确和方向控制不稳等错误。这些驾驶错误行为的发生，必将导致交通事故。

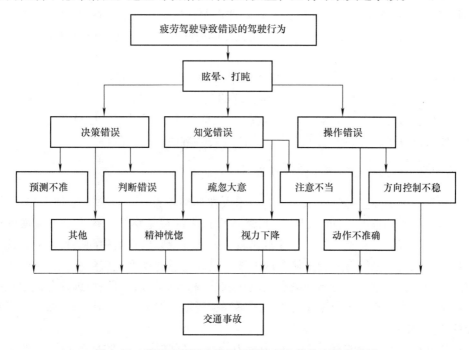

图4.26　驾驶疲劳导致错误的驾驶行为操作事故流程图

4.6.2　驾驶员疲劳机制

驾驶疲劳必然会产生注意分散，了解注意分散的原因有助于更好地理解驾驶疲劳产生的本质。关于注意分散的原因，有不少的理论假设，其中影响比较大的是过滤器论、选择论和

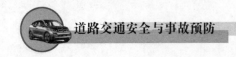

资源分配论。

1. 过滤器论

该理论的假设是：人的注意资源是有限的，个人注意的总量会随着环境的变化而变化；酒精与疲劳会减少注意的能量；可利用的注意总量等于被用去的注意能量的总和。面对众多的内外信息的刺激，人的这些有限的资源就无法有效地处理，于是人在处理信息过程中采取两个基本的策略——过滤信息和自动化。前者指人们面对众多的刺激，首先采取过滤的方法，只允许重要的信息进入，其他信息则忽略；后者指熟练地学会了一项操作，那就不需要花太多的注意。

2. 选择论

该理论认为注意不在于选择知觉刺激，而在于选择对刺激的反应。选择性注意发生在信息加工系统中枢部分，所有的输入刺激都得到完全的信息加工；过滤器位于识别和反应之间；输出（反应）是按其重要性来安排的，人对最新、最重要的刺激才会做出反应。重要性的安排依赖于信息内容本身、个人长期的倾向等。人们有一种按先后次序来知觉外界刺激的倾向：如果两个事件同时发生，被注意到的对象将被知觉为先发生。

3. 资源分配论

这个理论避开了注意选择机制在信息加工系统的具体位置问题，而从心理资源分配的角度来解释注意。注意的资源分配理论并不设想一个瓶颈结构（即存在于某个位置的过滤器），而是将注意看作是人类加工信息有限心理资源，注意只能在心理资源许可的范围内承担有限的任务。只要不超过已有的能量，人就能同时接收两个甚至多个信息输入，或者同时进行两种甚至多种活动。

上面这 3 个理论假设都建立在注意资源有限的基础上，但是这些理论无法解释"公路催眠"的现象。驾驶员在高速路上驾驶，其心理的负荷是很小的，因此他的注意能量并没有被耗尽，却很容易产生催眠效果。这时驾驶员的分心、打瞌睡并不是注意的资源不足，而是驾驶员心理负荷过小，外界的刺激太少，无法达到唤醒他们的刺激量。

4.6.3 驾驶员注意力状态检测和评价方法

注意力是一个神经生理学的概念，它表示人在仔细观察一个物体时精神力集中的能力。视觉注意力模型（Visual Attention Model）通过模拟人的视觉感知过程来对人观察图像或视频时注意力的分布进行建模，是一个能够比较有效表征视频内容的中间层特征。因此，我们提出了基于注意力模型的感兴趣区域提取方法，借助注意力模型生成的视觉显著性图来得到感兴趣区域的位置和大小，再结合既有的图像和视频分割算法，可以精细地分割出感兴趣区域。这种基于注意力模型的方法能对视频的感兴趣区域和对象进行有效的提取，以满足基于对象的视频编码的需求。

由于驾驶员工作环境的特殊性，对注意力分散（驾驶疲劳）的检测和评价的方法提出了特殊的要求。在驾驶过程中，驾驶员注意力分散的主要表现形式为驾驶疲劳，因而在目前的国内外研究过程中，对于注意力涣散程度的评价侧重表现为对于驾驶疲劳程度的测量。

驾驶疲劳的表征有生理、心理上的以及生理学表现形态等，按表征的监测方法和手段可分为主观和客观两类。利用这些方法和手段，国内外提出了很多驾驶疲劳的监测方案。现有的监测方案大多存在着标准不规范、准确率低、不能保证实时性和适用性的缺点，不能满足驾驶疲劳监测装置的实时性、准确性、实用性等要求。

1. 疲劳检测的方法

（1）主观检测

主观疲劳评价已经被诸多学者证明能够准确地反应研究对象的疲劳状况。由于驾驶员的疲劳状态主要是由于睡眠少所致，所以现有的关于疲劳主观评价的方法均与驾驶员睡眠有关。主观检测的方法主要依据睡眠习惯调查表和皮尔逊疲劳量表、疲劳量表等来测评驾驶员的疲劳程度，也可以通过主观调查表、驾驶员自我记录表来开展疲劳状态评测。

1）皮尔逊疲劳量表是最有代表性的主观调查，分为13级。驾驶员自我记录表对驾驶任务、驾驶习惯和驾驶时间等进行自我测评。睡眠习惯调查表用来检查驾驶员是否有失眠的情况，对疲劳程度和情绪进行自我评价。

2）疲劳量表-14（Fatigue Scale-14，FS-14）是由英国 Trudie Chalder 及 G. Berelowitz 等许多专家于1992年共同编制的。

疲劳一直是一个很难定义与描述的症状，尤其是疲劳的主观感觉方面。为了寻求对疲劳进行流行病学和症状学研究的更好的方法，Trudie Chalder 等人研制出了疲劳量表 FS-14，用来测定疲劳症状的严重性，评估临床疗效，以及在流行病学研究中筛选疲劳病例。

疲劳量表 FS-14 由14个条目组成，每个条目都是一个与疲劳相关的问题。根据其内容与受试者实际情况的符合与否，回答"是"或"否"。14个条目分别从不同角度反映疲劳的轻重，经主成分分析将14个条目分为两类，一类反映躯体疲劳（Physical Fatigue），包括第1~8共8个条目：一类反映脑力疲劳（Mental Fatigue），包括第9~14共6个条目。

（2）客观检测

客观检测的方法有两类。

1）利用人疲劳时的生理特征与疲劳的关系，通过检测这些生理特征来监测测试者的疲劳状态，如脑电图、眼电图、肌电图、呼吸气流（用鼻声传感器测量）、呼吸效果（用胸腔部传感器测量）、动脉血液氧饱和（用手指探针测量）时的体温（用红外线耳朵探针获取）、心电图（开车或睡眠时）、车身表征（如嘴部、眼部状态）等测量方法。尽管用这些方法测量出的结果比较准确，但一般在驾驶前后测量，结果是超前或滞后的。同时，在驾驶室内安装上述仪器也是不现实的。

① 检测驾驶员视网膜大小的 PERCLOS（Percentage of Eyelid Closure Over the Pupil Over Time）法，即眼睛闭合时间占某一特定时间的百分率。通过安装在驾驶员前方仪表板上的摄像头，获得驾驶员眨眼频率与眼部闭上时间的数据，作为判断驾驶员警觉程度的依据。PERCLOS 的 P80（单位时间内眼睛闭合程度超过80%以上的时间占总时间的百分比）与驾驶疲劳程度的相关性最好。

② 美国研制的打瞌睡驾驶员侦探系统（Drowsy Driver Detection System，DDDS）。该系统采用多普勒雷达和复杂的信号处理方法，可获取驾驶员烦躁不安的情绪活动、眨眼频率和持续时间等疲劳数据，用以判断驾驶员是否打瞌睡或睡着。该系统可制成体积较小的仪器，安装在驾驶室内驾驶员头顶正上方，完全不影响驾驶员正常的驾驶活动。

③ 其他测量方法和传感器：利用脉搏变化与疲劳之间的关系来监测驾驶员的精神状态；利用脑电图来检测疲劳，脑电图仪是测量睡眠的"金标准"，但是由于测量时需要在头上粘贴电极，不能投入实际的运用中，而作为对比时的标准；监测驾驶员嘴部的状态，利用其与

驾驶员精神状态的关系，达到检测疲劳的目的。

2）利用驾驶员驾驶行为与疲劳的关系，通过检测驾驶员的驾驶行为来监测驾驶员的疲劳状态。当前，利用驾驶员驾驶行为开发的驾驶疲劳监测系统主要有以下几种：

① 头部位置传感器（Head Position Sensor，HPS）。由 ASCI（Advanced Safety Concepts Inc）研制开发的用于计算驾驶员头部位置的传感器，通过头部位置的变化规律来判定驾驶员是否瞌睡。

② 转向盘监视装置（Steering Attention Monitor，S. A. M.）。一种监测转向盘非正常运动的传感器装置，适用于各种车辆。转向盘正常运动时传感器装置不报警，若转向盘4s不运动，S. A. M. 就会发出报警声直到转向盘继续正常运动为止。S. A. M. 被固定在车内录音机旁，转向盘下面的杆上装有一条磁性带，用以监测转向盘的运动。

③ DAS2000 型路面警告系统（Road Alert System）。一种设置在高速公路上用计算机控制的红外线监测装置，当行驶车辆经过道路中线或路肩标线时，该系统向驾驶员发出警告。系统已运用在三菱 Mitsubishi ASV-1 上，通过监测转向盘的控制与车辆行为来监控驾驶者的疲劳，在必要时以声音警示、芳香剂或座椅与转向盘的振动来警告驾驶员。

在疲劳检测技术方面的相关研究中，Fukuda 等人利用传感器检测转向盘转向角度和时间的关系，结果表明，当速度越快时需要越短的反应时间，当驾驶反应时间越长时表示驾驶员反应较不灵敏，计算机即判断驾驶员为疲劳状态。另外，Ueno 等人的论文中提到，目前正在发展中的报警系统根据检测技术的不同可分为以下五种：生理现象感应（如头部的倾斜、脑波、心跳、眼睛的眨闭等）；驾驶员的操作感应（如感应转向盘、节气门的变化）；车辆状态感应（感应车速、偏驶率等）；驾驶员的应答（定时地由驾驶员发出信息，如捷运或火车，每隔一段时间驾驶员需按下按钮通知控制中心）；行驶条件（如长途驾驶的货车规定每固定时长需休息一次）。

2. 评价方法的比较

疲劳检测方法的比较见表4.19。

表4.19　疲劳检测方法的比较

检测方法	性能						
	准确性	实时性	全天候	抗干扰	舒适性	集成度	实用性
脉搏	一般	高	高	一般	低	高	高
脑电图	46.30%	高	高	高	低	低	低
嘴部	一般	高	低	低	高	高	一般
头部位置	52.90%	一般	一般	低	高	高	一般
转向盘监视	低	一般	高	高	高	高	一般
反应时间测试仪	低	一般	高	一般	一般	低	一般
眨眼测试法	48%	一般	一般	低	高	一般	一般
PERCLOS	87.80%	高	高	高	高	高	高

从以上比较可以看出：主观检测方法中，标准因人而异，不能形成规范的标准，不易推广；同时，主观检测依赖驾驶员的自觉检查，可靠性较低。客观检测方法中，对驾驶员驾驶行为进行监测的方法准确率较低，更多的是作为其他检测方法的辅助手段。

同样，在以驾驶员的生理参数作为监测对象的方法中，EGG 等直接测量的方法准确率最高，可以作为其他检测方法结果的参考标准，但由于设备庞大、成本高的原因，不能实现车辆在线监测。目前试验表明，脉搏计、瞳孔计等方法准确性差、可靠性不强，还需要与驾驶员车身接触，舒适性不够。

在舒适程度（非接触式）上，HPS 和 PERCLOS 满足要求。如图 4.27a 所示，HPS 需要在驾驶室内驾驶员座位的上方和下方加装构成电容的监测部件，体积大，不方便安装，影响了车辆的有效乘坐空间，同时成本也较高。而基于 PERCLOS 的方案（图 4.27b）是通过监测红外光源下驾驶员的瞳孔图像来检测驾驶疲劳，只需要在驾驶室加装一个摄像装置。其安装方便，不会对驾驶员正常的驾驶行为造成影响，保证了系统的舒适性。由于采用的是主动红外光源，不受天气、时间等原因造成的驾驶室内光线变化和不足的影响，具有较好的全天候性和抗干扰性，同时 PERCLOS 的 P80 标准与疲劳有着很高的相关性，保证了系统的准确性。

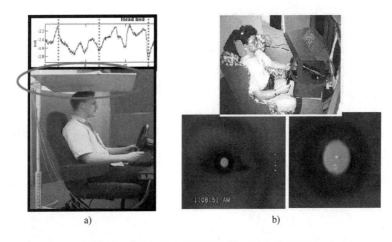

图 4.27　基于 HPS 和 PERCLOS 方案的装置图

所有的方法在不同程度上都可以反映驾驶员的疲劳，与其他监测方法相比，PERCLOS 的 P80 标准与疲劳有较好的相关性。因此，在 PECLOS 特征的基础上辅以人脸 T 型特征，通过统计学的分类器设计，能为驾驶员注意力监测提供更高的准确率；同时，基于 PERCLOS 的注意力监测方案是通过监测主动红外光源下的驾驶员图像，保证了系统的全天候性、抗干扰和舒适性（非接触），从而可以更好地监测驾驶员注意力。

思　考　题

1. 驾驶员的个性特征有哪些？
2. 简述自行车交通行为特性。
3. 什么是骑行者行为过程？
4. 自行车交通骑行者的心理特征有哪些？
5. 自行车交通流的微观交通行为特征与机动车、行人交通的差异有哪些？
6. 行人交通特征分析有哪些？
7. 简述行人交通行为产生机理。
8. 简述行人交通行为的影响因素。

9. 什么是注意？它的表征指标有哪些？

10. 什么是视觉探测？什么是知觉与知觉判断？

11. 什么是驾驶员的速度特性？

12. 影响距离感的因素有哪些？

13. 什么是刺激反应的和谐性？

14. 什么是菲特法则？它的具体运用有哪些？

15. 什么是转向修正？它的意义及运用有哪些？

16. 什么是驾驶适应性？有哪些具体的评价指标？

17. 什么是驾驶员的工作能力？

18. 如何利用视错觉的特征更好地为交通安全服务？

19. 简述疲劳驾驶机理。

20. 简述疲劳驾驶的行为特征。

21. 什么是疲劳驾驶？试谈疲劳驾驶与交通安全的关系及预防对策。

22. 简述驾驶员注意力状态检测和评价方法。

23. 什么是动态视力？动态视力与静态视力的关系怎样？动态视力与车速的关系是什么？

24. 驾驶员的制动反应操作过程一般分几个阶段？如何界定？

第 5 章 Chapter 5

交通安全系统分析

交通安全系统工程是指运用系统工程的原理和方法，对道路交通系统中的安全问题进行定量和定性的分析、评价和预测，并采用综合安全措施予以控制，使道路交通系统产生交通事故的可能性降到最低程度，从而达到系统最佳安全状态的技术和方法。

交通安全系统工程的任务包括安全系统分析、安全系统评价和安全系统管理等内容。通常从以下 3 个方面来开展关于交通安全问题的分析。

（1）事故预防方法

该研究方法主要用于避免交通事故的发生、减少交通冲突，是主要的改善交通安全的措施。该研究领域主要考虑人、车、路以及三者之间的关系，包括车辆安全设计、车辆维修和保养、道路设计、道路安全设施、交通参与者的安全教育等方面的内容。

（2）减轻伤害程度的研究

主要研究如何减轻既有交通事故造成的伤害，主要涉及车辆设计和道路交通控制中的安全性措施，包括安全气囊、驾驶室设计、道路应急管理系统的设计等。

（3）事故调查与分析

事故调查与分析有宏观和微观两种分析方法。前者用来对一类人、一座城市或一个地区发生的交通事故进行宏观的分析，而后者则是针对特定交通设施或某一地点（出入口、交叉口、特殊路段）等进行事故分析。微观分析可进一步分为事故再现研究（单个事故的研究）和事故多发点的研究。

道路交通事故分析的任务在于收集资料、查找原因、明确责任、采取措施，达到下列目的：

① 发现和识别汽车事故多发点的区域、交叉口和路段。

② 验证道路几何设计和交通工程设计的合理性。

③ 鉴定某些交通管理方法、交通法规、交通管理机构设置的合理性和实际效果。

④ 检验道路线形规划和城市交通规划以及交通控制装置的合理性。

⑤ 检验驾驶员培训、交通安全教育的效果。

⑥ 探讨事故成因以及诸项因素影响的严重程度，推测交通安全的发展趋势。

5.1 交通事故宏微观分析方法

从研究方法来看，国外对交通事故发生模型的研究多采用统计回归形式，如斯密德模型、Navin 模型等。这些模型缺乏对交通事故安全系统结构和事故发生机理的描述，不同自变量的回归模型掩盖了交通系统与社会经济发展等社会环境的关系。

统计回归方式用于交通安全分析存在的不足之处主要表现在：①要求大样本量；②要求样本有很好的分布规律；③计划工作量大；④可能出现量化结果与分析结果不符的情况。而我国积累交通安全管理数据的时间不长，安全类数据及管理数据比较缺乏，且交通事故量作为交通管理及执法部门的一个重要的考核指标，掺杂了一些人为的因素，故关于交通安全的统计数据不够准确，因此统计回归方法在实际工作中难以操作。

交通安全的分析方法很多（表5.1），在分析交通事故时，应根据具体情况，选用合适的方法，才能实现透彻、全面的分析。本节就一些典型交通安全分析模型进行简单介绍。

表5.1 常用交通安全分析方法

序号	分析方法	特　　点
1	统计分析法	能够直观、全面地反映交通事故原始状态，据此做出科学推理、判断，从而揭示交通事故总体的内在规律
2	分类法	经过分类，把性质不同的数据、资料及错综复杂的交通事故原因弄清楚，理出头绪，给人一种明确直观、规律性的概念
3	统计表格法	将统计分析的结果编列成各种表格，直观性好
4	直方图法	形象直观，用直方图进行交通事故统计分析，不仅可以反映出交通事故的变化和趋势，还可以比较出各种因素对交通事故的影响程度
5	坐标图法	有很强的直观性，一般用来表示交通事故中某一特征指标的发展变化过程趋势
6	圆图法	可以直观地看出各个分析项目所占比例的大小
7	事故分析图	用来分析交通事故在道路上的分布情况和事故多发地点
8	因果分析图	对分析交通事故的原因是适用的，它直观逻辑性强，因果关系明确，因此便于采取措施；它既可以对总体方面进行分析，也可以对单项原因进行分析，还可以对具体案例进行分析
9	排列图法	找出影响交通事故主要原因的一种有效方法
10	交通冲突技术	非事故统计方法，以大样本生成，快速、定量评价小区域地点交通安全的现状与改善措施的效果为特点

（1）斯密德公式

英国伦敦大学的斯密德（R. J. Smeed）教授于1949年根据他对欧洲20个国家的10余年交通事故调查结果，用回归分析的方法，得出交通死亡人数的非线性回归公式为

$$D = 0.0003\,(NP^2)^{1/3} \tag{5.1}$$

式中，D 为当年交通事故死亡人数；N 为当年汽车拥有量；P 为当年人口数。

该预测模型以一个国家的汽车保有量、人口数作为影响因素。Andreassen 认为斯密德公式仅分析了20个国家的有限数据，不能用于对任何国家、任何年份的交通事故死亡人数进行预测。该模型现在已经为客观事实所否定，因为该模型未能预测人类对维护交通安全、防止事故而采取的措施。

（2）伊·阿拉加尔公式

美国的伊·阿拉加尔通过对美国48个州的道路交通死亡人数的30多个相关因素的分析，选出影响较大的6个因素，然后用回归方程预测"百万辆汽车的事故死亡率 Y（死亡数/百万辆汽车）"。经实践检验，预测值与实际值基本相符。

$$Y = 0.5215X_1 + 0.8542X_2 - 0.2831X_3 - 0.2597X_4 + 0.1447X_5 - 0.1396X_6 \tag{5.2}$$

式中，X_1 为公路通车里程/总里程；X_2 为汽车经检验的数量；X_3 为道路面积/地区面积；X_4 为年平均温度；X_5 为地区内人平均收入；X_6 为其他因素。

（3）Oppe 的"学习心理学"模型

"学习心理学"模型可以表达为

$$R_t = e^{at+b}$$

式中，R_t 为第 t 年的车公里死亡率；t 为时间；a、b 为常数。

此模型采用了一种纵向比较法，用时间分析法得出的结果与所选取的基准年份和时间长度密切相关。随着所选取的基准年份与时间长度的不同，所得到的安全程度在纵向比较时会产生一定的歧义，因此模型中基准年份与时间长度的选择是一个很难回答的问题。

（4）丹麦模型

丹麦模型是一个微观模型，它建立了事故与交通量和路段长度的关系：

$$E(U_j) = aN_j^p L_j$$

式中，$E(U_j)$ 为路段 j 的事故预测值；N_j 为路段 j 的交通量；L_j 为路段 j 的长度；a、p 为回归常数。

（5）英国微观模型

英国根据调查曾提出非线性回归模型：

$$Y = \alpha X^\beta$$

式中，Y 为一年内每千米道路的事故次数；X 为路段平均日交通量或车千米数；α、β 为回归参数。

瑞典、日本等国根据国内的事故资料，也曾得到相应的回归预测模型。

（6）美国弯道事故预测模型

美国联邦公路局经过多年研究，于1992年提出了大量关于道路几何结构与交通安全之间的定量研究成果，涉及出入口控制、线型、横断面、互通式立交、交叉口、行人与自行车等。例如，在统计基础上对弯道交通事故发生量的定量描述，根据研究，可定量掌握各种曲线几何特性对交通事故的影响。为了分析弯道的交通事故，对华盛顿州10900处弯道建立了交通量、事故数量、几何构造等特性的数据库，并得出在弯道处预测事故发生的模型：

$$A = (1.552LV + 0.014DV - 0.012SV) \times 0.978W - 30 \tag{5.3}$$

式中，A 为5年间该弯道发生的事故总数；L 为曲线长（mile）；V 为5年间弯道的交通量（100万辆）；D 为曲率；S 为有无回旋缓和曲线（无，$S=0$；有，$S=1$）；W 为弯道处路宽，即车道和路肩的宽度（ft）。

式（5.3）表明，弯道交通事故数量与弯道曲率和曲线长有关，还与路宽、有无回旋缓和曲线和交通量有关。在弯道处设回旋缓和曲线可以大幅度降低汽车的横向滑动。1991年，FHWA 的研究证实了在曲线上设置回旋缓和曲线的安全效果。根据回旋曲线的曲率和中心角不同，可减少 2% ~9% 的交通事故，在弯道两端都设置回旋缓和曲线则可减少 5% 的事故。

（7）Navin 模型

Navin 模型是至今为止考虑较为全面的安全模型。Navin 等人首先研究了交通险阻 T、机动化水平 M、个人风险 P 之间的基本关系，同时又合并了基于 Koornstra 提出的部分思想，建立了关于交通险阻 T 的扩展模型（图5.1）。该模型揭示了上述3个参数之间的规律：在机动化早期，M 值较低，T 较高，个人风险 P 较低且呈上升趋势；在完全机动化时期，M 较高，T 较低，P 较高且呈下降趋势。在这两种情况中，存在一个单位人口死亡数的最大值。

除上面介绍的模型以外，还有 Trinca 模型、Koornstra 模型、Towill 模型等。这些模型都是从交通安全系统的一个侧面来反映问题，是 Navin 模型的重要参考，不具备 Navin 模型的全面性。

事故成因分析的原理主要有单事件原理、事件链原理、决定因素原理、多事件链原理和多线性事件序列原理等。基于多事件链原理的事故分析方法主要有故障树分析法（Fault Tree Analysis，FTA）、事件树分析法（Event Tree Analysis，ETA）和蝴蝶结分析法（Bow - tie Analysis，BTA）等，这里主要介绍 ETA 及 FTA 两种方法。

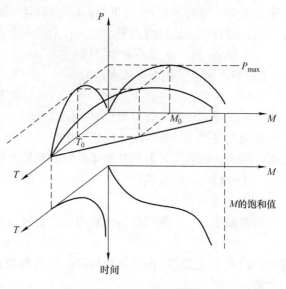

图 5.1 Navin 扩展模型

5.2 事件树分析法

事件树分析法（ETA）是安全系统工程中常用的一种归纳推理分析方法，起源于决策树分析（Decision Tree Analysis，DTA），它是一种按事故发展的时间顺序由初始事件开始推论可能的后果，从而进行危险源辨识的方法。这种方法将系统可能发生的某种事故与导致事故发生的各种原因之间的逻辑关系用一种称为事件树的树形图表示。它既可以定性地了解整个事件的动态变化过程，又可以定量地计算出各阶段的概率，最终了解事故发展过程中各种状态的发生概率。

在分析机理上，"事件树"认为不良人、机、环境因素的单独影响或相互作用都可能导致交通系统内部出现不期望发生或不受控制的事件，并且这些事件会在短时间内通过节点传递信息而发生连锁反应，引发另外一些无法预期的事件；而这些不受控制的事件单独作用或耦合影响，都可能直接或间接使系统性能或行为发生改变，致使其出现不安全的行为或状态，再经过特定时空转变，不安全的行为或状态将最终演变为交通事故。

从事件演化过程（图 5.2）可以看出，事件的演化是一个随时间推移而循序渐进的层次过程。

5.2.1 事件树分析的目的和特点

（1）事件树分析的目的

1）判断事故发生与否，以便采取直观的安全措施。

2）指出消除事故的根本措施，改进系统的安全状况。

3）从宏观角度分析系统可能发生的事故，掌握事故发生的规律。

4）找出最严重的事故后果，为确定顶上事件提供依据。

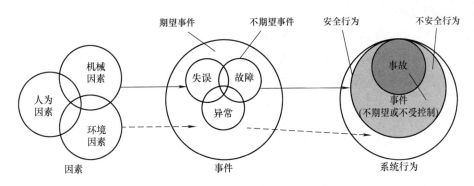

图 5.2　事件演化过程

注：实线箭头表示事故发生过程，虚线箭头表示实现并维持系统安全的方式或过程。

（2）事件树分析的主要特点

1）既可用于对已发生事故的分析，也可用于对未发生事故的预测。

2）在对事故分析和预测时，事件树分析法比较明确，寻求事故对策时比较直观。

3）事件树分析可用于管理上对重大问题的决策。

4）搞清楚初期事件到事故的过程，系统地图示出种种故障与系统成功、失败的关系。

5）对复杂的问题，可以用此方法进行简捷推理和归纳。

6）提供定义故障树顶上事件的手段。

5.2.2　事件树分析的基本原理

事件树是一种从原因到结果的过程分析，其基本原理是：任何事物从初始原因到最终结果所经历的每一个中间环节都有成功（或正常）或失败（或失效）两种可能或分支，将成功记为 1，并作为上分支，将失败记为 0，作为下分支；然后再分别从这两个状态开始，仍按成功（记为 1）或失败（记为 0）两种可能分析；这样一直分析下去，直到最后结果为止，最后即形成一个水平放置的树状图。

从事故的发生过程看，任何事故的瞬间发生都是由于在事物的一系列发展变化环节中接二连三的"失败"所致。因此，利用事件树原理对事故的发展过程进行分析，不但可以掌握事故过程规律，还可以辨识导致事故的危险源。

5.2.3　事件树分析的步骤

事件树分析通常包括四步：确定初始事件、找出与初始事件有关的环节事件、画事件树、说明分析结果。

（1）确定初始事件

初始事件是事件树中在一定条件下造成事故后果的最初原因事件。它可以是系统故障、设备失效、人员误操作或工艺过程异常等。一般情况下分析人员选择最感兴趣的异常事件作为初始事件。

（2）找出与初始事件有关的环节事件

所谓环节事件就是出现在初始事件后一系列可能造成事故后果的其他原因事件。

（3）画事件树

把初始事件写在最左边，各种环节事件按顺序写在右面；从初始事件画一条水平线到第一个环节事件，在水平线末端画一垂直线段，垂直线段上端表示成功，下端表示失败；再从垂直线两端分别向右画水平线到下个环节事件，同样用垂直线段表示成功和失败两种状态；依此类推，直到最后一个环节事件为止。如果某一个环节事件不需要往下分析，则水平线延伸下去，不发生分支，如此便得到事件树（图5.3）。

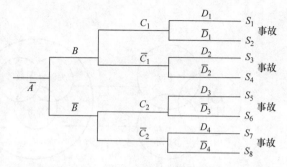

图 5.3　事件树的一般形式

（4）说明分析结果

在事件树最后面写明由初始事件引起的各种事故结果或后果。为清楚起见，对事件树的初始时间和各环节事件用不同字母加以标记。

5.2.4　事件树编制案例

在汽车旅客运输中是严禁旅客携带易燃品上车的，以确保旅客运输安全。但有的旅客违反规定携带易燃品，进站时未查出，将其带上汽车，这就可能引起火灾事故，造成人员伤亡和财物损失，但处理得当，也可以避免火灾事故的发生（图5.4）。

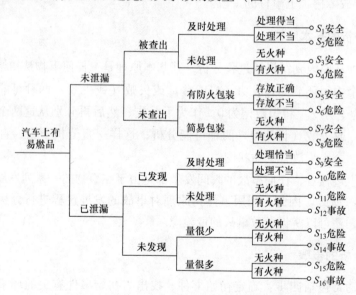

图 5.4　汽车上有易燃品引起火灾事故的事件树

5.3　事故树分析法

事故树就是从结果到原因描述事件发生的有向逻辑树，对这种树进行演绎分析，寻求防止结果发生的对策，这种方法就称为事故树分析法（FTA）。"树"的分析技术是属于系统工程的图论范畴，是一个无圈（或无回路）的连通图。

事故树分析是一种演绎的逻辑分析法，将结果演绎成构成这一结果的多种原因，再按逻辑关系构建，寻求防止结果发生的措施。

5.3.1 事故树分析的发展概况

事故树分析是一种演绎推理法，这种方法把系统可能发生的某种事故与导致事故发生的各种原因之间的逻辑关系用一种称为事故树的树形图表示。通过对事故树的定性与定量分析，找出事故发生的主要原因，为确定安全对策提供可靠依据，以达到预测与预防事故发生的目的。FTA 具有以下特点：

1）FTA 是一种图形演绎方法，是事故事件在一定条件下的逻辑推理方法。它可以围绕某特定的事故做层层深入的分析，因而在清晰的事故树图形下，表达系统内各事件间的内在联系，并指出单元故障与系统事故之间的逻辑关系，便于找出系统的薄弱环节。

2）FTA 具有很大的灵活性，不仅可以分析某些单元故障对系统的影响，还可以对导致系统事故的特殊原因如人为因素、环境影响进行分析。

3）采用 FTA 进行分析的过程，是一个对系统更深入认识的过程，它要求分析人员把握系统内各要素之间的内在联系，弄清各种潜在因素对事故发生影响的途径和程度，因而许多问题在分析的过程中就被发现和解决了，从而提高了系统的安全性。

4）利用 FTA 模型可以定量计算复杂系统发生事故的概率，为改善和评价系统安全性提供了定量依据。

5.3.2 事故树的基本结构

事故树的基本结构如图 5.5 所示。在事故树中，各事件之间的基本关系是因果逻辑关系，通常用逻辑门来表示。树中以逻辑门为中心，其上层事件是下层事件发生后所导致的结果，称为输出事件；下层事件是上层事件的原因，称为输入事件。

所要研究的特定事故被绘制在事故树的顶端，称为顶上事件，如图 5.5 中的 T。导致顶上事件发生的最初的原因事件绘制于事故树下部的各分支的终端，称为基本事件，如图 5.5 中 X_i（i = 1，2，…，6）所表示的事件。处于顶上事件和基本事件中间的事件称为中间事件，它们既是造成顶上事件的原因，又是由基本事件产生的结果，如图 5.5 中 A_i（i = 1，2，…，5）所表示的事件。

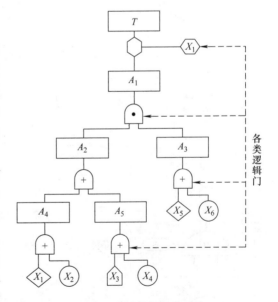

图 5.5 事故树的基本结构

5.3.3 事故树的符号及其意义

事故树采用的符号包括事件符号、逻辑门符号和转移符号三大类。下面仅将常见的符号予以介绍和说明（表5.2）。

（1）结果事件

结果事件是由其他事件或事件组合所导致的事件，它总是位于某个逻辑门的输出端。用矩形符号表示结果事件。结果事件分为顶事件和中间事件。顶事件是事故树分析中所关联的结果事件，位于事故树的顶端，它总是讨论事故树中逻辑门的输出事件而不是输入事件，即系统可能发生的或实际已经发生的事故结果。中间事件是位于事故树顶事件和底事件之间的结果事件。它既是某个逻辑门的输出事件，又是其他逻辑门的输入事件。

（2）底事件

底事件是导致其他事件的原因事件，位于事故树的底部，它总是某个逻辑门的输入事件而不是输出事件。底事件又分为基本原因事件（圆形符号）和省略事件（菱形符号）。基本原因事件表示导致顶事件发生的基本原因或不能再向下分析的原因或缺陷事件。省略事件表示没有必要进一步向下分析或其原因不明确的原因事件。另外，省略事件还表示二次事件，即不是本系统的原因事件，而是来自系统之外的原因事件。

表5.2　事故树的符号及意义

种类	符号	名称	意义
事件符号	（矩形）	顶事件或中间原因事件	表示由许多其他事件相互作用而引起的事件。这些事件都可以进一步向下分析，处在事故树的顶端或中间
	（圆形）	基本事件	事故树中最基本的原因事件，不能继续往下分析，处在事故树的底端
	（菱形）	省略事件	由于缺乏资料不能进一步展开或不愿继续分析而有意省略的事件，也处在事故树的底部
	（五边形）	正常事件	正常情况下应该发生的事件，位于事故树的底部
逻辑门符号	（与门符号）	与门	表示只有下面的输入事件都发生，上面的输出事件才能发生
	（或门符号）	或门	表示下面的输入事件只要有一个发生，就会引起上面的输出事件发生
	（条件与门符号 a）	条件与门	输入事件都发生还必须满足条件a，输出事件才能发生
	（条件或门符号 a）	条件或门	任何一个输入事件发生同时条件a也发生，上面的输出事件就会发生
	（限制门符号 a）	限制门	下面一个输入事件发生同时条件a也发生，输出事件就会发生

（续）

种类	符号	名称	意义
转移符号	△	转入符号	表示此处和有相同字母或数字的转入符号相连接
	△—	转出符号	表示此处和有相同字母或数字的转出符号相连接

（3）特殊事件

特殊事件是指在事故树分析中需要表明其特殊性或引起注意的事件。特殊事件又分为开关事件（房形符号）和条件事件（椭圆形符号）。开关事件又称正常事件，是在正常工作条件下必然发生或必然不会发生的事件。条件事件是限制逻辑门开启的事件。

5.3.4 事故树分析程序

事故树分析虽然根据对象系统的性质、分析目的的不同，分析的程序也不同，但是一般都按照下述基本程序进行。有时，使用者还可根据实际需要和要求来确定分析程序。图5.6所示为事故树分析的一般程序。

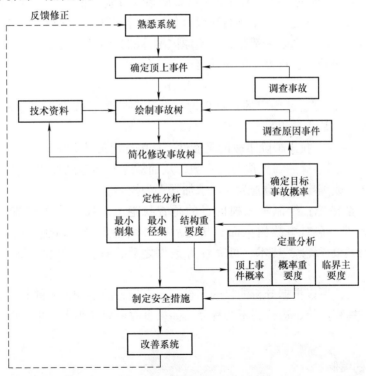

图5.6 事故树分析的一般程序

1）熟悉系统：要求全面了解系统的整个情况，包括工作程序、各种重要参数、作业情况；必要时画出工艺流程图和布置图。

2）调查事故：要求在过去事故实例、有关事故统计的基础上，尽量广泛地调查所能预想到的事故。调查事故包括分析系统已发生的事故，也包括未来可能发生的事故，同时也要调查外单位和同类系统发生的事故。

3）确定顶上事件：所谓顶上事件就是我们要分析的对象事件——系统失效事件。对调查的事故，要分析其严重程度和发生的概率，从中找出后果严重且发生概率大的事件作为顶上事件。

4）确定目标：根据以往的事故记录和同类系统的事故资料进行统计分析，求出事故发生的概率（或频率），然后根据这一事故的严重程度确定需要控制的事故发生概率的目标值。

5）调查原因事件：调查与事故有关的所有原因事件和各种因素，包括设备故障、机械故障、操作者的失误、管理和指挥错误、环境因素等，尽量详细查清原因和影响。

6）绘制事故树：这是事故树分析的核心部分之一。根据上述资料，从顶上事件开始，按照演绎法，运用逻辑推理，一级一级地找出所有直接原因事件，直到最基本的原因事件为止。按照逻辑关系，用逻辑门连接输入输出关系（即上下层事件），画出事故树。

7）定性分析：根据事故树结构进行化简，求出事故树的最小割集和最小径集，确定基本事件的结构重要度大小。根据定性分析的结论，按轻重缓急分别采取相应对策。

8）计算顶上事件发生概率：首先根据所调查的情况和资料，确定所有原因事件的发生概率，并标在事故树上。根据这些基本数据，求出顶上事件（事故）发生概率。

9）分析比较：要根据可维修系统和不可维修系统分别考虑。对于可维修系统，把求出的概率与通过统计分析得出的概率进行比较，如果两者不符，则必须重新研究，看原因事件是否齐全，事故树逻辑关系是否清楚，基本原因事件的数值是否设定得过高或过低等。对于不可维修系统，求出顶上事件发生概率即可。

10）定量分析：

① 当事故发生概率超过预定的目标值时，要研究降低事故发生概率的所有可能途径，可从最小割集着手，从中选出最佳方案。

② 利用最小径集，找出根除事故的可能性，从中选出最佳方案。

③ 求各基本原因事件的临界重要度系数，从而对需要治理的原因事件按临界重要度系数大小进行排队，或编出安全检查表，以求加强人为控制。

11）制定安全措施：绘制事故树的目的是查找隐患，找出薄弱环节，查出系统的缺陷，然后加以改进。在对事故树全面分析之后，必须制定安全措施，防止灾害发生。安全措施应在充分考虑资金、技术、可靠性等条件之后，选择最经济、最合理、最切合实际的对策。

在具体分析时，可以根据分析的目的、投入人力物力的多少、人的分析能力的高低以及对基础数据的掌握程度等，进行到不同程度。如果事故树规模很大，也可以借助电子计算机进行分析。

5.3.5 事故树的编制

1. 编制程序

（1）确定顶上事件

顶上事件就是所要分析的事故。选择顶上事件，一定要在详细了解系统情况、有关事故的发生情况和发生可能、事故的严重程度和事故发生概率等资料的情况下进行，而且事先要仔细寻找造成事故的直接原因和间接原因。然后，根据事故的严重程度和发生概率确定要分析的顶上事件，将其扼要地填写在矩形框内。

顶上事件也可以是已经发生过的事故，如车辆追尾、道口火车与汽车相撞等事故。通过绘制事故树，找出事故原因，制定具体措施，防止事故再次发生。

（2）调查或分析造成顶上事件的各种原因

顶上事件确定之后，为了编制好事故树，必须将造成顶上事件的所有直接原因事件找出来，尽可能不要漏掉。直接原因事件可以是机械故障、人为因素或环境因素等。

要找出直接原因，可以采取对造成顶上事件的原因进行调查，召开有关人员座谈会的方法，也可根据以往的一些经验进行分析，确定造成顶上事件的原因。

（3）绘制事故树

在确定顶上事件并找出造成顶上事件的各种原因之后，就可以用相应事件符号和适当的逻辑门把它们从上到下分层连接起来，层层向下，直到最基本的原因事件，这样就构成一个事故树。

在用逻辑门连接上下层之间的事件原因时，若下层事件必须全部同时发生，上层事件才会发生时，就用"与门"连接。逻辑门的连接问题在事故树中是非常重要的，它涉及各种事件之间的逻辑关系，直接影响着以后的定性分析和定量分析。

（4）认真审定事故树

画成的事故树图是逻辑模型事件的表达。既然是逻辑模型，那么各个事件之间的逻辑关系就应该相当严密、合理，否则在计算过程中将会出现许多意想不到的问题。

2. 事故树编制的注意事项

事故树应能反映出系统故障的内在联系和逻辑关系，同时能使人一目了然，形象地掌握这种联系与关系，并据此进行正确的分析。为此，建造事故树应注意以下几点：

1）熟悉分析系统。建造事故树由全面熟悉开始，必须从功能的联系入手，充分了解与人员有关的功能，掌握使用阶段的划分等与人员有关的功能，包括现有的冗余功能以及安全、保护功能等。此外，使用、维修状况也要考虑周全。这就要求广泛地收集与系统相关的设计、运行、流程图、设备技术规范等技术文件及资料，并进行深入细致的分析研究。

2）循序渐进。事故树的编制过程是一个逐级展开的演绎过程。首先，从顶上事件开始分析其发生的直接原因，判断逻辑关系，给出逻辑门；其次，找出逻辑门下的全部输入事件；再分析引起这些事件发生的原因，判断逻辑关系，给出逻辑门；继续逐层分析，直至列出引起顶上事件发生的全部基本事件和上下逻辑关系。

3）选好顶上事件。建造事故树首先要选定一个顶上事件，顶上事件是指系统不希望发生的故障事件。选好顶上事件有利于使整个系统故障分析相互联系起来，因此，对系统的任务、边界以及功能范围必须给予明确的定义。顶上事件在大型系统中可能不止一个，一个特定的顶上事件可能只是许多系统失效事件之一。顶上事件在很多情况下可以通过故障类型及影响分析（Failure Mode and Effects Analysis，FMEA）、危险预先性分析或事件树分析得出。一般考虑的事件有：对安全构成威胁的事件——造成人身伤亡或导致设备财产的重大损失（火灾爆炸、中毒、严重污染等）；妨碍完成任务的事件——系统停工或丧失大部分功能；

严重影响经济效益的事件——通信线路中断、交通停顿等妨碍提高经济收益的因素。

4）准确判明各事件间的因果关系和逻辑关系。对系统中各事件间的因果关系和逻辑关系必须分析清楚，不能有逻辑上的紊乱及因果矛盾。每一个故障事件包含的原因事件都是事故事件的输入，即原因－输入、结果－输出。逻辑关系应根据输入事件的具体情况来定，若输入事件必须全部发生时顶上事件才发生，则用"与门"；若输入事件中任何一个发生时顶上事件即发生，则用"或门"。

5）避免门与门相连。为了保证逻辑关系的准确性，事故树中任何逻辑门的输出都必须也只能有一个结果，不能将逻辑门与其他逻辑门直接相连。

5.3.6 事故树编制案例

1. 基于事故树的公路路段碰撞事故分析

碰撞事故多由于纵向间距不足和车速过快引发，图5.7所示为在此基础上建立的碰撞事故分析事故树。

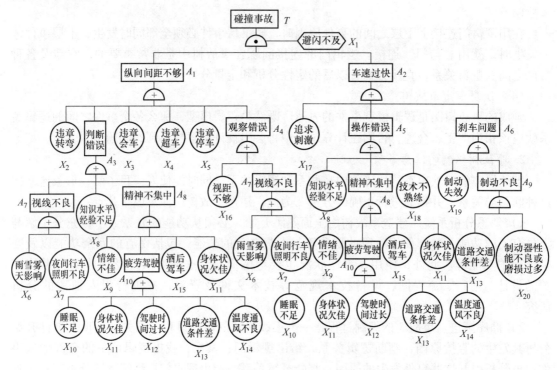

图 5.7　碰撞事故分析事故树

2. 翻车事故树分析

翻车事故是指车辆行驶时，由于驾驶员操作不当、车速过快、转弯半径过小、路面摩擦系数过小等因素引发的翻车。车辆紧急制动、制动不良、转弯过急都是侧翻事故的主要诱因，图5.8所示为翻车分析事故树。

当然我们还可以通过其他的方法来开展道路交通事故的分析，图5.9所示为基于人、车、路以及环境运用鱼骨图分析方法（Fish－bone Analysis Method）开展的车辆翻车事故因果分析。

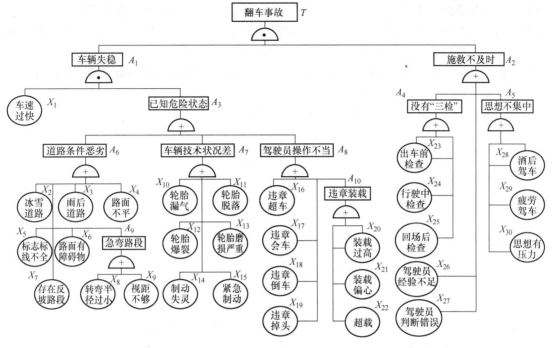

图 5.8 翻车分析事故树

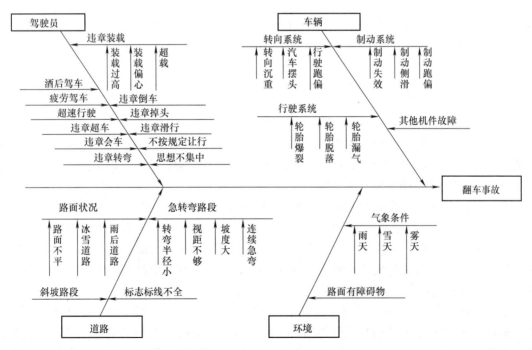

图 5.9 交通事故鱼骨图分析法

5.4 事故多发点鉴别分析

道路事故多发点的鉴别是道路设计、道路安全检核、交通运营管理、道路安全分析的重要内容，也是道路安全保障体系得以建立的基本保证。通过对道路事故多发点的鉴别，确定道路交通的微观特性与事故的关系，确定道路危险路段，以便提出解决方案，减少交通事故的发生，改善道路安全运营环境，提高道路整体交通安全性能。

道路上发生的事故按其空间分布特性可分为分散型分布和密集型分布两类。据统计，分散型分布的事故，其成因多与驾驶员的不安全行为，如超速行驶、强行超车、跟车过近、酒后驾驶、疲劳驾驶等有关。而密集型分布的事故则多与道路线形、交通设施和交通环境等因素，如急弯陡坡、视距不良、傍山险道、交通设施欠缺的路段和交叉口等有关。事故密集型分布的路段和交叉口，通常称为事故多发点。显然，事故多发点与公路设计有着非常密切的关系。但对于分散型分布的事故，其中有许多也受到公路设计的影响。由于公路设计提供给驾驶员的信息量不足或不符合驾驶员的视觉心理反应或者违反驾驶员的期望，导致反应时间增长，来不及处理突发信息或判断失误，最终操作失误而发生事故也是常有的。

目前，国内在该领域开展的研究较少。对于"事故多发点"缺乏科学的定义和判别标准，没有形成系统的分析治理方法，致使交通安全管理部门在实际工作中存在盲目性，缺乏科学性，难以取得预期的效果。

5.4.1 事故多发点定义

在全长同样安全的道路上，发生交通事故是一个偶然事件。如果忽略驾驶员的疲劳程度沿着行程的增加而增长的影响并假设车辆之间的安全性是一致的，则在个别路段之间的事故分布应当符合概率论的规律，这时，在道路的不同距离内通过100万辆汽车发生的事故数（100万车千米事故数）符合泊松（Poisson）分布。此时，在任一路段发生 K 起事故的概率可以用下式表示：

$$P_n(K) = \frac{Y^n}{K!}e^{-Y}$$

式中，Y 为1km路段上事故的平均数；n 为分布的参数。

在通常的协调水平（2.5%和5%）下，如果任一路段的计算事故概率 $P(K)$ 比实际发生的小，则该路段就受降低交通安全性的其他附加因素的影响，路段相对比较危险。当条件发生变化时，$P_n(K)$ 服从负二项分布。

事实上，道路交通事故在路网上的分布是不均匀的，这种不均匀性是由于路网之间的道路状况、交通设施、交通量、交通环境、地形地貌以及交通管理水平等的差异造成的。

在这里，我们将"事故多发点（Accident - prone Locations/Hazardous Locations/Black - spot）"定义为：在较长的统计周期（1~3年）内，路网或路段中某些地点发生的交通事故数量或特征与其他正常位置相比明显突出的道路位置（路段、区域或点）。

事故多发点的确定有两个基本的要素：① 确定"正常值"，通常来自于研究对象事故历史资料或相似道路的历史资料；② "突出（Overrepresentation）"特征的确定，不同的道路环境、交通特性显现出不同的"正常值"和"突出值"，道路交通的不同时期，其值也有所不同。在这种意义下，交通事故的多发点和数值是相对的，因此在进行分析研究时，应该根据道路交通发展的具体情况，建立开放的分析系统，全面地分析道路交通发展的情况，动态地确定道路的安全特性数值，这样才有助于有效地确定事故多发点。

美国运输工程学院编写的《交通运输工程手册》给出的事故多发点的定义中还做了相

应的方法上可操作的说明：对应某种算法得到的事故发生水平评定指标，明显地高于类似地点、类似交通状态下区域路网或路段上的平均指标。

5.4.2 常用道路事故多发点分析方法

各种多发点的鉴别方法（图5.10）各有其优缺点和适用条件。事故法的优点是比较简单直观，易于统计计算，但由于各类道路的交通特性、交通量差别很大，造成事故数以及其平均数相差悬殊，故其"正常值"指标的确定有一定的难度。目前国内交通管理实践中在确定"事故多发地段"时多依据该方法，以事故发生的绝对值为判断标准，该方法带有明显的人为的和区域性的特征，无典型意义，并不具有可比性，宏观操作上比较难以把握。事故率法考虑了交通资料，相对比较科学。作为上述

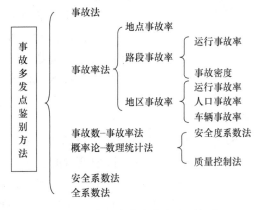

图5.10 常用事故多发点鉴别方法

两种分析方法的修正，事故数－事故率法综合考虑了事故法和事故率两种方法，对每一个研究的道路单元进行事故数和事故率计算，通过图示的方法确定两者的分布，可操作性强。概率论－数理统计法、安全系数法、全系数法需要完整的道路数据库和交通数据库，使用过程比较复杂。

质量控制法在美国的一些州得到了运用。该法以概率论为理论基础，将特定地点的事故率与所有相似特征地点的总事故率作比较，得出事故的临界比率 R_c。该法既考虑了事故数，同时又考虑了交通流量。

$$R_c = A \pm K \sqrt{\frac{A}{M}} \pm \frac{1}{2M}$$

式中，A 为同类型路段的平均事故率；K 为统计常数，取1.96（95%置信度）；M 为特定地点在调查期内的平均交通量（路段以亿辆计）。

除了上述介绍的分析方法以外，国外在道路事故多发点的领域开展还出现了一些经典的分析模型，如关于易出现事故弯道的判别模型（图5.11）。1983年，Glennon按照道路几何构造、交通量、沿线条件等因素，建立了判别高事故发生率的平面曲线回归数学模型，其表述为

$$D = 0.071257DC + 2.9609LC + 0.1073RR - 0.03516PR - 0.14504SW - 1.54544$$

式中，D 为判别得分；DC 为弯道的曲率；LC 为曲线长度（mile）；RR 为沿线障碍程度；PR 为路面抗滑程度；SW 为路肩宽度（ft）。

按此模型计算，拐弯急、曲线长、障碍物多、抗滑能力差、窄路肩等情况下，判别得分高，判别得分高说明在该处发生交通事故的概率高。该模型的判别精度，在事故发生率高的弯道为75.9%；在事故发生率低的弯道为60.2%；在全部调查区域内平均为69.1%，弯道事故发生率与判别得分的关系如图5.11所示。若判别得分为 +2，则事故发生概率为90%。

5.4.3 事故多发点分析方法的应用

在缺乏同类型道路交通管理数据因而无法开展事故发展水平的比较研究时，与其他方法相比，事故数－事故率法更具有技术上的可操作性和较好的工程运用背景。在具体操作时，可以根据已经掌握的道路或区域的交通管理数据，以平均事故数－事故率法为比较量，以区域内交通事故的平均值为临界点，开展事故多发点的鉴别工作。

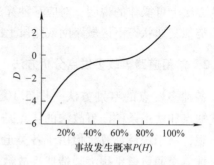

图 5.11 判别得分与事故发生概率的关系

该方法对每一个被研究的道路单元进行事故数和事故率计算，然后以事故次数为横坐标，以事故率为纵坐标，画出两者的分布（图 5.12）。整个坐标图可分为 4 个区：Ⅰ区为高事故数、高事故率区，为最危险区，据此，可以直观地判断不同路段的安全程度；落在Ⅱ、Ⅲ区时，则要对这些点进行进一步的分析和判断。

对于各个不同的研究对象，其临界点阈值（分界线）的确定是比较困难的事情，且随着区域、路段、交通条件等的变化而改变，"突出"点的描述需要开展相应的比较研究才能够确定。

（1）自动筛选原理

筛选的过程通过计算机来实现。由于质量控制方法、判别得分法等所需的数据结构复杂、数据量大，目前国内还不具备运用上述方法的条件，这里以事故数－事故率法为例，演示具体的筛选过程。

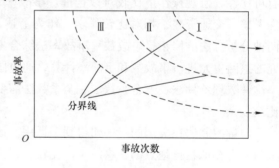

图 5.12 事故分析图

1）收集数据资料：收集 1～3 年的交通资料，包括交通流量、事故量，并确定事故与道路里程坐标的对应关系。

2）确定路段长度：指确定一个事故地点的路长，目的是使道路中最危险的部分暴露出来，路段长度太长或太短都可能忽略道路中的危险点。研究资料表明，路段长度通常取 0.5～5km 比较合适。在确定路段长度范围的同时，应该将桥梁、弯道、交叉口、陡坡、隧道等特殊道路结构划分在同一路段中。

3）确定筛选步长：仅以"路段长度"指标来划分路段并确定事故多发点有出现漏选的可能，因此在具体操作的过程中，要兼顾路段前后以及道路结构物等方面的具体情况并做适当的调整。在图 5.13 中，5、10……数字代表桩号 K 和 K_1 相对应的里程位置，用符号 "O" 代表在道路上发生的交通事故数 A。

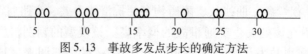

图 5.13 事故多发点步长的确定方法

4）确定筛选阈值：在具体的操作过程中，考虑到我国交通管理实施的客观情况，在事故多发地点确定程序设计过程中，通常以区域内道路交通事故的平均值为阈值，以此逐步甄别出事故低发地段，遴选出事故多发点。因此该值是相对的，并且随着时间的推移和交通状况的变化而不断变化。这样使该方法在目前的状况下具有可操作性，同时也对该设计提出了开放性特征的要求。

（2）道路事故多发点分析流程

道路事故多发点的自动筛选可以通过图 5.14 所示流程来开展。在运用该流程编制的计算软件时，要求提供以下数据：①历年事故数据（1~3 年）；②事故选择的规模（如公路类型、特征）；③根据事故频度或事故率排列的顺序。

通过该分析程序将达到以下目的：①确定事故多发点；②确定事故多发诱因；③提出解决方案（包括工程技术运用研究）；④对治理措施的实施效果进行评价。

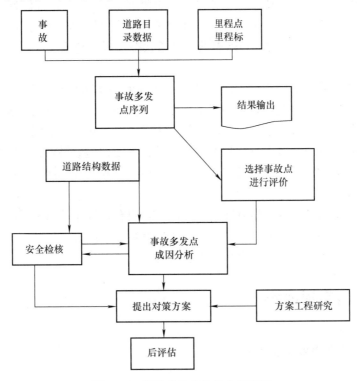

图 5.14　道路事故多发点分析流程

（3）工程运用

某国道 20km 的路段 1996 年的交通事故 A 值与桩号 K、K_1 的对应关系见表 5.3。从表中可以看出，位于 K264 和 K272 处形成两个事故高发点。该路段 K264 处建有立交桥，该桥形成向左倾斜的纵向"S"形弯道。该路段日均交通流量达 1.3 万~1.8 万辆，高峰流量达 1075~1078 辆/h。

表 5.3　某路段事故量与路段关系

K/km	0~4	4~8	8~12	12~16	16~20
A/起	5	19	16	6	13
K_1/km	255~259	259~263	263~267	267~271	271~275
A/起	19	11	53	13	86

表 5.4 为按事故数 – 事故率法方法得到的筛选结果报告。可以看出，路段 K263 ~ K267 和 K271 ~ K275 明显落在图 5.12 的Ⅰ区，属事故多发路段。

表 5.4 筛选结果报告

路段里程标/km	事故数/起	平均小时交通量/(辆/h)	运行事故率 R_T/(亿车·km)
263 ~ 267	53	625	9.68
271 ~ 275	86	625	15.7

对事故成因的分析，主要根据道路交通事故调查表，将该表的主要事故表述进行代码量化，以便于计算机处理。需要开展相关确认的参数主要包括以下各参量：①事故类型（单车、多车）；②道路线形（一般弯、一般坡、一般弯坡、平直）；③气候条件（恶劣和不恶劣）；④路面条件（良好、较差）；⑤车型（小汽车、轻型汽车/面包车、货车/大客车）；⑥事故时间（白天、夜间）。同时必须提供的交通状态参数还包括交通流量以及行驶速度等交通状态资料。

对上述交通事故状态的分析得到以下结论：在 K263 ~ K267 和 K271 ~ K275 路段，由于道路线形和恶劣的气候条件造成该段的多发事故状态。通过针对该事故多发地段开展的工程技术分析得知，该路段事故多发的主要原因是由于下雨时形成严重的积水，路段排水功能欠佳，适逢弯道外坡，导致路段上车辆附着系数过低，制动减速效果差，同时当车辆以高速运行时，产生的离心力过大，易于引发交通事故。对该路段开展针对性的改造后，取得了较好的效果。

该结果仅表明事故的诱因和地点突出特征的因素组合，程序结果不可能替代详细的实地研究和严格的工程判断，但在此基础上建立相关的专家系统以进一步开展事故多发地点的诱因研究，将对事故诱因的最终确认有重要的现实意义。

5.5 交叉口的交通冲突

5.5.1 定型交叉口交通事故模型

（1）洛巴诺夫模型

洛巴诺夫在分析平面交叉口处交通事故统计资料的基础上，考虑不同方向的车流量、转弯半径以及车流之间的交角，提出了确定交叉口交错点（分流点与合流点）处可能发生事故的计算模型：

$$g_i = K_i M_i N_i \times 10^{-7} \times 25/K_r$$

式中，g_i 为 i 种交错点处通过 1 万辆汽车时可能发生的交通事故数；K_i 为 i 种交错点交通事故严重性系数；M_i 为 i 种交错点外交叉的次要道路上的车流量（辆/天）；N_i 为 i 种交错点处交叉的主要道路上的车流量（辆/天）；K_r 为年交通量月不均匀系数。

同时提出了用 1000 万辆车通过交叉口所发生的道路交通事故数量来评价交叉口的危险度模型，交叉口危险度 K_a 可表述为

$$K_a = (g_1 + g_2 + \cdots + g_n) \times 10^7 \times k_r/25(M_r + N_r)$$

式中，M_r 为次要道路上的车流量（辆/天）；N_r 为主要道路上的车流量（辆/天）。

根据 K_a 值，将交叉口按照危险度等级分类；$K_a < 3$ 为不危险；$3.1 < K_a < 8$ 为稍有危险；$8.1 < K_a < 12$ 为危险；$K_a > 12$ 为很危险。一般来说，经验模型通常是在收集了典型交叉口大量统计数据基础上，运用统计学理论提出的数学模型，并提出指标的评价等级划分。该方法的优点是简明、直观、实用；不足之处是需要收集大量的统计资料，考虑的因素往往有局限性，不全面，并受当地交通条件、地域条件等影响较大，可移植性、通用性较差。

（2）交叉口模型

在对区域和路段预测的基础上，专家们对交叉口也提出了不同的预测模型。

Tanner 于 1953 年提出了平方根法则，用于无信号灯十字形交叉口：

$$A = \sqrt{\frac{Q_1 + Q_2}{2} \times \frac{Q_3 + Q_4}{2}}$$

式中，A 为交叉口事故数预测值；Q_i（$i = 1, 2, 3, 4$）为交叉口 4 个进口道的交通流量。

对于 T 形交叉口，Pickering、Hall 和 Grimmer 于 1986 年提出下列模型：

$$A = 0.24(QP)^{0.49}$$

式中，A 为在交叉口 22m 范围内的事故数预测值；Q 为主要道路进口道的流量（辆/天）；P 为次要道路进口道的流量（辆/天）。

对于环形交叉口，Maycock 和 Hall 于 1984 年提出了下列模型：

$$A = kQ^a$$

式中，A 为在交叉口 22m 范围内的事故数预测值；Q 为进口道的流量（辆/天）；k、a 为回归常数。

对于环内事故，$a = 0.52$，$k = 0.090$（英国环）或 0.017（普通环）；对于进环事故，$a = 1.58$，$k = 0.0025$（英国环）或 0.0055（普通环）；对于单车事故，$a = 1.20$，$k = 0.0068$（英国环）或 0.0164（普通环）。

（3）Mcdonald 模型

美国 Mcdonald 和 Webb 调查了加州的 150 个有分割带道路的交叉口的事故情况，建议用下列模型计算交叉口的事故数：

$$W = 0.000783 N_d^{0.045} N_c^{0.633}$$

式中，W 为一年内的交通事故次数；N_d 为主线的年平均日交通量；N_c 为交叉道路的年平均日交通量。

对于不设信号灯的交叉口，提出如下模型：

对于市区，车速接近 40km/h，有：

$$W = 0.030 X^{0.55} Y^{0.55}$$

对于郊区，车速一般为 40 ~ 72km/h，有：

$$W = 0.17 X^{0.045} Y^{0.38}$$

对于乡村，车速接近 72km/h，有：

$$W = 0.28 X^{0.50} Y^{0.29}$$

式中，W 为一年内的交通事故次数；X 为主线年平均日交通量的 1/100；Y 为交叉道路年平均日交通量的 1/100。

上述非线性回归模型解决了事故数据不足的问题，只要知道主线的年平均日交通量和交叉道路的年平均日交通量，根据回归模型即可预测交叉口事故数，并可对交叉口进行快速评价；不足之处在于缺乏逻辑上的合理性，因为事故数与年平均日交通量虽然有统计上的相关性，但并没有逻辑上的因果关系，只有不同类型的事故与相关交通流（如追尾事故与同向交通流）才有逻辑上的因果关系，所以该方法适用范围较小，有较多约束条件。

5.5.2　交通冲突方法

交通冲突技术（Traffic Conflict Technique，TCT）自 20 世纪 50 年代开始在美国应用。1967 年，Perkins 和 Harris 最早进行了系统开发与应用，其最初目的是调查通用汽车公司的车辆在驾驶时是否与其他车辆一样。该方法很快被一些交通安全组织应用于预测评价交叉口潜在事故数和鉴别系统缺陷。1970 年以后，该方法被加拿大和一些欧洲国家使用。1977 年，在挪威的奥斯陆举行了第一届国际交通冲突技术会议；1979 年，在法国巴黎举办了第二届国际交通冲突技术会议，以后陆续在瑞典、比利时等国家也相继举办了多届国际会议，并出版了国际交通冲突会议论文集。目前，交通冲突技术在世界许多国家得到广泛应用，成为国际上用于定量研究多种交通安全（特别是地点安全）问题及其对策的重要方法。图 5.15 所示为交通冲突产生的过程。

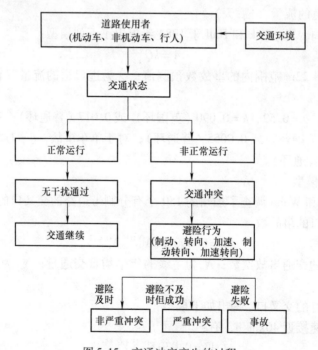

图 5.15　交通冲突产生的过程

该评价方法的缺陷主要有评价周期过长、事件统计不完善、事件的发生具有随机性、不易观测等。

1. 主要研究成果及结论

1）美国 W. D. Glouz 等在 1982 年对大堪萨斯城地区（The Greater Kansas City Area）46 个信号与非信号交叉口的事故与冲突进行调查，将事故和冲突分为 12 种类型，建立了如下模型：

$$A_0 = C_0 R$$

$$\text{Var}(A_0) = \text{Var}(C)\text{Var}(R) + C_0^2\text{Var}(R) + R^2\text{Var}(C)$$

式中，A_0 为期望事故率；C_0 为期望冲突率；R 为某类型交叉口事故/冲突率估计。

各类型冲突与同类型事故有较好的相关关系，使用模型预测的事故值与实际事故值相差很小，证明交通冲突技术是有效的。当事故数据不足或不尽可靠时，可以用冲突法对交叉口的安全度进行快速评价。

2）Charles V. Zegeer（美国肯塔基州运输署）等在 1976 年应用冲突技术评价信号交叉口绿灯信号延时系统（Green – phase Extension System）的有效性，在交叉口安装了这种系统后，冲突减少了 62%，事故减少了 54%。

3）Brian L. Allen（Mcmaster 大学）等通过对交通冲突和碰撞产生过程的分析，对交通冲突技术进行修改补充，提出后侵时间（Post Encroachment Time，PET）的概念，以 PET 判断交通冲突，最后得出结论：交通冲突技术确实能为交通工程师提供可靠的交通事故预测和评价工具。

4）Ezra Hauer 等（1984）论述了交通冲突技术的有效性，包括有效性的定义和研究方法，结果显示交通冲突技术是有效的；他们分析比较了点估计法和极大似然估计法在估计事故冲突率时的差别，认为极大似然估计法效果较好，与实际值较接近。

5）Perkins（1969）与 Baker（1972）指出，交通冲突技术能够提供一种研究公路上特定地点潜在事故问题的方法。

6）Amundesen 与 Christ Hyden 认为，交通冲突技术是为研究城市交叉口问题而开发的，冲突法是较好的事故评价法的替代方法。

7）英国道路交通研究所提出根据广义的冲突定义不可能找出冲突与事故的关系，但严重冲突与事故密切相关，提出可用冲突法作为研究交叉口交通安全的快速方法。

8）瑞典通过试验发现受伤事故与交通环境、交通量及车辆有关；可用交通冲突技术评价交通安全措施的效果及交叉口重新改造的效果。

9）S. P. Bindra 等通过对科威特 6 个主要环形交叉口的交通冲突研究，应用逐步回归分析方法分析各种冲突类型、各环行交叉口的几何与交通流参数之间的内在相关性，开发一系列冲突预测模型用于环行交叉口的设计与评价。Van Den Hondel 等发现，利用车辆冲突数和已有的事故数可预测出新事故数，同样，利用冲突数也能找出事故隐患点。

在第二届国际交通冲突技术会议上，与会专家们公认交通冲突技术是深入分析事故集中地点的诊断工具，是鉴别事故多发点重要的可行手段；交通冲突技术应用于事故多发点前后比较研究有较好的效果，应用于交通安全的评价也能得到满意的结果；交通冲突技术是为特定公路使用者如行人、驾驶员、儿童提供预知危险状态的可靠方法。

2. 利用冲突技术的交叉口评价方法

交通冲突技术是依据一定的标准，对冲突发生过程及严重性程度进行定量测量与判别，并应用于交通评价的技术方法。它是一种非事故统计评价方法。该技术以大样本生成，快速、定量评价小区域地点交通安全的现状与改善措施的效果为特点，完全不同于传统的事故统计评价方法。

交通冲突的定义有两种，一种以美国为代表，其定义为交通冲突是驾驶员的躲避行动或交通违章。躲避行动是由制动灯显示表明的车辆制动和由车道改变表明的原定行驶方向的改变。另一种以欧洲国家为代表，其定义为交通冲突是交通行为者发生相会、超越、追尾等交通遭遇时，有可能导致发生交通损害危险的交通现象。

根据不同的分类方法，交通冲突具有以下种类：①按测量对象的运动方向，可分为左转弯冲突、直行冲突和右转弯冲突；②按发生冲突的状态，可分为正向冲突、侧向冲突、超车冲突、追尾冲突和转弯冲突；③按冲突的严重程度，可分为严重冲突和非严重冲突。

（1）交通冲突技术在交叉口评价中的具体应用

1）危险度方法。其表达式为

$$危险度 = \frac{实际危险量}{危险量}$$

$$危险量 = [冲突机会数 \times (事故数/冲突机会) \times 冲突动能]_{追尾} + [冲突机会数 \times (事故数/冲突机会) \times 冲突动能]_{左转}$$

$$实际危险量 = (事故数 \times 冲突动能)_{追尾} + (事故数 \times 冲突动能)_{左转}$$

这里只考虑了最常见的左转冲突和追尾冲突。根据信号灯配时、流量和车头时距的分布规律，可以计算出各自的冲突机会数；根据车辆组成和车速可以确定各自的冲突动能。基于危险度的交叉口服务水平等级划分见表5.5。

表5.5 基于危险度的交叉口服务水平等级划分

服务水平	总危险度	服务水平	总危险度
A	<0.1	D	0.51～0.70
B	0.11～0.30	E	0.71～0.90
C	0.30～0.50	F	>0.91

当交叉口的几何尺寸、信号配时、信号相发生改变时，这种基于安全的服务水平并不会发生很大变化，与基于延误的服务水平并不一致。

2）概率方法。概率方法的主要步骤如下：

① 选择研究的交叉口，对交叉口交通流量、交通冲突进行观测。

② 对交叉口每天冲突观测值进行分组（根据冲突值的离散程度确定分组间距），计算每组冲突值的 Gamma 概率分布和累积概率分布值。

③ 一般来说，90%以上的可信度足以满足精度要求，因此，根据当地政策、经济能力和工程分析需求等因素，取概率分布函数的90%分位值 C_{90} 或95%分位值 C_{95} 作为冲突值异常与否的判断标准。

④ 评价同形式交叉口安全度时，如果某交叉口冲突观测值小于 C_{90} 或 C_{95}，则认为该交叉口安全；否则，认为该交叉口交通安全状况发生了显著的变化，需要加以治理改造。根据冲突观测值大小，还可以估计出每一交叉口的安全程度。

此方法实际上是冲突技术与质量控制法的结合。

（2）交叉口安全评价方法

根据对交叉口交通安全评价方法的分析，可将交叉口安全评价方法综合为两类：以事故为基础的直接评价方法和非事故间接评价方法。当有足够的事故记录且记录比较可靠，并且一定时期内交通系统没有大的变化时，以事故为基础的直接评价法具有明显的优点：

1）评价指标具有逻辑上的合理性。由安全定义可知，事故是显性因素，以事故为基础的安全评价指标直观，具有较强的说服力。

2）评价精度较高。利用相当长时间收集到足够的事故数据和其他影响因素的详细数据建立模型，事故预测结果一般比较精确，用于评价时，也能得到较高的精确度。

但是，以事故统计为基础的安全评价指标在实际操作时，常常会出现不便。大量事实表明，以事故为基础的直接评价方法可信度小，这是由于事故所具有的不可克服的统计缺陷造成的：

1）评价周期长。交叉口的总事故数很少，单个交叉口平均事故发生次数更为稀少，如果样本量达不到一定的要求，评价的可靠性就比较差。若要对交叉口或交叉口的改善措施的效果做出科学评价，必须有较长的事故统计周期才能保证其统计的信度，一般至少要 1~2 年时间，这会大大降低工作效率。即使经过很长时间收集到足够多的较精确的事故资料，交通系统可能已经发生了变化，所以也很难保证结论的可靠性。

2）事故统计不完善。在我国仅有少数城市和地区有较完整的资料，大部分地区交叉口事故统计不完整。由于存在事故定义、事故统计规定、事故立案管理、事故统计管理等方面的限制，使得大量事故被漏掉，不能列入统计之内。据调查估计，重大以上交通事故未报案率为5%以下，一般事故未报案率约为20%，轻微事故未报案与未记录率约为70%，因此统计的事故主要是针对损伤事故类型。

3）事故发生的随机性致使评价结果比较不可靠。瑞典的研究证明：事故样本的随机性将导致统计抽样误差偏大，并产生统计学的回归影响，在大多数情况下将出现事故发生数大于其数学期望的现象。

思 考 题

1. 何为交通安全分析？主要包括哪些内容？
2. 选择安全分析方法时应注意哪些问题？
3. 试用统计图表分析法对交通事故发生原因进行分析。
4. 安全检查表的作用及优点有哪些？尝试结合运输实例编制安全检查表。
5. 简述事件树分析方法，并结合实例编制事件树。
6. 预先危险性分析的目的及程序是什么？
7. 什么是故障、故障类型和影响分析？
8. 如何进行事故树的定性分析和定量分析？两种方法之间有何内在联系？
9. 尝试结合运输事故实例编制事故树，并求出最小割集和最小径集。
10. 结合实例绘制事故树，假定基本事件发生概率已知（可根据基本事件发生概率进行大致估计），试计算顶上事件发生概率。
11. 某事故树有最小割集：(X_1, X_2)、(X_2, X_3, X_4)、(X_4, X_5)、(X_3, X_5, X_6)，设各基本事件的发生概率为 $P_1 = 0.05$，$P_2 = 0.03$，$P_3 = 0.01$，$P_4 = 0.06$，$P_5 = 0.04$，$P_6 = 0.02$，试用各种近似算法计算顶上事件的发生概率（精确到 10^{-6}）。
12. 求上题事故树图中各基本事件的结构重要度、概率重要度和临界重要度。
13. 事故多发位置的定义是什么？从交通安全工程和安全管理角度，事故多发位置可分为哪几种？
14. 简述事故多发位置的鉴别方法有哪些并比较其特点。

第 6 章 Chapter 6

交通安全评价

　　道路安全问题既是技术问题，也是社会问题。评价一个国家或一个地区的道路安全状态，必须从该地区的交通基础设施状况出发，综合分析经济发展及区域文化教育等各种与道路安全有关的社会因素和技术经济因素。道路安全性评价可以从宏观和微观两个层面进行。

　　道路安全宏观评价的主要目的在于分析随着区域的社会变革、经济和技术的发展，道路安全状况的变化，研究区域经济、车辆保有量、人口及其构成与道路安全（道路事故率）的相互关系，并在此基础上制定宏观的技术和政策方面的道路安全性改善对策。不少国家将宏观层面上的道路安全问题列入国民健康范畴进行研究。

　　道路安全微观评价则是从不同的角度分析影响道路安全、产生道路交通事故的各种具体因素，为改善道路安全状况制定技术与政策措施。对于道路与交通工程领域的工程技术人员，则着重研究道路、交通环境因素与道路事故的关系，以指导道路安全设计。但由于影响道路安全的因素很多，相互有交叉，因而还必须从其他角度考虑安全问题（图6.1）。

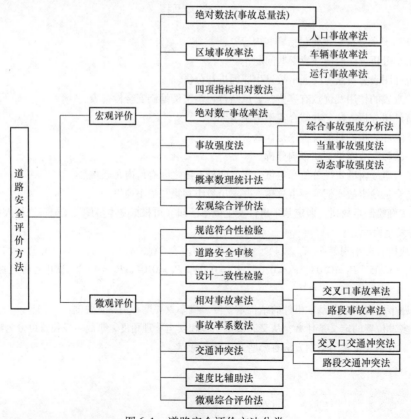

图6.1　道路安全评价方法分类

6.1 安全评价的目的和意义

安全评价（也称为风险评价）是以实现系统安全为目的，应用安全系统工程的原理和方法，对工程、系统中存在的危险、有害因素进行识别与分析，判断系统发生事故和危害的可能性及其严重程度，提出安全对策建议，从而为系统制定防范措施和管理决策提供科学依据。

6.1.1 安全评价的目的

安全评价的目的是查找、分析和预测工程、系统存在的危险、有害因素及可能导致的危险、危害后果和程度，提出合理可行的安全对策措施，指导危险源监控和事故预防，以达到最低事故率、最少损失和最优的安全投资效益。安全评价可以达到以下目的：

1）提高系统本质安全化程度。通过安全评价，对工程或系统的设计、建设、运行等过程中存在的事故和隐患进行系统分析，针对事故和隐患发生的可能原因事件和条件，提出消除危险的最佳技术措施方案。特别是从设计上采取相应措施，设置多重安全屏障，实现生产过程的本质安全化，做到即使发生误操作或设备故障时，系统存在的危险因素也不会导致重大事故发生。

2）实现全过程安全控制。在系统设计前进行安全评价，可避免选用不安全的工艺流程和危险的原材料及不合适的设备、设施，避免安全设施不符合要求或存在缺陷，并提出降低或消除危险的有效方法。在系统设计后进行安全评价，可查出设计中的缺陷和不足，及早采取改进和预防措施。在系统建成后进行安全评价，可了解系统的现实危险性，为进一步采取降低危险性的措施提供依据。

3）建立系统安全的最优方案，为决策提供依据。通过安全评价，可确定系统存在的危险及其分布部位、数目，预测系统发生事故的概率及其严重度，进而提出应采取的安全对策措施等。决策者可以根据评价结果选择系统安全最优方案，从而进行管理决策。

4）为实现安全技术、安全管理的标准化和科学化创造条件。通过对设备、设施或系统在生产过程中的安全性是否符合有关技术标准、规范中相关规定的评价，对照技术标准、规范找出存在的问题和不足，实现安全技术和安全管理的标准化、科学化。

6.1.2 安全评价的意义

安全评价的意义在于可有效地预防事故的发生，减少财产损失和人员伤亡。安全评价与日常安全管理和安全监督监察工作不同，安全评价是从系统安全的角度出发，分析、论证和评估可能产生的损失和伤害及其影响、严重程度，从而提出应采取的对策措施等。其意义如下：

1）安全评价是安全管理的一个必要组成部分。"安全第一，预防为主"是我国的安全生产方针，安全评价是预测、预防事故的重要手段。通过安全评价可确认生产经营单位是否

具备必要的安全生产条件。

2）有助于政府安全监督管理部门对生产经营单位的安全生产实行宏观控制。安全预评价能提高工程设计的质量和系统的安全可靠程度；安全验收评价是根据国家有关技术标准、规范对设备、设施和系统进行的符合性评价，能提高安全达标水平；安全现状评价可客观地对生产经营单位的安全水平做出评价，使生产经营单位不仅了解可能存在的危险性，而且明确了改进的方向，同时也为安全监督管理部门了解生产经营单位安全生产现状、实施宏观调控打下了基础；专项安全评价可为生产经营单位和政府安全监督管理部门的管理决策提供科学依据。

3）有助于安全投资的合理选择。安全评价不仅能确认系统的危险性，而且能进一步预测危险性发展为事故的可能性及事故造成损失的严重程度，并说明系统危险可能造成负效益的大小，使生产经营单位合理地选择控制措施，确定安全措施投资的多少，从而使安全投入和可能减少的负效益达到合理的平衡。

4）有助于提高生产经营单位的安全管理水平。安全评价可以使生产经营单位安全管理变事后处理为事先预测、预防。传统安全管理方法的特点是凭经验进行管理，多为事故发生后再进行处理。通过安全评价，可以预先识别系统的危险性，分析生产经营单位的安全状况，全面地评价系统及各部分的危险程度和安全管理状况，促使生产经营单位达到规定的安全要求。

安全评价可使生产经营单位安全管理变纵向单一管理为全面系统管理。安全评价使生产经营单位所有部门都能按照要求认真评价本系统的安全状况，将安全管理范围扩大到生产经营单位各个部门、各个环节，使生产经营单位的安全管理实现全员、全方位、全过程、全天候的系统化管理。

安全评价可以使生产经营单位安全管理变经验管理为目标管理。安全评价可以使各部门、全体职工明确各自的安全目标，在明确的目标下，统一步调、分头进行，从而使安全管理工作做到科学化、统一化、标准化。

5）有助于生产经营单位提高经济效益。安全预评价可减少项目建成后由于安全要求引起的调整和返工建设；安全验收评价可将潜在的事故隐患在设施开工运行前消除；安全现状评价可使生产经营单位了解可能存在的危险，并为安全管理提供依据。生产经营单位安全生产水平的提高，无疑可带来经济效益的提高，使生产经营单位真正实现安全生产和经济效益的同步增长。

安全评价包含三个层面的内容：①对系统存在的不安全因素进行定性和定量分析（图6.2），这是安全评价的基础，包括安全测定、安全检查和安全分析等；②通过与评价标准的比较得出系统发生危险的可能性或程度的评价；③提出改进措施，以寻求最低的事故率，达到安全评价的最终目的。

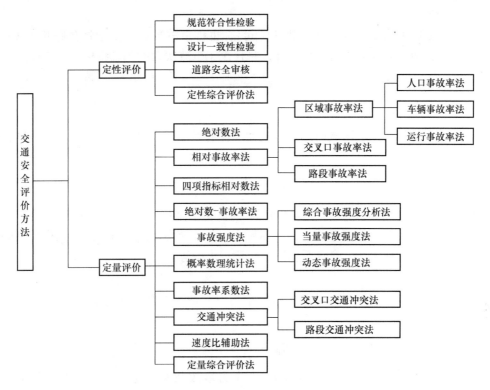

图 6.2　定性/定量交通安全评价方法分类

6.2　道路交通安全评价

道路安全评价指标可以反映道路安全的综合状况，也可以反映道路安全状况的某一个或几个侧面，这取决于选用的指标；另一方面，指标的使用又受到可获得数据的约束，这也从一个侧面反映了数据在交通安全评价中的重要性。根据获得的数据，世界各国常采用以下评价指标。

6.2.1　绝对数

绝对数指标是反映交通事故状况的基本指标，常用的有事故次数、死亡人数、受伤人数和直接经济损失，习惯上称为四大指标。

绝对数指标简单、清晰，是其他评价指标的计量基础，上述绝对数一般在事故记录中可直接获得。但是绝对数指标是静态的、孤立的，无法反映实际道路、交通条件的差异对事故的影响。

6.2.2　相对数

在相对数指标中，人们引入了一些相关因素作为比较的基础，这些相关因素与事故有着直接或内在的联系，从而使相对于这些相关因素的事故指标有较好的可比性。这样的相关因素很多，常用的有车辆保有量、交通量、人口和区域面积等。

1. 千米事故率

千米事故率即平均每千米的事故数 A（起），也称事故频数。由于将公路长度 L（km）作为考虑因素，使事故次数更具有可比性，是仅次于事故次数的基础指标。

$$R_L = \frac{A}{L}$$

2. 车辆事故率

车辆事故率表示在一定区域内按单位机动车保有量所平均的交通事故数 A（起），最常用的是万车事故率：

$$R_V = \frac{A}{V} \times 10^4$$

式中，R_V 为每万车交通事故率（起/万车）；V 为机动车保有量（辆）。

将事故数量 A 换成其他绝对值指标，如死亡人数、受伤人数、直接经济损失等，则车辆事故率还可表示车辆死亡率、车辆受伤率、车辆损失率等。

3. 人口事故率

人口事故率表示在一定区域内按人口所平均的交通事故数（死亡人数、受伤人数、直接经济损失）。其表达式为

$$R_P = \frac{A}{P} \times 10^4$$

式中，R_P 为每万人交通事故率（起/万人）；A 为事故数量（起）；P 为区域内人口总数（人）。

4. 综合事故率

综合事故率是万车事故率与万人事故率的几何平均值，其表达式为

$$R_{PV} = \frac{A}{\sqrt{VP}} \times 10^4$$

式中，R_{PV} 为综合事故率，当 A 采用死亡人数时，R_{PV} 也称死亡系数；A 为事故数量（起）；V 为机动车保有量（辆）；P 为区域内人口总数（人）。

5. 车千米事故率（运行事故率）

车千米事故率是指在一定区域内，按所有机动车行驶一年的千米数总和所平均的交通事故数（或伤亡人数）。通常以百万车千米事故率或亿车千米事故率来表示：

$$R_K = \frac{A}{K} \times 10^8$$

式中，R_K 为一年间每亿车千米事故数（起/亿车千米）；A 为区域内一年总运行车千米数内发生的事故；K 为区域内一年内总运行车千米数。

6. 致死率

致死率 d 是指死亡人数占伤亡人数的比例，以此来表征事故的严重水平：

$$d = \frac{D}{W + D} \times 100\%$$

式中，D 为死亡人数（人）；W 为受伤人数（人）。

7. 事故强度分析法

（1）综合事故强度分析法

$$K = \frac{M \times 10^4}{\sqrt{RCL}}$$

式中，K 为死亡强度指标，K 越小，安全度越高；M 为当量死亡人数，M = 死亡人数 + $0.33 \times$ 重伤人数 + $0.10 \times$ 轻伤人数 + $2 \times$ 直接经济损失（万元）；C 为当量汽车数，C = 汽车数 + $0.4 \times$ 摩托车数和三轮车数 + $0.3 \times$ 自行车数 + $0.2 \times$ 畜力车数；R 为人口数，$R = 0.7P$（P 为人口总数）；L 为道路总里程（km）。

（2）当量事故强度 K_d

$$K_d = \frac{D_d}{\sqrt[3]{PN_dL}} \times 10^3$$

式中，K_d 为当量死亡强度；D_d 为当量死亡人数（同综合事故强度分析法中的 M）；N_d 为当量汽车数（同综合事故强度分析法中的 C）；L 为辖区道路总里程；P 为辖区人口总数。

综合以上各种指标，它们都具有各自的特点，从不同的侧面、不同的深度反映了事故的水平。

6.2.3 当量事故数与当量事故率

相对数指标虽然考虑了相关因素，但大多是对某一因素单独考虑、计算，每一种事故率都反映了事故的一个侧面，对综合因素的反映是不够的。既然事故是多因素综合作用的结果，则应采用一些综合指标。本节将介绍一些国家采用的事故综合指标。

1. 当量事故次数

当量事故次数，有时也称当量死亡人数。它是考虑到在交通事故中，事故次数对事故严重性的描述是不够的。同样的事故次数，严重程度不同，其损失及对社会的危害程度也不同，不能将不同严重性的事故数简单地累加，而是应根据死亡、受伤及经济损失对社会危害性的大小赋予不同的权值，提出当量事故次数。常用的算法有：

$$A_{EQ} = A + k_1D + k_2W(+k_3L)$$

式中，A_{EQ} 为当量事故数；A 为实际事故次数（起）；D 为死亡人数（人）；W 为受伤人数（人）；L 为直接经济损失（万元）；k_1、k_2、k_3 分别为死亡、受伤和直接经济损失的权重。

$$D_{EQ} = D + k_1W_G + k_2W_F(+k_3L)$$

式中，D_{EQ} 为当量死亡人数；D 为实际死亡人数（人）；W_G 为重伤人数（人）；W_F 为轻伤人数（人）；L 为直接经济损失（万元）；k_1、k_2、k_3 分别为重伤、轻伤和直接经济损失的权重。

$$U = p_1n_1 + p_2n_2 + \cdots + p_mn_m$$

式中，U 为事故当量次数；n_1，$\cdots$，n_m 为各种类型的事故数量；p_1，$\cdots$，p_m 为各种事故对应的严重性系数。

2. 当量事故率

当量事故率是以当量事故数（当量死亡数）来计算各种事故率，从而更综合地反映事故水平。例如，当量车千米事故率为

$$R_{KEO} = \frac{A_{EQ}}{K} \times 10^8$$

6.2.4 系统分析法

系统分析法包括层次分析法、模糊数学法和灰色系统理论评价方法等。

通过对少数已知信息进行筛选、加工、延伸和累加处理，运用灰色系统理论"非唯一性原理"，采用定量和定性相结合的手段，确定交通安全在某一个灰色域内，可以达到评价道路交通安全的目的。该法在选取评价指标和确定安全评价指标的灰类白化权函数时受人为因素影响较大，而且不能进行显著性统计检验，因而其客观适用性受到限制。

对道路交通安全性的评价方法，通常采用一些绝对或相对的统计指标量，由于交通安全时空上的相对性以及道路各区域间的指标在时空上的不可比性，绝对指标和相对指标在反映道路交通安全程度方面有一定的局限性。

6.3 公路交叉口交通安全评价

交叉口是道路系统中的一个计划中的冲突核心，平面交叉路口的功能是把道路相互连接起来构成道路网络，使不同方向交通流在该区域集结、交织和分流。它与立体交叉口最显著的区别在于平交路口交通流的合流、分流、交叉必须在同一平面内进行，这就使左转车流与直行车流、机动车流与非机动车流在同一平面上产生冲突点与合流点，交通状况由此显得危险而复杂。根据统计资料，交通事故的半数发生在道路平面交叉口及其周围，而在我国城市中这一比例可高达60%~80%。2001年，由交叉口冲突点引起的事故在美国造成9000人死亡、150万人受伤，占所有报告事故的44%。同时资料还表明，交叉口将降低40%~50%的道路通行能力。

美国交通工程师协会（ITE）已将道路交叉口的安全列为今后亟待解决的重要课题。鉴于道路交叉口安全问题的严重性，ITE和FHWA联合其他道路运输和安全组织机构，通过工程、教育和执法等综合措施来减少与道路交叉口有关的交通事故伤亡数和财产损失。相关的行动计划已经制订，包括强化公众对此问题重要性的认识，进一步利用科技手段来提高道路交通专业技术人员的设计与管理水平。

美国交通研究委员会（Transportation Research Board，TRB）于1989年开始针对道路交叉口开展道路、经济、操作和控制、材料、可视性、交通计划、预测、法律、财政、试验和仪器、车辆隔离装置、事故伤害分析、交叉口环形路设计、交叉口信号设计等25项工程。

国外在研究道路交叉口交通安全方面，取得了多项应用成果：

1）拉波波尔特在对交叉口方案和带有方向岛方案比较时，提出交叉口危险度评价模型。

2）洛巴诺夫在分析平面交叉口处交通事故统计资料的基础上，考虑不同方向的车流量、转弯半径以及车流之间的交角，提出了确定交叉口交错点（分流点与合流点）处可能发生事故的计算模型。

3）在分析交叉口安全过程中，常采用多元线性回归模型法，主要是选取一些交叉口参数，如交通量、信号灯座数、行车道宽度等。通过对这些参数与事故间的关系进行分析，从而得出回归模型，预测交叉口事故，并做出安全评价。

4）美国开发的信号交叉口交通事故信息与监测系统（TASAS），应用新的分类与分组技术——类别与回归树（CART）作为构造块，开发损伤事故预测模型，对交叉口事故进行预测。它的主要步骤是：用CART进行交叉口分组；开发基于交通密度的模型；开发基于直行与转向车流模型；开发基于事故记录模型，用以上模型对事故预测模型进行修正，以提高模型预测精度。

6.3.1 交叉口交通情况

1）各道车流、人流到交汇口汇集在一起，在这里集散、交换方向，所有车辆、行人都必须相互观望等待，依次通行。这样一来，就易形成交通冲突，造成交通事故以及交通阻滞。

2）在所有交通事故中，发生在交叉口的事故约占64%，其中白天占36%，夜间占28%。

3）通行能力降低46%~50%，严重的甚至会降低50%以上。

4）在交叉口周期性地制动、起动，对燃料消耗、轮胎的磨耗增大，零件也易磨损，同时路面也易发生变形、损坏。

5）三种交通相互干扰：混合交通是我国交通的特色，机动车、非机动车、行人相互干扰，问题最多的是二轮车。从交叉口交通事故的分析中可以看出，50%的事故是汽车与二轮车碰撞造成的。

6.3.2 交叉口交通安全的主要影响因素

上述因素都会造成交叉口交通流相互干扰，导致交通冲突增加，交织点增多，交通安全不稳定因素增加，从而易产生交通事故。影响交叉口交通安全的因素，主要包括人－车－路以及与交通环境融合等几个方面的内容。

1. 交叉口设计影响

设计交叉口时，没有遵循基本设计要求，存在设计缺陷，从而导致冲突点数量较多、冲突区域过大、穿插角度设计不合理、储备通行能力不够等。交叉口间距越小，对街道通行能力干扰越大；车行速度越快，这种干扰越突出。同时，目前的关于道路交叉口设计规范、道路网络规划理论还不完善，不适应现代交通条件下的城市交通，近代城市道路网规划设计一致呼吁应将城市干道间距加长。当然不能过分加长干道间距，主要是因为交叉口减少之后，干线和交叉口的负荷就增大了，而且会出现"车多路少"的现象，助长行车迂回和交叉口堵塞，增加出行时间。

2. 车辆组成的影响

在交叉口处汇集的车辆种类多，数量大，各种车辆在同一平面内合流、分流、交叉，极易导致交通事故。研究认为，交叉口是不同方向行车转换流向的地方，车辆与车辆产生不同形式的交汇。当行车方向互相交叉，其交角≥90°，车辆易发生碰撞的地点，称为"冲突点"（或叫作交叉点）；当车辆从不同方向驶向同一方向成锐角交汇的地点，车辆易于发生挤撞，称该点为"交织点"；直行车辆右转尾部会受后继车辆挤撞之点，称为"分岔点"。其中，以冲突点危害最大。一个设计合理的交叉口应保证高峰期间交通流的安全与畅通，从交通管理的角度减少车辆发生冲突的概率。

混入车辆的需求应当加以考虑，同时要考虑到车速控制和转向路线对交叉口的要求。

3. 交叉口交通特性的影响

1）服务水平的影响。交通密度是指在单位长度车道上，某一瞬时所存在的车辆数。在实际应用中常采用道路占用率来表征交通密度。道路占用率越高，交通密度越大，服务水平

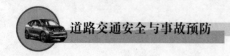

越低。

2）交通流量的影响。交通流量与交通安全关系密切，当交通流量较小时，事故率随交通流量的增加而增加；当交通流量较大时，由于超车困难，平均车速降低，事故率有所下降。

4. 驾驶员的影响

驾驶员的心理、生理状态与行车安全密切相关。优秀的驾驶员在智力、个性、视觉反应时间、双手协调能力、动作稳定性、立体视觉、注意分配能力等方面都优于普通驾驶员和肇事驾驶员。行车相对安全的驾驶员比肇事驾驶员具有更好的驾驶适应性。

总之，平面交叉口是汇集车辆的地方，也是交通事故较集中的地点。平交路口交通事故状况与交叉口的位置、形状、几何尺寸、视距等道路设计因素有关，与交通量、交通组成等交通特性有关，同时还与交叉口交通管理手段、交通工程设施设计等因素有关。因此，平交路口的交通安全问题是一个涉及道路的规划、设计、管理等多方面的问题，是一个复杂的系统工程。

其他如交通管理控制技术、行人管理等都影响着交叉口的交通安全。

6.3.3 平面交叉口安全评价

道路交叉口的交通安全取决于相交横穿车流的方向、相对交通量、冲突点、分流点与合流点（合称为交错点）的数目以及这些点之间的距离（图6.3）。通过某个交错点的汽车越多，则事故发生的概率越高。

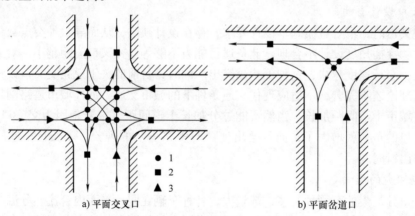

a) 平面交叉口   b) 平面岔道口

图6.3 平面交叉口与岔道口上的交错点
1—车流冲突点 2—合流点 3—分流点

汽车在交错点上的行车方向对车流相交时引起的事故的严重性起决定作用。

评价平面交叉口道路交通事故危险性的方法，首先由拉波波尔特于1955年提出，用于平面交叉口方案和带有方向岛方案的比较。该方法基于表征两个互相横穿交通流的每个交错点危险度的系数系统。每一种交叉口方案的危险度 G，可由每一个交错点处的总和交通量 β 与相应系数 α 之积的总和来确定。

整个交叉口的危险度 G 为

$$G = \sum \frac{\alpha\beta}{10}$$

危险度 G 越大，则交叉口的设计对于交通越不合适，其道路交通事故的概率也越高。对于不同的交通流相交角度及 α 系数值见表 6.1。

当交错点的位置布置要用方向岛来调节时，或者交错点相互之间的距离小于 15m 时，这些交错点的布置被认为是密集的。

表 6.1　交叉口横穿车流方向角的系数 α

交叉口的危险点	在下列两种冲突点布置时考虑相交的横穿车流方向角的系数 α	
	分散的	密集的
分流点	2	1
合流点	4	2
锐角30°	6	3
锐角60°	8	4
直角90°	12	6
钝角120°	14	7
钝角150°	18	9
在同一车道上相遇的行车	20	10

洛巴诺夫对拉波波尔特方法的基础思想进行了拓展，他在分析平面交叉口道路交通事故统计资料的基础上，考虑到不同的车流方向、转弯半径以及车流之间的交角，提出了确定交叉口上交错点处可能发生事故数的计算公式。交错点上通过 1000 万辆汽车时可能发生的交通事故数量 g_i 为

$$g_i = K_i M_i N_i \times \frac{25}{K_m} \times 10^{-7}$$

式中，K_i 为某交错点的相对事故率；M_i 与 N_i 分别为该交错点上交叉的次要道路与主要道路上行驶车流的交通量（辆/昼夜）；K_m 为年交通量月不均匀系数。

系数 25 是为了考虑一个月平均的工作日的天数，在这些天中，道路的负荷要大大超过非工作日的负荷。对于新设计的道路，$25/K_m$ 的比值可等于 365。

对于最有代表性的情况，K_m 系数值见表 6.2。

表 6.2　年交通量月不均匀系数

交通条件	行车方向	交叉口的特点	交叉口的 K_m 值	
			无设施	有渠化交通设施
车流合流	右转弯	$R < 15m$	0.0250	0.0200
		$R \geqslant 15m$	0.0040	0.0020
	左转弯	$R < 10m$	0.0320	0.0020
		$10m < R < 25m$	0.0025	0.0017
车流交叉	交叉	$\alpha \leqslant 30°$	0.0080	0.0040
		$50° \leqslant \alpha \leqslant 75°$	0.0936	0.0018
		$90° \leqslant \alpha \leqslant 120°$	0.0120	0.0060
		$150° < \alpha < 180°$	0.0350	0.0175

(续)

交通条件	行车方向	交叉口的特点	交叉口的 K_m 值	
			无设施	有渠化交通设施
车流分流	右转弯	$R < 15\text{m}$	0.0200	0.0200
		$R \geqslant 15\text{m}$	0.0069	0.0060
	左转弯	$R < 10\text{m}$	0.0300	0.0300
		$10\text{m} < R < 25\text{m}$	0.0040	0.0025
两种转弯的车流	车流向两个方向分流	—	0.0015	0.0010
	左转弯车流的交叉口	—	0.0020	0.0005
	转弯车流的合流点	—	0.0025	0.0012

每一方案的危险度，用表征1000万辆汽车通过交叉口所发生的道路交通事故数量的交通安全指标 K_a 来评价：

$$K_a = \frac{\sum_{i=1}^{n} g_i K_m \times 10^7}{25(M_t + N_t)} = \frac{\sum_{i=1}^{n} K_i M_i N_i}{M_t + N_t}$$

式中，M_t 与 N_t 分别为次要道路与主要道路上的交通量（辆/昼夜）。

根据 K_a 值，把交叉口按照危险度划分为表6.3中的等级。

表6.3　交叉口按照危险度划分的等级

交叉口危险度	不危险	稍有危险	危险	很危险
K_a	<3	3.1~8	8.1~12	>12

普遍认为在新设计的交叉口上危险度不应超过8。

6.3.4　立体交叉口安全评价

按照交通流示意图正确完善设计的立体交叉口，不存在可能发生交通流相交的交错点，转弯的汽车在变速道的进出口处的车流分流路段与合流路段是例外。

在设计次要方向上允许交通流相交的不完全型的立体交叉口匝道时，有必要对交叉口的危险性进行评价。评价这种交叉口方案最简单的方法的前提是道路交通事故的概率正比于交叉口交通流的总交通量。

对于各种不同的出口布置或用方向岛分出的转弯道，做出交通方向图，用箭头表示行车的方向，用箭头的宽度与箭头旁边的数字表示交通量。图上交通流相交点的数量，在相当程度上表征交叉口的运输使用性质与交通安全性（图6.4）。

每一个交叉口上，道路交通事故与车辆相互妨碍的概率，可用相交车流交通量的积或和来评价。比较计算表明，为了使交叉口达到最佳类型，两种方法实际上导致了相同的结果。

通过计算合流、分流与交叉的交通流，当从相近的方案中选择最佳的方案时，上述的计算方法还可以得到改善。为此，可采用表6.4所列的车流相互作用的相对系数，并用相对系数乘以总交通量来获得。

表 6.4　车流相互作用的相对系数

车流状况	相对系数	车流状况	相对系数
车流的交角接近于直角	1	从左边流车流	0.15
行车道更换时车流合流	0.3	左转弯时车流的分流	0.85
从右边合流车流	0.2	右转弯时车流的分流	0.10

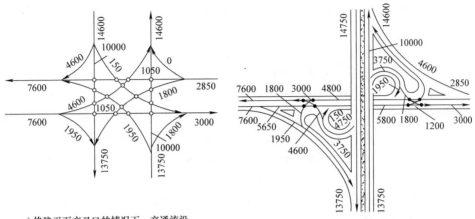

a) 修建平面交叉口的情况下，交通流沿
不同方向的交通量($\sum N$=122400辆/昼夜)

b) 沿匝道各组成部分的交通量
(不合适的方案，$\sum N$=42600辆/昼夜)

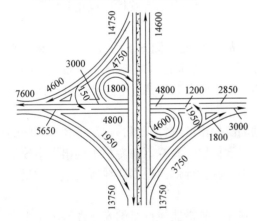

c) 沿匝道各组成部分的交通量
(最合适的方案，$\sum N$=6300辆/昼夜)

图 6.4　不完全的"苜蓿叶"型道路立体交叉口上交通安全条件的评价

6.4　道路交通安全评价

6.4.1　用事故率系数线性图评价交通安全性

可以用道路各组成部分对道路交通事故数量相对的影响系数，来解决下列若干任务：

1）在设计的或必须改建的路段上，根据平面、纵横断面的各组成部分与路旁地形的综合情况，查明产生提高道路交通事故危险性的条件。

2）比较评价平行道路及其个别路段的行车安全性。

3）比较评价个别路段消除提高行车危险性措施的有效性。

4）确定不会引起道路交通事故危险性升高的最大允许交通量。

每一个路段的道路交通事故相对概率可用总计的事故率系数来评价，它由在各种不同路段上的各部分相对事故数系数（影响系数或各部分的事故率系数）的乘积计算而得。这些系数表征着交通条件的恶化程度，这个程度是由道路平、纵、横断面及路旁地带的各组成部分对交通条件的影响情况，同路面宽度 7.5m、加固路肩、粗糙路面的双车道道路对交通条件的影响相对比而确定的。

$$K_{T(总计)} = K_1 K_2 K_3 \cdots K_n$$

这个计算总计事故率系数公式中所包含的各部分的事故率系数 $K_1 \sim K_n$，其值可按国内外统计资料确定，它们考虑到交通量与道路平、纵、横断面各组成部分的影响。目前，规定这些系数的清单还不全面，它们的数值也不是最终的。随着统计资料，特别是本国资料的进一步积累，影响因素的清单与各系数的数值将会精确化。这个精确化应从两方面来进行：在有特点的自然（地形）区里，补充考虑当地的道路条件；考虑道路使用过程中不良气候条件的影响（冰、雾、路面上的泥土以及行车道部分出于积雪而变窄等）。

此外，不是所有确定的事故率系数影响因素对交通安全都有相同程度的影响。在需要较大工作量的进一步研究过程中，必须确定每个系数的相对权重及其相互关系。但是，在如今开始总结道路交通事故统计资料的阶段里，把评价交通安全的客观标准运用到实际中去，可以赋予所有拟定的措施以充足的理由。

在研究路段直线图的基础上，确定总计的事故率系数（图6.5）。在图上绘有缩小的道路平面图与纵断面图，并在其上标明了影响交通安全的所有组成部分（纵坡、竖曲线、平曲线、桥梁、居民点、相交的道路与人行小路等）。平纵断面图的比例尺是根据地形与情况的复杂程度来选择的。

根据进行道路研究的道路组织或专门的勘测队提出的统计资料，记录下各个区间的平均交通量。在平纵面图的下方，为每一个考虑的因素标出了专栏，在专栏中列出了事故率相对系数。事故率系数图的标准格式还没有制定，不同的设计部门根据路线所处条件的复杂程度采用不同的图式。

在确定考虑平曲线半径影响的系数时，必须注意到沿曲线行车的安全性取决于半径、路面横坡与横向附着系数总的影响。因此，应该从曲线的当量半径 R_s 出发，曲线的当量半径是允许以所研究的曲线相同的车速通过的，但是具有超高的横坡（等于直线路段上行车道的横坡）的曲线半径：

$$R_s = R_{KP} \frac{\varphi_{KP} \pm i_{KP}}{\varphi_{lP} + i_{lP}}$$

式中，R_{KP} 为被研究曲线的半径（m）；φ_{KP} 为被研究曲线的横向力系数，取值等于路面横向附着系数；i_{KP} 为被研究曲线的路面横坡，以小数表示；φ_{lP}、i_{lP} 分别为相毗连路段上路面的横向附着系数与路面横坡。

在绘制事故率系数图时，要把条件相同的路段分出来，按照每一个指标分析路线。同时，必须考虑到危险地点的影响会扩大到邻近的路段，使其行车状况发生变化。大纵坡路段，影响区域为靠近上坡坡顶 100m，下坡坡脚前 150m；对于平面交叉口与 $R = 400m$ 能保

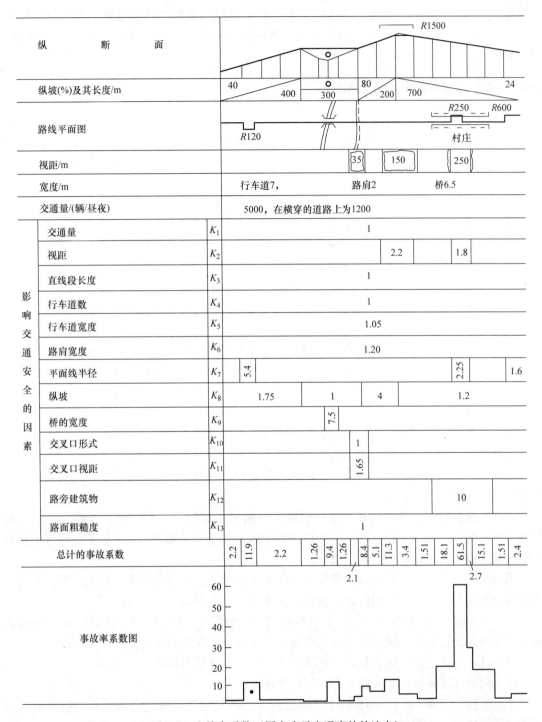

纵断面		R1500
纵坡(%)及其长度/m		40 / 400 / 300 / 80 / 200 / 700 / 24
路线平面图		R120 ... R250 R600 村庄
视距/m		35 / 150 / 250
宽度/m		行车道7, 路肩2, 桥6.5
交通量/(辆/昼夜)		5000, 在横穿的道路上为1200

影响交通安全的因素			系数
	交通量	K_1	1
	视距	K_2	2.2 / 1.8
	直线段长度	K_3	1
	行车道数	K_4	1
	行车道宽度	K_5	1.05
	路肩宽度	K_6	1.20
	平面线半径	K_7	5.4 / 2.25 / 1.6
	纵坡	K_8	1.75 / 1 / 4 / 1.2
	桥的宽度	K_9	7.5
	交叉口形式	K_{10}	1
	交叉口视距	K_{11}	1.65
	路旁建筑物	K_{12}	10
	路面粗糙度	K_{13}	1
总计的事故系数			2.2 / 11.9 / 2.2 / 1.26 / 9.4 / 1.26 / 8.4 / 5.1 / 11.3 / 3.4 / 1.51 / 18.1 / 61.5 / 15.1 / 1.51 / 2.4

事故率系数图 （2.1 … 2.7）

图6.5 事故率系数（圆点表示交通事故的地点）

证视距的平曲线，两边各为50m，当平曲线的视距不能保证时为100m。

将每一路段的各个事故率系数相乘，就可以计算出总计的事故率系数。

在确定不同路段的个别事故率系数值时，为了工作简化，不使用内插法计算相应系数，而只取上面所列的最接近的值，这实际上不会影响路段危险性的评价结果。为了明显起见，在图 6.5 的下部绘出总计的事故率系数图，图中的"顶峰"表征可能发生道路交通事故的最危险路段。

6.4.2　基于安全系数图的评价路线

如果平纵面上没有急剧转折路线，并允许汽车以相邻路段很小差别的高速行驶，这对行车是最安全的。因此，按照某一种汽车的行车速度图资料，绘制出相邻路段行车速度比值的安全系数图，从行车舒适与安全观点出发，可能是评价路线平顺性与各种路线设计方案的方法之一。

（1）计算汽车

采用一种最普及的、其行车速度可提高到接近于计算速度的小汽车作为计算的车辆。对于与路线设计有关的所有计算，都应合理地规定标准的"计算汽车"。在有专门用途的道路上，如工业道路，应当有根据地选用计算汽车。

（2）行车速度图的绘制

根据汽车理论公式建立行车速度图。同时，考虑到分析的目的与计算速度的方法，做如下的变化：

在每一路段上建立两个行车方向的行车速度图；只有在两个行车方向的道路行车条件明显不同的情况下，例如在山区道路长的上坡道上，允许只对可以发展最大速度的那个方向绘制速度图。

（3）行车速度

在斜坡上，行车速度从下坡的行驶条件出发，按工作发动机充分发挥牵引力的汽车动力特性计算而得。在给定面层类型的道路上，汽车的易驾驶性条件达到极限允许速度的瞬间被认为是速度下降的地点。可以有条件地认为，在这里驾驶员应把车速降低至车流在道路上的平均速度。

在计算速度时不要考虑道路交通规章要求的局部车速限制（居民区、铁路交叉口、与其他道路的交叉口、小半径曲线、道路标志影响区域等的车速限制），这是考虑到有个别驾驶员可能不遵守纪律或经验不足之故。

不考虑行车驶入小半径曲线、窄桥等处时为了平顺地改变速度所需的制动路段。在每一路段的最末端，确定可能达到的最大速度，而不考虑后面路段的行车条件。

认为行车速度的增加，直至达到平面或纵横断面任何一个组成部分所保证的安全值为止。在下一步的计算中，可以认为汽车以被该组成部分所保证的速度驶入下一路段。

所有这些方法上的变化，是为了查明在路上对于安全最不利的行车状态。

根据两种标准来评价平曲线上行车的可能速度：

在光滑路面（$\Phi = 0.3$）的情况下，保证汽车抗滑稳定性的横向附着系数的极限值，从而确定可能速度。根据实际视距条件，按道路设计理论公式计算确定平曲线上行车的可能速度。考虑到路旁建筑房屋、树木长得茂盛起来或冬季沿路雪堆的堆积等的可能性，可作视距矢量线到路基边缘。

在行车道宽度变窄的地点与窄桥处，按计算行车道宽度的道路设计理论公式，确定行车容许速度。

（4）安全系数的计算

按照各路段的速度图，计算出由道路各组成部分所保证的速度与汽车驶入该段时的速度的比值，就可获得安全系数。

速度的差别越大，安全系数越小，则在所研究的路段上出现交通事故的可能性越大（图6.6）。

图6.7所示为根据大量行车速度的观测资料绘制而成的相邻路段行车速度变化情况。

道路事故集中的地点，对应车速变化比较大的地点。可以假定，在车速没有下降的地点，个别事故发生的原因与道路条件无关。

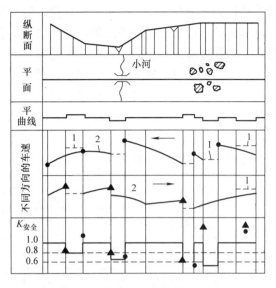

图6.6　确定安全系数的示意图

1—最危险路段的保证速度　2—汽车在各路段上的行驶速度

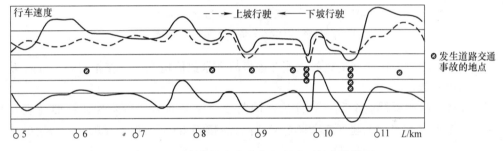

图6.7　相邻路段行车速度与安全系数变化情况

绘制行车速度、事故率系数与安全系数图所必需的资料，可按目前已有的电子计算机程序来计算。用事故率系数与安全系数来评价路线的方法，应当认为不是两种方法的竞争，而是两种方法互相补充。两种方法从不同的途径反映一个相同的思想——道路交通事故发生以前，常常出现驾驶员在单位时间里所获得的信息量与对他们最佳的信息数量存在偏差。

对安全系数起决定性作用的危险地点的车速降低程度，直接表征着驾驶员的神经紧张度。因此，计算公式中包含的参数越正确地反映行车条件——达到的加速度、实际的横向力系数等，则理论计算速度就越切合实际。此外，若干汽车理论的假定就是错误的根源，如按照节气门全开的汽车动力特性来计算行车速度；但是要提出考虑到这些情况的方法，目前还没有足够的试验资料作为根据。

（5）事故率系数法与安全系数法的联合使用

以道路交通事故汇总资料为基础的事故率系数，考虑到指明的统计过程，并反映驾驶员在不同的道路条件中与不同的行驶情况下的过错。但是事故率系数没有考虑路段的相互位置关系，以及上一路段对下一路段行车特点的影响，例如，对于小半径的平曲线没有考虑设置于其前的陡坡的影响。

因此，今后在经验积累以前，还要合理地利用这两种方法。虽然可能只有其中一种方法对这些路段的安全行车给出了不良的评价，但在设计中还是要寻找改善设计的可能性。

用这两种方法分析线形的结果，相互之间不会有很大的矛盾。在若干不同等级、不同气候区、不同地形条件的公路上，检验表明两种方法所查明的危险路段一般是相互符合的。道路特征、安全系数与事故率系数之间存在着相关关系（图6.8），在积累了这两个指标的经验以后，这种相关关系可使分析人员从这两种方法中选择出最客观、最方便的一种来应用。从事故率系数超出表征危险路段的 200 起，这两个指标之间就存在着明显的直线关系（图6.8a）。在 K_{HT} 值较小时，可以看到圆点很分散，这与按汽车动力特性计算车速时，没有充分考虑道路条件特点有关。

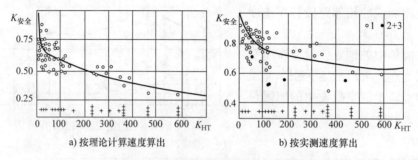

a) 按理论计算速度算出　　　b) 按实测速度算出

图6.8　事故率系数与安全系数之间的关系

1—1 号公路　2—2 号公路　3—道路交通事故

在图6.8的下方，用假定的记号表明在该事故率系数值情况下，在相同的年份内所对应的道路交通事故数。

图6.8可以提出根据安全系数来评价不同路段道路交通事故危险性的标准（表6.5）。安全系数是根据汽车的行车速度或者通过交通流观测确定的85%保证率的车速决定的。

表6.5　安全系数标准

路段状况	安全系数	路段状况	安全系数
安全路段	>0.8	危险路段	0.6～0.7
稍有危险的路段	0.7～0.8	很危险的路段	<0.6

思 考 题

1. 什么是道路安全的宏观评价和微观评价？
2. 什么是安全评价的目的和意义？
3. 道路交通事故统计分析指标有哪些？统计分析方法主要有哪些？
4. 相对指标有哪些？请分别予以说明。
5. 简述交叉口交通情况。
6. 交叉口交通安全的主要影响因素有哪些？
7. 简述平面交叉口的安全方法。
8. 简述如何用事故率系数线性图评价交通安全性。
9. 简述基于安全系数图的路线评价方法。

第 7 章 Chapter 7

道路交通事故机理

在道路交通运输系统中，开展事故机理的分析必须充分考虑到可能导致事故的人、车、道路、交通特性、交通环境和具体的交通管理等因素。

7.1 交通事故机理

在道路交通系统中，由于受到涉及驾驶员、汽车、道路环境因素以及三者的道路交通事件的影响，使道路交通系统行为发生变化。如果这种变化是因道路交通事变引起的，即表现为道路交通不安全状态，经特定时间–空间域内状况的转化则形成道路交通事故。

由此可知，道路交通事故致因生成模型如图 7.1 所示。从这一模型中可以识别道路交通系统安全化功能的实现途径和道路交通事故的生成过程。道路交通系统安全化功能的实现途径为：道路交通事件引起道路交通系统发生正常变化，表现为道路交通安全状态，这一状态一直持续在道路交通系统中，即可实现道路交通系统的安全化功能；而道路交通事故的生成过程则表现为道路交通事变使道路交通行为恶化，以及道路交通的不安全状态，这一状态在特定时间–空间域内持续后形成道路交通事故。

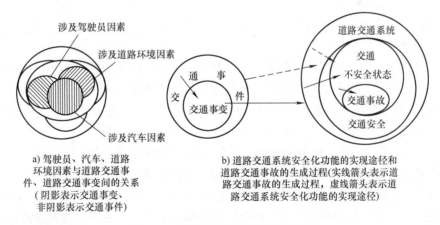

a) 驾驶员、汽车、道路
环境因素与道路交通事
件、道路交通事变间的关系
（阴影表示交通事变、
非阴影表示交通事件）

b) 道路交通系统安全化功能的实现途径和
道路交通事故的生成过程(实线箭头表示道
路交通事故的生成过程，虚线箭头表示道
路交通系统安全化功能的实现途径)

图 7.1　道路交通事故致因生成模型

事故机理指事故发生的结构、形成方式和作用的逻辑关系及其规律。国外主要的关于事故机理的研究理论有流行病学理论、寿命单元改变论、人的失误论、多重事件连锁论、轨迹交叉论、能量交换理论和多米诺骨牌理论等。

7.1.1 多米诺骨牌理论

（1）主要因素

多米诺骨牌理论指系统中一个很小的初始能量就可能导致一连串的连锁反应。海因里希把导致伤害的事故分为5类因素，并将这5类因素看成是5张顺序放置的骨牌（图7.2）。该理论认为系统中存在着遗传及社会环境（M）、人的失误（P）、人的不安全行为和物的不安全状态（H）、意外事件（D）以及伤害（A），5个因素的连锁反应产生事故。

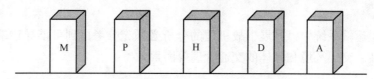

图7.2　多米诺骨牌事故模型图

1）遗传及社会环境（M）：遗传及社会环境是造成人的缺点的原因，遗传因素可能使人具有鲁莽、固执、粗心等对于安全行为来说属于不良的性格，社会环境可能妨碍人的安全素质培养，助长不良性格的进一步发展。这一因素是事故因果链上最基本的因素。

2）人的失误（P）：人的缺点由遗传和社会环境因素所造成，是使人产生不安全行为或使物产生不安全状态的主要原因。这些缺点既包括诸如鲁莽、固执、易过激、神经质、轻率等性格上的先天缺陷，也包括诸如缺乏安全生产知识和技能等后天的不足。

3）人的不安全行为和物的不安全状态（H）：这两者是造成事故的直接原因，海因里希认为人的不安全行为是由于人的缺点而产生的，是造成事故的主要原因。

4）意外事件（D）：即由物体、物质或放射线等对人体发生作用而使人身受到伤害的、出乎意料的、失去控制的事件。

5）伤害（A）：由于事故而直接对人身产生的伤害。

（2）现实意义

多米诺骨牌理论模型形象直观地揭示了事故发生过程的因果关系，为正确分析事故致因的事件链提供了途径，对预防道路交通事故发生具有以下现实意义：

1）道路交通事故的发生是一系列因素相互作用的结果，若能有效阻止其中任意一个因素参与作用，交通事故致因事件链就将中断，交通事故就能得以避免。

2）交通参与者的不安全行为和车辆、道路的不安全状态是导致交通事故发生的关键，预防道路交通事故发生应以消除关键环节为目标，使致因事件链始终处于断开状态。

3）道路交通事故是在一定的环境下，一连串事件以一个固定的逻辑顺序发生的结果，实际中若能改变这种固定的逻辑顺序，将能有效降低交通事故发生率，如通过强化教育改变交通参与者的行为方式。

多米诺骨牌理论模型从理论上指明了分析道路交通事故应从事故现象入手，逐层解析其内在的原因。该理论模型的不足之处在于将事故致因的事件链过于绝对化，事实上，各块骨牌之间的连锁关系不是绝对的，而是随机的。前面的骨牌倒下并不必然导致其后的骨牌就一定倒下。这对于道路交通系统而言，就是交通参与者的不安全行为和车辆、道路的不安全状态并非百分之百地导致交通事故发生。

7.1.2 轨迹交叉论

轨迹交叉论则认为事故是由人的不安全行为与机械、物质的危害，在复杂的人机生产系统中，两系列的能量逆流在一定的时空间发生轨迹交叉所造成的（图7.3）。

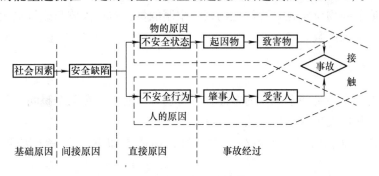

图 7.3 轨迹交叉事故模型

轨迹交叉论认为，在事故发展进程中，人的因素的运动轨迹与物的因素的运动轨迹的交点，就是事故发生的时间和空间。即人的不安全行为和物的不安全状态发生于同一时间、同一空间，或者说人的不安全行为与物的不安全状态相遇，则将在此时间、空间发生事故。

轨迹交叉论作为一种事故致因理论，强调人的因素、物的因素在事故致因中占有同样重要的地位。按照该理论，可以通过避免人与物两种因素运动轨迹交叉，即避免人的不安全行为和物的不安全状态同时、同地出现，以此来预防事故的发生。

根据轨迹交叉论的观点，消除人的不安全行为可以避免事故，消除物的不安全状态也可以避免事故。

为了有效地防止事故发生，必须同时采取措施消除人的不安全行为和物的不安全状态。

7.1.3 P 理论

本尼尔（Benner）认为，事故过程包含着一组相继发生的事件。所谓事件是指生产活动中某种发生了的事物，一次瞬间的或重大情况变化，一次已经避免了或已经导致了另一事件发生的偶然事件。因而，可以把生产活动看作一组自觉或不自觉地指向某种预期的或不可预测结果的相继出现的事件，它包含生产系统元素间的相互作用和变化着的外界的影响。这些相继事件组成的生产活动是在一种自动调节的动态平衡中进行的，在事件的稳定运动中向预期的结果方向发展。

可以把事故看作由相继事件过程中的扰动开始，以伤害或损坏为止的过程。这种对事故的解释叫作 P 理论。

生产系统的外界影响是经常变化的，可能偏离正常的或预期的情况。这里称外界影响的变化为扰动（Perturbation），扰动将作用于行为者。

7.1.4 能量意外释放论

能量意外释放论的出现是人们对伤亡事故发生的物理实质认识方面的一大飞跃。20 世纪 60 年代，吉布森（Gibson）和哈登（Hadden）提出了一种新概念：事故是一种不正常的，或不希望的能量释放，是各种形式的能量构成伤害的直接原因，应该通过控制能量，或控制作为能量达及人体媒介的能量载体来预防伤害事故。根据能量意外释放论，可以利用各种屏蔽措施来防止意外的能量释放。

从能量意外释放论出发，预防伤害事故就是防止能量或危险物质的意外释放，防止人体与过量的能量或危险物质接触。我们把约束、限制能量，防止人体与能量接触的措施叫作屏蔽。这是一种广义的屏蔽。

7.1.5 事故因果连锁

伤害事故的发生不是一个孤立的事件，尽管伤害可能发生在某个瞬间，却是一系列互为因果的原因事件相继发生的结果（表7.1）。

海因里希把工业伤害事故的发生、发展过程描述为如下具有一定因果关系的事件的连锁：

1）人员伤亡的发生是事故的结果。

2）事故的发生是由人的不安全行为或物的不安全状态造成的。

3）人的不安全行为或物的不安全状态是由人的缺点造成的。

4）人的缺点是由不良环境诱发的，或者是由先天的遗传因素造成的。

按照事故因果连锁论，事故的发生、发展过程可以描述为：

基本原因⇒间接原因⇒直接原因⇒事故⇒伤害。

表7.1 亚当斯连锁论

管理体制	管理失误		现场失误	事故	伤害或损坏
	领导者在下述方面决策错误或没做决策：	安技人员在下述方面管理失误或疏忽：			
目标	政策 目标 权威	行为 责任 权威	不安全行为 不安全状态	伤亡事故 损坏事故 无伤害事故	对人 对物
组织	责任 职责	规则 指导			
机能	注意范围 权限授予	主动性 积极性 业务活动			

在事故原因的统计分析中，当前世界各国普遍采用因果连锁模型。该模型着重于伤亡事故的直接原因——人的不安全行为和物的不安全状态，以及其背后的深层原因——管理失误。

7.1.6 事故致因综合分析方法

通过对事故产生诱因的统计分析和产生机理的研究，提出事故致因综合分析方法（图7.4）。

上述模型揭示了事故的本质和事故结构，说明了事故产生、发展和形成方式与形成阶段过程，以及事故处置对事故后果的作用；提出了事故预防的途径，指出了如何去破坏事故结

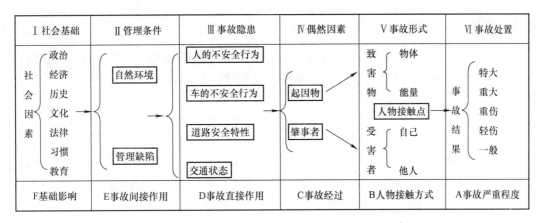

图7.4　事故致因综合分析方法

构和人物两大系列连锁反应与接触方式，来实现控制事故发生和减少事故损失的方法；明确事故调查处理程序，对指导事故分析，查找影响事故发生的直接和间接原因，判断事故主次原因、确定事故责任和责任者，均将发挥重要作用。同时，该模型的提出将为事故管理、制定各种分析和统计标准提供理论依据。

7.1.7　罗姆瑟事故模型

罗姆瑟（Ramsey）于1978年指出，事故往往（撇开机会的偶然影响）是由人们的不安全行为造成的，而人们不安全的行为往往是由人们一系列不安全的心理因素所致，如感知、认知能力。这些不安全的心理因素绝大多数可以通过人生经验、培训等方式消除（图7.5）。

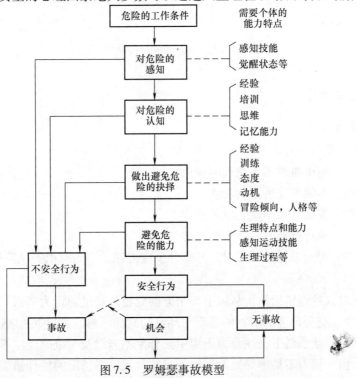

图7.5　罗姆瑟事故模型

7.1.8 哈顿矩阵模型

在 20 世纪 70 年代，美国的哈顿提出了著名的"哈顿矩阵模型"（图 7.6），将道路交通描述为一个设计得不好的"人造机器"系统，需要对它进行全面系统的"治疗"。"哈顿矩阵模型"阐述了在机动车发生碰撞前、碰撞时和碰撞后的三个阶段中互相作用的三要素——人、车和环境。该矩阵构成了系统动力学模型，矩阵中每一个格都有机会采取干预措施，减少道路交通危害的发生与程度。哈顿模型加深了人们对行为、道路和车辆三方面因素对交通安全影响的认识。世界各国都很重视危险因素的研究，并据此制定相应的干预措施。在道路交通系统中，危险由 4 种因素构成：①暴露的机会；②在特定暴露条件下发生碰撞的潜在概率；③发生碰撞后造成损伤的概率；④伤害的转归。

阶段		因素		
		人员	车辆和设备	环境
碰撞前	防止碰撞	信息 态度 损伤 交警执法力度	车辆性能 照明 制动 操控 速度管理	道路设计和道路布局 速度限制 行人装备
碰撞时	在碰撞时防止受伤	固定装置的使用 损伤	乘员固定系统 其他安全装置 防碰撞设计	道路两侧防碰撞物体
碰撞后	生命支持	急救技术 获得医疗救助	容易进入车内 起火的危险	救援设施 交通阻塞

图 7.6　哈顿矩阵模型

7.1.9 哈默差错理论

1. 人的差错

哈默对人的差错分为以下 5 类（图 7.7）：

1）疏忽性：对困难做出不正确的决策。

2）执行性：不能实现所需的功能。

3）多余性：完成一项不该完成的操作。

4）次序性：执行操作时，发生次序差错。

5）时间性：时间掌握不严，对意外事件反应迟钝，不能意识到风险情况。

2. 驾驶员的行为差错

基于哈默对人的差错理论，从以下 5 个方面分析驾驶员的行为差错。

1）疏忽性。交通环境中事物的强度与环境的对比不够、驾驶员的感官产生暂时性功能障碍、驾驶员意识状态低下、注意力不集中或分配不当以及对危险反应不及时或者判断事物错误。例如，由于精力不集中导致对道路上过往行人动态情况的估计错误、未及时发现道路

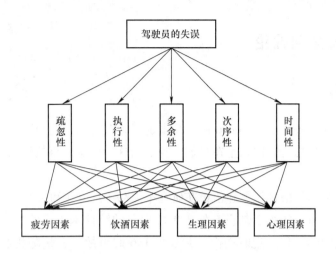

图 7.7 导致驾驶员行为差错的主要因素

障碍等意外造成交通事故的情况。

2）执行性。驾驶员由于自身生理或心理原因无法实施对机动车辆的驾驶或某些操作。由于驾驶员身体健康状况不适应交通安全的要求而造成的交通事故，大致可分为两种情况：当事人事前明知自己的身体健康状况不适于驾驶高速车辆，而仍然驾驶车辆并造成事故；当事人事先并不知道自己的身体情况存有隐患，在驾驶车辆过程中突发疾病导致车辆失控并造成事故。

3）多余性。驾驶员对所感知的信息通过筛选、认知，所做的判断或决策与交通环境中的实际情况不符。在行车中，驾驶员应从车辆、行人的动态及道路的形状、走向、交通标志等判断自己车辆所处的位置，从而决定应采取何种措施，如加速、减速、避让或停车等。错误的判断表现为：对行人、自行车等运动体的行为估计不足，会车时对来车的速度及会车地点估计错误，对道路的宽度、线形、便桥的承载能力以及涵洞的高度估计不足等，导致错误的操作。

4）次序性。在对车辆控制过程中，驾驶员采取了与预期愿望不符的操作动作。导致操作错误主要是驾驶技术熟练程度问题。其次，酒精和某些药物等对人体的神经系统有抑制作用，故酒后开车、吸食麻醉品和服用某些药物会导致反应迟钝甚至出现操作失误。在遇到事故险情时，由于疏于采取回避措施，或者所采取回避措施不及时、不适当甚至错误而造成交通事故。例如，遇有行人横穿道路时不适当降低车速或调整行车路线，为避免与迎面驶来车辆相撞而错误地将汽车驶入有行人正在通行的人行道，以及遇紧急情况时误将加速踏板当作制动踏板进行踩踏等情况。

5）时间性。驾驶员由于自身生理或心理原因对意外事件反应迟钝，没有意识到存在的风险，没有进行及时而有效的操作。观察错误是驾驶员对外界情况未能及时感知或做出错误反应的原因。

关于事故机理的理论还有人体节律论、动机论、人机工程理论等，上述研究理论从各个不同的层面研究人、物、环境、管理等是如何相互作用从而导致事故发生的。

7.2 事故频发倾向理论

7.2.1 事故倾向性

所谓事故倾向性（Accident Proneness）即由统计调查得知，在相同危险程度条件下连续工作的一群人中，事故总集中地发生在少数人身上的这一现象。事故倾向者具有对事故亲和性的个人特性。

事故趋势这个术语是格林沃德和伍德在研究军需品工厂女工事故分布时，用来描述一些女工多次发生事故而另一些女工却没有发生事故现象的统计术语。例如，98 名女工的工作环境和危险都是相同的，在一定时期内，共发生 136 起事故，若按随机假设，24 名女工不发生事故，一名女工发生 4 次以上事故。实际上，有 43 名女工未发生事故，却有 5 名女工发生 4 次以上事故。显然，少数女工具有较高的事故率，这些多次发生事故的人即是事故多发者。因此，根据这一事实提出的事故趋势理论是建立在如下假设之上：事故总是由少数人造成的，如果可以识别出这些事故多发者，就可以采取一些措施以减少事故次数。在美国，一项调查结果表明，6 年中发生的 30000 起交通事故，其中 3.9% 的驾驶员是 36.4% 的事故肇事者。在日本，一家出租汽车公司中 25% 的驾驶员发生的交通事故占 50%，而未发生过事故者仅占 14%（2 年时间内）。

事故趋势理论看来是很吸引人的，由于它的理论原理简单，而且对减少交通事故具有一定的潜在作用，至今它已流行了许多年。但在实际中，我们很难证明交通事故与事故趋势有关，因为每个驾驶员的工作环境不同，有的是大型车辆驾驶员，有的是小型汽车驾驶员；有的在市内驾驶，有的在乡村行驶；有的是长途，有的是短途，驾驶员的这些差异就给事故趋势理论涂上一层阴影。而事故趋势理论在讨论交通事故时完全忽视了驾驶员变化的这一事实。虽然可以发现一定时期内少数人发生了大量交通事故，但在另一时期，这些事故多发者不一定仍然是事故多发者。在对前述 30000 起交通事故做进一步分析表明，若将 6 年分为前后 3 年时间，那么，两个时期的事故并不是由相同的事故多发者造成的，那些前 3 年的安全驾驶员（未发生交通事故）却可能是后 3 年中 96% 事故的肇事者，而按事故趋势理论，那些前 3 年的事故多发者应当是后 3 年的事故多发者，可事实并非如此！

在美国进行过一项研究，即将 3 年中经常发生交通事故的驾驶员调离，比较调离前后同期的情况，可以发现，驾驶员调离后 3 年的交通事故比前 3 年的交通事故少一半以上。由此可见，事故多发者并非出于偶然。如果过去一定时期内发生的事故多，则将来重复发生事故的可能性也越大。事故趋势理论认为，只需对大量的事故多发者进行测量，就可发现他们的共同个性特征，然后把这些特征作为预测手段。有许多证据表明，驾驶员某些特征对交通事故的发生确有影响，如年龄特征，30 岁以下的驾驶员具有冒险趋势，而 30 岁以上的驾驶员则重视交通安全。在几项研究中，已确定影响交通事故的事故多发者特征是：具有攻击行为趋向、无责任感、社会适应不良等。事故多发者与无事故驾驶员的特征比较见表 7.2。

表7.2　事故多发者与无事故驾驶员的特征比较

项目		事故多发者	无事故驾驶员
性格特征	协调性、自查力	少	有
	自我中心性	强	少
	攻击性、活动性	大	小
	作业量	少	多
	动摇性	大	小
心理特征	知识水平	低	高
	待人关系	很少关心他人、亲密度低	关心别人、亲密度高
	不满情绪	强（突然产生）	少
	情绪受刺激	不安定	安定
		兴奋性强	正常
	感受性	过敏	正常
	理解外界现象	主观、片面	客观、全面
	适应性	异常	正常
	安全态度	冒险	安全为主
	安全教育观	轻视	重视、积极
	交通法规观	轻视	重视
	对事故的责任性	缺乏	强

　　根据事故频发倾向理论，防止事故的重要措施是人员选择。但是许多研究表明，把事故发生次数多的工人调离后，企业的事故发生率并没有降低。例如，韦勒（Waller）对驾驶员的调查，伯纳基（Bernacki）对铁路调车员的调查，都证实了调离或解雇发生事故多的工人，并没有减少伤亡事故发生率。

7.2.2　证明事故倾向性存在的方法

　　关于事故倾向性是否确实存在，本节介绍三种主要证明方法。

　　1. 百分比法

　　美国学者德希鲁巴从康涅狄格州29531名驾驶员在6年间的事故分布情况（表7.3）得知，全部事故的36.4%是由3.9%的驾驶员发生的。之后另一学者卢起努的调查发现，5%的驾驶员发生的事故占到了全体事故的47%。

表7.3　德希鲁巴的事故数与人数分布

事故次数/次	驾驶员构成比（%）	事故构成比（%）
0	80.9	0.0
1	15.2	63.6
2	3.21 ⎫	26.41 ⎫
3	0.5 ⎬ 3.9	6.8 ⎬ 36.4
4	0.2 ⎭	3.2 ⎭
全体	100.0	100.0

日本学者对日本某出租汽车公司在同样条件下具有相同驾驶经历的 58 名驾驶员，在 2 年工作时间内发生事故的情况进行了统计分析，发现发生 4 次以上事故的驾驶员只占人数的 19%，而事故数却占到总事故数的 47%（表 7.4）。

表 7.4　日本某出租汽车公司两年内驾驶员事故情况

发生事故次数/次	驾驶员数		事故数		每人平均发生事故数/次
	人数/人	构成比（%）	次数/次	构成比（%）	
0	17	29.3	0	0	0
1	13	22.4	13	11.9	1.00
2~3	17	29.3	44	40.4	2.59
4~5	8	13.8	33	30.3	4.13
6~7	3	5.2	19	17.4	6.34
合　计	58	100.0	109	100.0	1.88

以上事实说明了少数特定的人会反复发生事故，或者说这些人容易发生事故。

但这个百分比法尚存在一些缺陷，如没有比较事故驾驶员与无事故驾驶员的总行驶里程，这在"可比性原理"中还是欠缺的。因此，仅用百分比法还不足以完全说明问题。

2. 机会分布与事故分布的比较法

格林沃德和伍兹等学者从事故发生的分布、统计性、组织性方面进行了验证。

他们提出了 3 个假说，根据假说设定理论分布，然后调查实际的事故分布与哪个最为吻合，以此来验证哪个假说是正确的。

（1）随机分布假说（Simple Chance Distribution，C. D）

该假说认为所有驾驶员什么样的事故倾向性也没有，一个群体中的事故全然是由单纯机会产生在个人身上的。

（2）偏倚分布（Biased Distribution，B. D）

该假说认为某群体的成员，最初的事故易发生度是相同的，但如果某驾驶员（或某些驾驶员）一旦发生事故后，将来发生事故的机会就变大了。如同得过一次结核病后，抵抗力变弱，以后就容易生病一样。

（3）非均等分布（Distribution of Unequal Liability，U. D）

该假说认为每个人不是从相同的状态出发，某些人易发生事故的程度大，另一些人易发生事故的程度小，即事故倾向性因人而异。

将这 3 个假说与实际事故分布比较发现，实际事故分布与随机分布有很大的差别，而与偏倚分布和非均等分布却很类似。

从对许多样本的调查结果得出其事故分布类似非均等分布这一事实，证明了事故是各人从最初所具有的若干特质的不同而产生的倾向不同。

3. 连续两个时期的事故数比较法

这个方法是首先取得某个时期的事故记录，然后将其分为前、后两期，将前期的事故数与后期的事故数进行比较。结果发现，前期发生事故较多的人后期事故也较多。因此，事故并不是完全偶然发生的事件，而是偏倚某些特定的人而发生的，且前期与后期事故相关系数达到 0.37 ~ 0.72。

表 7.5 为日本九州大学三隅教授从九州公交公司获得的数据。可以看出，前期 3 年中事故发生多的驾驶员，平均在后期 3 年中的事故也发生得多。

表 7.5　日本九州公交公司前后两期的事故比较

1958—1960 年事故不同次数群体（人数）	1958—1960 年 3 年间的事故总数/次	1961—1963 年 3 年间的事故总数/次	后 3 年间的人均事故数/次
无事故群（272 人）	0	146	0.54
1 次事故群（139 人）	139	120	0.86
2 次事故群（54 人）	108	53	0.98
3 次事故群（25 人）	75	33	0.32
4 次事故群（9 人）	39	15	1.67

研究者们还以某年 2 月份的事故状态为基础，调查了 2 月份发生事故与未发生事故的人在以后各月的事故数（表 7.6）。明显可以看出二者的差异，即 2 月份发生事故的人，之后也容易发生事故。

表 7.6　2 月份事故者和无事故者在以后各月平均发生的事故数

月份	2 月份发生事故者 62 人平均发生的事故数/次	2 月份未发生事故者 136 人平均发生的事故数/次	差与误差
2 月	1.31	—	—
3 月	0.65	0.06	0.59 ± 0.04
4 月	0.45	0.30	0.15 ± 0.07
5 月	0.21	0.10	0.11 ± 0.04
6 月	0.40	0.26	0.14 ± 0.07
7 月	0.03	0.01	0.02 ± 0.02

由以上可知，除百分比法之外，机会分布与事故分布的比较法、连续两个时期的事故数比较法都明确指出了任何人都不是偶然遵从机会法则，可以设想有若干因素隐藏在个人的特性之中。

当然也不能绝对化，事故的发生也受到年龄、家庭生活条件、在工作单位的立场、地位、岗位教育等影响，因此将个人固有的特质看成事故发生的绝对条件，也难免有些草率。

事实上，反复出现事故的人，从某个时期后不再发生事故的例子也是有的。因而将事故发生的潜在要因归于个人特质，给某人贴上事故倾向的标签，而且认为此人一生都有事故倾向性的考虑方法，也是欠妥的。

但重要的是，明确地找出什么是此人容易发生事故的要因，然后消除这些要因，或者通过教育与训练加以矫正，从而使其发生事故的可能性降低下来，起到事故预防作用。特别是贯穿某个时期比他人事故多发的人，因其在下一个时期有比别人容易发生更多事故的可能，所以要特别对这些人进行彻底的教育和指导，这样做的实际效果可能会更好。

7.2.3 事故趋势理论的数学基础

为了定义事故趋势，需要假设：某驾驶员在一定时间内发生的实际交通事故数是由于随机原则和发生事故的固有趋向所确定的。按照随机原则，驾驶员发生交通事故的概率服从泊松分布，如果有 N 个驾驶员，各驾驶 M 距离，那么，每行驶一定距离发生一起交通事故的概率为 P，驾驶员发生 r 起交通事故的人数为 $Ne^{-m}m^r/r!$，这里的 $m = MP$。按照事故趋势理论，各起交通事故的发生不影响以后事故的发生。假定 M 很大，N 也很大，而 P 很小，我们就可以说，一个驾驶员发生 r 起交通事故的概率为 $e^{-m}m^r/r!$。

假定一个驾驶员在一定时期（如一年）发生的交通事故率为 λ，就可建立一个简单的数学模型，驾驶员发生 r 起事故的概率为 $e^{-\lambda}\lambda^r/r!$。

交通事故率为（λ，$\lambda + d\lambda$）范围的驾驶员比例为 $f(\lambda)d\lambda$，他们发生 r 起事故的概率为

$$\frac{1}{r!}\int_0^\infty e^{-\lambda}\lambda^r f(\lambda)d\lambda$$

在不同时期内，外部条件（如交通、气候等）也可能不同，假定其影响为乘上等量的期望率 a，那么，发生 r 起事故的概率为

$$P_r = \frac{a^r}{r!}\int_0^\infty e^{-\lambda a}\lambda^r f(\lambda)d\lambda \tag{7.1}$$

事故平均数为

$$\bar{r} = \sum_0^\infty rP_r$$

由下式求出：

$$\bar{r} = a\bar{\lambda} \tag{7.2}$$

这里的 $\bar{\lambda} = \int_0^\infty \lambda f(\lambda)d\lambda$ 是事故率 λ 的分布平均数，事故平均数的方差为

$$\delta_r^2 = a\bar{\lambda} + a^2\delta\lambda^2 \tag{7.3}$$

式中，δ^2 为比率的方差。

式（7.3）表明，当期望率相等时，事故数的方差等于这个时期的事故期望数，作为式（7.2）和式（7.3）的推论，可写为

$$\delta_r^2/\bar{r} = 1 + v^2\bar{r} \tag{7.4}$$

式中，$v = \delta\lambda/\bar{\lambda}$ 为事故率方差的系数，表示驾驶员事故率的扩张程度。

对式（7.4）的一种解释认为，如果除以 $\bar{r}$ 可使 δ_r^2 增大，则应当看作事故数的方差趋于事故率增加而增大，即在较长时期内可消除偶然影响。

在式（7.4）的基础上还可建立一些数学模型。早期的研究假定分布 $f(\lambda)$ 的形式为皮尔逊Ⅲ型分布：

$$f(\lambda) = \frac{(k/\bar{\lambda})^k\lambda^{k-1}e^{-k\lambda/\bar{\lambda}}}{(k-1)!} \tag{7.5}$$

除平均数 $\bar{\lambda}$ 之外，这个分布受参数 k 的影响，事实上，方差系数为

$$v = 1/\sqrt{k} \tag{7.6}$$

如果考虑一般情况，在一定时期的事故期望数为

$$m = a\bar{\lambda} \tag{7.7}$$

用式（7.5）替代式（7.1），这个时期发生 r 起事故的概率为

$$P_r = \frac{(k+r-1)!}{r!(k-1)!}\left(\frac{k}{m+k}\right)^k\left(\frac{m}{m+k}\right)^r \tag{7.8}$$

这是一个负二项式分布。

进一步讲，还可以讨论连续时期的事故率之间的关系。将第一个时期发生 S 起交通事故的驾驶员排除之后，发生交通事故的概率为

$$f(\lambda s) = \frac{e^{-\lambda}\lambda^s f(\lambda)}{\int_0^\infty e^{-\lambda}\lambda^s f(\lambda)\,d\lambda}$$

第二个时期发生 r 起交通事故的概率为

$$P(rs) = \frac{a^r\int_0^\infty \lambda^{r+s}e^{-\lambda(1+a)}f(\lambda)\,d\lambda}{r!\int_0^\infty \lambda^s e^{-\lambda}f(\lambda)\,d\lambda}$$

替换Ⅲ型分布为

$$P(rs) = \frac{(r+k+s-1)!}{r!(k+s-1)!}\left[\frac{\bar{\lambda}+k}{\bar{\lambda}(1+a)+k}\right]^{k+s}\left[\frac{a\bar{\lambda}}{\bar{\lambda}(1+a)+k}\right]^r$$

这是一个与式（7.8）类似的负二项式分布，不过 k 被 $k+s$ 所替代，m/k 被 $a\bar{\lambda}/(\bar{\lambda}+k)$ 所替代。

事故数 r 为

$$r = \frac{a\bar{\lambda}(k+s)}{\bar{\lambda}+k}$$

方差为

$$\delta_r^2 = \frac{(k+s)a\bar{\lambda}[\bar{\lambda}(1+a)+k]}{(\bar{\lambda}+k)^2}$$

思 考 题

1. 什么是机理？什么是交通事故机理？常见的事故机理表述有哪些？
2. 试论述事故因果连锁论的基本思想和主要观点，并结合具体案例分析。
3. 海因里希事故因果连锁论、轨迹交叉论和事故致因综合分析方法有何异同？
4. 在交通事故预防中，哈顿矩阵模型是一个比较重要的模型，简要写出哈顿矩阵模型的主要内容。
5. 简述道路交通事故模型理论的作用及主要内容。
6. 什么是事故倾向性？事故多发者与无事故驾驶员的特征及区别有哪些？
7. 结合具体案例，分析事故发生的机理。

第8章 Chapter 8

道路交通事故预防

　　道路交通系统是由人、车、道路、环境等几个方面构成的，是一个典型的复杂系统。道路交通事故预防是运用系统工程的思想和方法，分析交通事故信息，揭示交通事故的发生、发展规律，综合运用系统论、控制论的行为科学、管理科学、风险决策科学和工程技术等方面的知识，对交通事故的演化机理、相关因素进行定性和定量分析，针对形成交通事故的原因，研究交通事故防治对策的分析、评价、优化技术以及对道路交通安全进行系统控制的方法。

8.1　交通事故的可预防性

　　如同一切事物一样，事故也有其发生、发展过程，事故的发展可归纳为三个阶段：孕育阶段、生长阶段和损失阶段。孕育阶段是事故发生的最初阶段，此时事故处于无形阶段，人们可以感觉到它的存在，而不能指出它的具体形式；生长阶段是由于基础原因的存在，出现管理缺陷，不安全状态和不安全行为得以发生，构成生产中事故隐患的阶段，此时事故处于萌芽状态，人们可以具体指出它的存在；损失阶段是生产中的危险因素被某些偶然事件触发而发生事故，造成人员伤亡和经济损失的阶段。安全工作的目的是避免因发生事故而造成损失，因此要将事故消灭在孕育阶段和生长阶段。

　　交通事故是由于道路交通系统中人、车、路和环境在某一时刻不相协调而产生的。交通事故是可以预防的，其原因有以下几种。

　　（1）交通事故是由非自然因素造成的

　　传统的道路安全观念认为机动车辆事故是"意外事件"，而且是道路运输的一个不可避免的后果。"事故"给人一种不能规避、不可抗拒和无法预见的概念，是一个无法控制的随机偶然的事件。道路交通事故的宿命论观点导致缺乏政治责任感，人们对这种"意外事件"只能束手无策，发生交通伤害只能自认倒霉。

　　这种观念是极其错误的。道路交通事故是指车辆驾驶员、行人、乘车人以及其他在道路上进行与交通有关活动的人员，因为自身的过失而造成的人身伤亡或者财产损失事故。也就是说，交通事故是由非自然因素造成的，与泥石流、台风、海啸、地震等灾害不同，不是由人类不可抗拒的自然因素所造成的。因此，道路交通事故是可预见和可预防的，道路交通伤害是可以通过科学分析和合理措施加以控制的。

　　（2）交通事故的致因是可以识别的

　　道路交通系统是一个处于复杂环境中高速运动的人机系统。系统中的因素（人、车、路）由于自身特点和相互间的作用，会产生失误或故障，从而导致人的不安全行为和物（车、路、环境）的不安全状态。人的不安全行为和物的不安全状态的相互组合，引发人机匹配失衡，从而导致交通事故的产生。产生交通事故的原因是多层次的，总体来说，人的不安全行为和物的不安全状态是造成事故的直接原因；而人、车、路、环境又是受管理因素支配的，因此管理不当和领导失误是导致事故的本质因素。

尽管交通事故的致因具有随机性和潜伏性，但这些致因会在事故的成长阶段显现出来。运用系统安全分析的方法，可以识别出系统内部存在的危险因素，通过对大量的交通事故案例的分析，也可以发现交通事故的诱因。

（3）交通事故的致因是可以消除的

既然交通事故是由非自然因素造成的，而且其致因可以被识别，那么就可以想办法来消除交通事故的致因，从而预防交通事故的发生。通过下述措施，可有效地阻断系统中人和物的不安全运动的轨迹，使得交通事故发生的可能性降到最低：排除系统内部各种物质中存在的危险因素，消除物的不安全状态；加强对人的安全教育和技能培训，从生理、心理和操作上控制住人的不安全行为；建立、健全法律法规和规章制度，规范决策程序，强化安全管理，从组织、制度和程序上，最大限度地避免管理失误的发生。

（4）交通参与者的能力是可以提升的

WHO 发布的《全球道路交通安全情况报告》列出了十大影响事故发生的危险因素：①超速；②使用酒精、药品和毒品；③疲劳；④年轻男性；⑤城市和居民区道路安全弱势群体（行人、骑车人、儿童、老年人等）；⑥在黑暗中旅行；⑦车辆因素；⑧道路因素；⑨环境因素；⑩道路使用者视力欠佳。上述因素中除了⑦、⑧、⑨项外，其他因素都与交通参与者有关。

事实上，除了极少数因车－路引发的交通事故外，90% 以上交通事故的发生都与交通参与者相关联。因而通过提升交通参与者尤其是驾驶员的驾驶技能，有利于减少交通事故的发生，提高道路交通的整体安全性。

通过科学培训及经验的积累，交通参与者的能力可以得到很好的提升。现阶段可以通过开展驾驶员判断能力与动作能力培训、注意力分配检测、驾驶适应性检测和训练（Aptitude Test）来达到提高驾驶员驾驶能力、减少道路交通事故的目的。

在技能培训方面，通过运用"防御性驾驶（SMARRT 原则）"理念，可以有效地防止或降低由他人行为、外界环境和车辆状况造成的不利条件的干扰，从而实现安全驾驶。

防御性驾驶培训最早由哈罗德·史密斯提出，经过快速发展，到现在为止已有过半数的世界 500 强企业采用了防御性驾驶培训，训练驾驶员"更集中注意力，尽早识别并进行有意识的决策，准确而又迅速地动作"是防御性驾驶培训的目标，图 8.1 所示为防御性驾驶要领。

在科学培训方面，有驾驶适应性检测和训练，该项目主要检测驾驶员在驾驶车辆运行中必须完成的基本职能所需要的心理和生理素质（图 8.2），其理论基础便是前文所

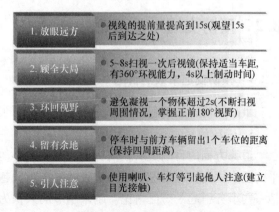

图 8.1　防御性驾驶要领

提的事故倾性理论。美国是最早开展驾驶适应性检测的国家，从 1930 年开始，美国研制了一系列旨在测评驾驶适应性的量表及问卷；1947 年，美国劳工部人力资源局正式采用一般职业能力倾向成套测验（General Aptitude Test Battery，GATB），把其作为职业咨询、指导和选拔的重要依据。

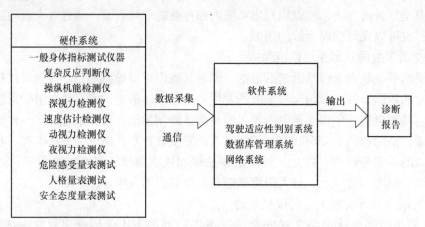

图 8.2　驾驶适应性检测系统组成

日本爱知县警察局对经常发生事故的某电车公司引进驾驶适应性检测和相应的适应性管理，引进前后事故率发生了明显变化（表 8.1）。

表 8.1　采用驾驶适应性检测前后的事故对比（日本）

时间	人身事故					物损事故	
	死亡/人	重伤/人	轻伤/人	休假 2 日/人	赔偿额/万元	件数/件	赔偿额/万元
实行前 7 个月	1	7	4	656	316	11	86
实行后 7 个月	0	2	1	175	85	7	12.2

目前可以开展"判断能力与动作能力""判断能力与动作能力结合驾驶技能""稳定驾驶员情绪"和"驾驶适应性"等方面的训练。

8.2　预防交通事故理论

8.2.1　预防交通事故的目的

事故预防的目的包括道德、法律和经济三个方面。

1. 道德的目的

道德方面的目的是从任何一个人都要关心他人的观念出发的。随着人们物质文化生活水平的逐步提高，人们对安全与健康的要求越来越强烈。环境问题、人口问题、安全问题和其他一些事务引起了广泛讨论。越来越多的人认为，为了赢利或者其他目的而引起工作场所之内或者之外的人的安全与健康的风险问题，从道德上讲，是无法接受的；由于死亡和伤残而造成的痛苦，是无法用金钱来衡量的。比起过去，当下雇主的道德义务观念要更强。

有关道德目的的一个衡量尺度就是士气，它与法律和经济两个目标相关。工人的士气可以通过积极参加事故预防的演习而得到加强，也可因为事故而被削弱。不良的公共形象会影响企业内部和外部的无形资产，公众信心的减弱也会削弱企业与社区的联系、企业的市场位置、市场占有率乃至企业的名气。

2. **法律的目的**

法律的目的是由国家的法律所规定的，当违背及未能遵守法律时，就会受到起诉及一系列强制性行动的处理。根据法律，受到伤害的工人和其他人是由于企业破坏了其法律义务或未能达到法律所规定的标准，因而应得到依法规定的赔偿。

3. **经济的目的**

经济方面的目的是确保企业的财政状况，持续保证职业安全健康，避免造成与事故相关的损失，包括雇主的现金损失、社区及社会因工人伤亡而受到的损失、财产的损失及工作受到影响而造成的损失。其中的一些项目可以列入保险之中，被称为直接损失。因为索赔，保险金也要增加，因此一旦发生事故，总的开支也会相应增加。间接损失包括没有保险的财产损失、计划的延期、加班的支出、为事故而引起的管理付出及因维修、重建而造成的产量下降等费用。

8.2.2 预防交通事故的原则

1. **防患于未然原则**

防患于未然是预防和减少交通事故的根本策略，这是因为交通事故与事故损失的关系是偶然性的。交通事故的发生是其内在因素作用的结果。然而，事故何时发生、发生后是否会造成损失、损失的种类和程度如何，却是由偶然因素决定的。

即使是反复出现的同类事故，每次事故的损失情况通常也是不同的。事故可能会造成伤亡，也可能会造成车物损坏，或者是二者兼有。不可能根据交通事故所造成损失的程度来决定是否采取措施，预防特定的交通事故的发生。

德国的海因里希（H. W. Heinrich）在对55万余次事故进行统计之后，得出了事故法则。该事故法则表明，在330起事故中出现重伤或死亡、轻伤和无伤的比例是1∶29∶300。对我国1987—1992年交通事故数据的统计分析也得出了相似的结果，特大事故、重大事故、一般事故发生次数的比例是1∶25∶102，此外还有大量的轻微事故。即使如此，在特定事故发生之前，人们不可能断定其后果的严重程度，唯一积极的对策是防患于未然。只有完全防止了各种事故的发生，才能避免事故所带来的各种程度的损失。

防患于未然的关键在于对危险源和事故隐患的识别、消除与控制。对于已经发生的交通事故，救治伤者、保护财产固然是十分重要的，但如果仅仅到此为止，那么对于改善系统安全状况、预防交通事故的再次发生，是没有任何意义的。

对于交通安全管理而言，更为重要的是追根求源、防患未然。因此，对于任何事故，无论是否造成了严重伤害或重大损失，均应全面分析原因，识别隐患，以便在以后的交通安全管理工作中能采取有针对性的措施，消除或控制事故隐患，将其消灭在萌芽状态，最大限度地防止交通事故的发生。

2. **根除交通事故可能原因的原则**

（1）引发交通事故的可能原因

任何交通事故的发生都是有原因的，事故与原因之间存在着必然性的因果关系。交通事故防治对策的有效性，在很大程度上取决于交通事故调查和分析的准确性，而交通事故的调查和分析的一项重要内容就是找出事故的直接原因和间接原因。

1）直接原因：直接引发交通事故的原因或事件，是指人的不安全行为和物的不安全状态。这些人的、物质的、环境的原因构成了交通活动中的危险因素。它是在时间上最接近事故的原因，但往往不是交通事故发生的根本原因。导致交通事故发生的直接原因主要有交通参与者的失误、车辆故障、道路状况不佳等。

2）间接原因：使直接原因得以产生和存在的原因和条件，多是在教育培训、规章制度、法律法规、管理组织、交通环境等方面的缺陷或失误。

间接原因通常有：①交通参与者的交通安全意识和交通安全技能较差；②交通安全教育和培训不够；③车辆的检查和保养不够；④车辆运行安全管理制度的健全或落实不够；⑤道路及其设施养护不够；⑥交通环境综合治理不够等。

直接原因往往是间接原因的结果，这反映出交通事故发生的根源在于管理人员和交通参与者的素质低下，管理人员管理失误或疏忽，管理制度不健全、不落实等。

（2）根除交通事故可能原因的必要性

事故的因果性决定了交通事故发生的必然性，只要这些危险要素还存在，交通事故就随时都有可能发生，道路交通系统就不可能处于安全状态。交通事故的因果关系通常是随机的、多层的、多线性的，只有消除了可能引发交通事故的原因，才能从根本上防止交通事故的发生。

（3）根除交通事故可能原因的策略

1）必须制定针对交通事故直接原因的治理对策。该对策以消除人的不安全行为和物的不安全状态为目标，可以约束人的行为，改善系统内的物质条件，进而降低交通事故发生的可能性。然而，交通事故防治对策不能仅仅针对直接原因，因为这样并不能根除产生直接原因的条件，也不能保证交通事故防治对策效果的持久性。

2）必须消除引发交通事故的根本原因。有效的交通事故防治对策是建立在根除引发交通事故的根本原因的基础之上的，间接原因是引发交通事故的深层次的原因，它的存在是直接原因得以产生并发挥作用的基础和条件。直接原因不过是间接原因的结果，而间接原因则是导致交通事故发生的根本原因。只有从提高人员的素质技能和管理水平入手，改善制度上、技术上以及物质条件上的缺陷，才能在根本上预防和减少交通事故的发生。

由于交通事故的复杂性，交通事故的因果关系也具有相应的复杂结构，查清事故原因并不是一件容易的事情，必须借助于科学的方法和先进的手段。对于暂时不能彻底消除的因素，必须对其采取控制、防护、屏蔽等措施，限制其在系统内的发展，将引发交通事故的可能性降到最低限度。

3. 综合治理的原则

（1）交通事故致因的多方面性

引发交通事故的因素是多方面的。这些因素可能来自于交通参与者本身，也可能来自于车辆、道路、组织机构、规章制度、法律法规、交通环境等方面，交通事故是多种因素共同作用的结果。

（2）交通事故预防的3E对策

在道路交通系统中，交通事故的致因众多，因果关系复杂。要想预防和减少交通事故，就必须在查清交通事故致因的基础上，对道路交通系统中存在的不安全因素进行全面的、综合的治理。

在引发交通事故的各种因素之中，技术原因、教育原因和管理原因是三个最重要的原因。因此交通事故防治的基本对策是工程技术（Engineering）、教育培训（Education）、法制与管理（Enforcement）对策，即3E工程。要全面实施交通事故的预防对策，才能取得理想的效果；只片面地强调某一对策的作用，交通事故预防的效果就会受到影响。

1）工程技术对策。为了确保道路交通系统的安全，预防和减少交通事故的发生，在道路交通运输工具及其附属设备、道路及其附属设施的设计、维护和使用过程中所采取的对策，就是工程技术对策。首先要分析和识别系统内存在的潜在危险因素，掌握其变化规律；在此基础上，通过试验和研究，有针对性地提出控制、消除潜在危险因素的工程技术对策与措施。

2）教育培训对策。人们对交通安全的态度、人们的交通安全技能以及人的知识技术水平是确保交通安全，预防交通事故发生的关键因素。为了提高人的素质，避免人的失误的发生，就必须进行教育和培训，以提高人在交通活动中的可靠性。教育培训的核心是增强人的安全意识和安全技能，这包括交通法制教育、安全知识教育、交通安全技能培训和交通安全态度教育。交通安全教育培训要在调动社会、单位和个人三方面积极性的基础上，多层次、多形式、有重点、有计划地全面展开。

3）法制与管理对策。为了确保交通安全，国家制定了一系列法规、标准、规范等，对人们在参与交通活动时应该做什么、不应该做什么，做出了强制性的规定。严格遵守交通法规，就可消除人的不安全行为和物的不安全状态，最大限度地减少交通事故的发生，因此，交通法规是人们参与交通活动的行为规范，是实现交通安全的法律保证。交通法规的贯彻、落实要以严密的组织机构、健全的规章制度、严格的监督检查和有效的控制协调作为保证。只有加强安全管理，强化安全控制，才能及时发现管理缺陷，采取有针对性的措施，从根本上消除产生交通事故的诱因。

8.2.3 道路交通事故预防理论

1. 本质安全化（Intrinsic Safety）理论

所谓本质安全化是指对于一个工作系统，不是通过从外部采取附加的安全装置和设备，而是依靠系统自身的安全设计进行本质方面的改善。即使在系统发生故障或误操作的条件下仍能保证安全，也就是当操作者产生不安全行为，如在误操作或判断错误的情况下，设备、系统仍能自动地保证安全，或是当设备、系统发生故障时能自动发现并自动消除，确保人身和设备安全。对于企业生产过程而言，就是通过追求企业生产流程中的人、物、系统、制度等诸要素的安全可靠和谐统一，使各种危害因素始终处于受控状态，进而逐步趋近本质型、恒久型安全目标。为使设备、系统处于或达到本质安全而进行的研究、设计、改造和加强管理的过程，称为本质安全化。

本质安全本是指在设备设计制造阶段就采取措施消除危险的一种提高设备设计安全性的方法，随着人们对系统安全认识的深化及对本质安全内涵认识的不断加深，现在，本质安全已成为人们从事各项活动时追求的重要安全目标之一。

本质安全化理论认为，由于受生活环境、作业环境和社会环境的影响，虽然人的自由度增大，但可靠性却比机械差，存在着发生人为失误的可能性。因此，从防范事故的角度而言，必须建立起某种在即使发生人为失误的情况下也能确保人身及财产安全的机制和物质条件，使之达到本质安全化。

2. 有限安全理论

有限安全理论认为：①在目前科技条件下，对于任何一个运动系统或动力系统而言，由于设计、制造、使用、管理等诸多环节存在着缺陷，其在运动过程中均存在着发生事故的可能性；②根据经验判别和经过各种利害比较，总可以找到一个利害平衡的、可以被接受的事故发生概率，并被确定为系统的安全指标。这一安全理论思想，对于道路交通事故防治而言，就是以较低的事故预防成本将交通事故发生的可能性控制在可以被接受的指标内。

有限安全理论虽然在学术观点上与本质安全化理论有所对立，但该理论从比较现实的角度全面观察分析问题的结果，因而更接近于实际，具有易实现的特点。本质安全化理论是从理想状态对运动系统的安全状态提出要求，具有看上去很简单但做起来并不轻松的特点；有限安全理论是对本质安全化理论的发展和务实性修正，其安全指标常常作为评价安全工作好坏、系统是否安全的标准。

有限安全理论的形成和发展源于安全评价的需要，其本身并没有提出预防和控制事故发生的具体方法，只是从另一个角度提出了控制事故发生评价尺度的新思路，正是由于认识问题角度的改变，使得安全有限且在各个领域可有不同限值这一具有重要价值的认识观得以凸显。实际中，有限安全理论对于人们在控制和预防事故过程中避免陷入超越实际情况、盲目追求尽善尽美的理想目标具有积极的指导意义。该理论对于交通事故预防同样具有很强的现实意义。

3. 重点控制理论

当今社会形成了众多复杂系统，由于复杂系统影响因素众多，实际中全面控制一般不太现实，只能选择少数重点对象进行控制。重点控制的基本思想就是依照不同的控制管理层次控制不同的重点对象，以与调控能力相适应，达到理想的控制效果，该理论认为：①控制住重点就能控制住全局；②分列重点就可与其控制能力适配；③各有重点就可实行分工合作，有利于全面控制。

实际中如何确定重点控制对象需要根据具体情况而定，首先，不同的系统其重点控制的对象是不同的；其次，即使是同一系统，其重点控制的对象在不同的时期也并不完全相同。确定重点控制对象的方法主要有：依据行政分工方式划分、依照危险源的性质划分，通过危险辨识评价技术遴选。

4. 多重防护理论

多重防护理论认为，在一个运动系统中设立多重防护措施可有效地预防事故发生。设立多重防护措施如同设立多重关卡，其作用效果与并联系统具有相似性，即随着防护重数的增加，系统发生事故的概率呈连乘积的倍数降低。对于道路交通事故防治而言，多重防护措施可有效地预防事故发生。例如，为提高道路弯道处的行车安全性，防止车辆在弯道发生翻车事故，实际中可采用超高、设置防护墙（或防护栏杆）、设置限速标志、增大道路路面附着系数、设置弯道警告标志以及交通标线进行视线诱导等一系列措施。

虽然随着防护层数的增加，其安全效果也随之提高，但不可否认，在一个运动系统中随着防护层数的增加，其预防事故的成本也成比例地快速增加。因此，对于一个运动系统而言，并非安全防护层数越多越好，而应根据实际需要和可能，在充分考虑防护效益与事故预防成本的前提下确定一个合适的防护层数。

5. 系统控制理论

系统控制理论是在系统论和控制论基本思想的基础之上发展起来的预防和控制事故的理论。系统论认为，现实世界是由各种系统组成的，对于一个系统而言，一个问题的产生往往并非孤立的现象，而是系统内部某部分出现了问题并相互作用后的结果。因此，要解决某个问题，除了要关注问题本身外，更要注意系统间相互关联的状况，只有厘清了脉络、分清了层次、找出了问题的相互关系，才能得到预期的效果。控制论认为，当系统输出某个信号时，总会在某个方面或某个时候获得相应的反馈。此外，系统为使输出能够产生正面的、积极的回应，会持续不断地检查自身输出信号的正确性和有益性，以防止出现负效益和有害的反馈。对于一个运动系统，在预防和控制事故发生的过程中，首先需要检查大系统及其各子系统的所有输出，然后选取有利的输出，排除不利的输出，在此之后还需要继续调整反馈，以便及时发现问题、及时处理，使系统始终能够保持安全稳定的状态。

系统论和控制论的思想和方法在安全系统功能分析、危险辨识与控制、不安全行为与失误操作的预防与控制、人机适配系统优化等方面得到了充分的应用，这一理论对于道路交通事故防治同样具有积极的指导意义。对于道路交通系统而言，人、车、路三大要素的构成状况、相互间的作用关系都直接对道路交通系统安全状况及其变化产生影响，道路交通系统安全状况作为道路交通系统的一种具体输出，反映着三要素之间的作用关系及其对道路交通系统安全状况变化的影响程度。三大要素之间的构成状况不同，相互间的作用关系也不同。从系统论和控制论的角度看，改变人、车、路三要素构成状况和相互间的作用关系，则一定会使道路交通系统安全状况产生相应变化，因此，构建三要素合适的组成状况与积极的作用关系，则能使道路交通系统安全状况向好的方向变化与发展。

6. 管理效能理论

管理效能理论认为，通过加强管理可以有效控制、预防交通事故的发生，因此，加强法制管理，强化监察、检查、评价等环节，强调行政干预便成为其普遍采用的手段。对于道路交通事故防治而言，加强道路交通安全立法和执法、制定车辆技术性能标准、制定车辆技术性能检测规程和标准、制定道路安全技术规范和标准、制定道路交通安全运输管理条例、设立道路交通安全管理机构、强化交通安全监察机制、进行交通安全评价等内容，都是该理论的具体体现。

在道路交通系统规模日益扩展、结构日趋复杂的情况下，加强交通管理已成为保障道路交通安全的客观要求。道路交通活动越是频繁，交通安全法规、制度、监督、控制等管理手段的保证作用就显得越重要。实践表明，即使在物质条件不发生改变的条件下，通过强化管理，加强交通运输从业人员的教育培训，提高交通参与者素质，亦可使道路交通系统的安全状况得到明显的好转。

事实上，强化管理一定会使对应的物质条件发生相应的改变。因此，管理效能理论对道路交通事故防治具有积极的指导意义。

7. 前兆辨识理论

这里前兆的意义是指事故在尚未发生时所表现出的相关征兆，辨识的意义是指分辨、识别技术；前兆辨识则是指事故发生之前对事故征兆的分辨、识别技术。前兆辨识理论认为，只要事先发现事故前兆，就可以及时采取措施进行控制与预防，以消除事故隐患，进行前兆辨识的过程实际上就是发现事故隐患的过程。

前兆辨识理论的核心以及在实际应用中的难点均聚焦于对事故前兆的分辨和识别上，是一项富有挑战性的工作。一方面，不同的运动系统其事故前兆的表现是不相同的；另一方面，即使是相同的系统，在不同条件下由于发生的事故类型不同，其表现出的前兆可能也不相同。因此，要准确地辨识出一起事故的前兆并非易事，这是因为道路交通事故具有突发性、随机性、隐蔽性和事先不明确性等特点，如果找不准前兆的表现，有时还可能适得其反。在目前科技条件下，对于事故前兆的辨识，辨识者除了运用相关的理论进行分析外，更需要丰富的现场实践经验。

前兆辨识理论用于实际中涉及的主要技术包括：信息传感监测技术、前兆辨识技术、心理测试技术、行为鉴定技术等。目前，尽管信息传感监测技术发展很快，但对于交通这样一个复杂大系统而言，前兆辨识技术特别是动态条件下的事故征兆辨识技术并不成熟，同时，与人相关的心理测试技术、行为鉴定技术的精确性也存在不少困难。因此，前兆辨识理论要广泛用于生产实际还需要做出持续努力。

上述道路交通事故预防理论的应用都需要具备一定条件，到目前为止，尚没有一种交通事故预防理论是万能的。对于道路交通事故防治而言，运用单一预防理论进行交通事故防治的效果自然是有限的，只有从具体条件出发，多种预防理论并用进行交通事故防治才能取得较好效果。此外，当具体情况发生改变时，采用多种预防理论实施防治过程中的控制措施、控制方法也需要及时进行调整。

8.2.4 交通事故预防存在的问题

忽视事故的科学预防是交通事故发生的一个重要原因。研究过去几年的交通事故资料可以发现，交通事故预防还存在着预防体系失控、预防源头失准、预防管理空白、预防时间滞后与预防措施落后等问题。

1. 预防体系失控

交通事故的预防应当社会化、系统化。目前，全国交通事故预防主体模式上尚未形成点、线、面结合的既有分工又有协作的预防决策体系和预防控制体系，普遍存在预防盲区以及事故预防与事故管理相脱节的倾向，缺少一个有职有权的真抓实管的预防交通事故的决策管理部门和事故预防控制体系，预防失控现象比较严重。这是目前制约交通事故预防成效的最重要因素之一。

2. 预防源头失准

事故预防关键在于控制事故的源头因素，尤其是人的因素。人的因素在交通事故致因当中是最重要的，同时也是事故的源头。然而，在既往的交通事故预防过程中，很少从源头防范抓起，不以人为本，重车轻人的预防失准现象相当严重。例如，对事故责任占到70%以上的驾驶员问题并没有引起高度重视，至今对驾驶员的身心素质检查尚未立法执行，驾驶员培训考核制度不够严格，目前只有部分地区开展驾驶适应性检测。

3. 预防管理空白

社会因素和管理因素都是事故发生的诱发因素，然而，在事故预防上却忽视了社会预防与管理预防，甚至存在比较严重的管理空白现象，导致功利型、特权型、技证不符型等交通事故大量增加。目前，由于还没有一个全面、系统、权威的交通事故预防管理法规，难以形成法治预防事故的局面。另外，交通管理者与决策者的失职和失误是事故发生的另一源头。可是，在事故处理中很少追究管理者的责任，在事故预防上更忽视管理者的预防效应。实际在某些事故中，驾驶员既是肇事加害人，又是管理失误的受害者，管理上的这种预防空白，无疑是此类事故增多的一个重要原因。

4. 预防时间滞后

防患于未然是预防交通事故的基本方针。然而，目前有许多单位往往重视的是事故后的处理。一旦发生了事故，上级派工作组进单位整顿，处理一些人，列几条管理车辆保安全的规定后，便撤走工作组，所谓的预防事故也到此为止。这种周而复始的预防滞后现象已经比较普遍，在相当程度上激发了交通事故的不断发生，形成恶性循环。

5. 预防措施落后

交通事故预防措施落后的主要表现是预防理论的研究与应用不足，预防手段陈旧，预防人员专业素质不高。至今预防交通事故的科研成果较少，制约了交通事故的科学预防。另外，部分人在预防管理中还步入了重驾驶员生理技术轻心理素质、重驾驶员轻管理人员、重驾驶员个体轻驾驶群体、重事故单位轻无事故单位、重事故处理轻事故预防的预防误区。交通事故的预防手段比较落后，难以实现真正意义上的预防事故。

8.3 道路交通事故预防机制

8.3.1 道路交通事故预防体系

事故预防体系是有效解决道路交通安全的基础体系，也是从根本上解决安全问题的一个体系。预防体系由理论、技术以及管理三方面构成（图8.3）。

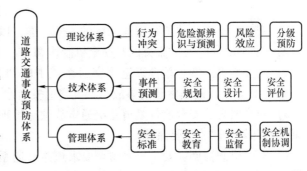

图8.3 道路交通事故预防体系

1. 道路交通事故预防理论体系

道路交通事故预防理论体系是针对道路交通事故特性，基于事故预防的普遍性机理构建的一套理论体系，旨在为技术体系的开发以及管理体系的构建提供理论基础。

（1）行为冲突机理

道路交通事故的发生是系统行为冲突过程。行为冲突的原因有很多，包括生理的、心理的或系统的等。如何及时识别系统行为冲突，如何构建系统行为规范体系与预防体系，如何对行为冲突做出快速响应，是行为冲突分析所要研究的关键问题。

（2）危险源辨识与预测机理

危险源辨识与预测机理侧重于从微观角度研究道路交通系统行为冲突中的危险因素及其转化条件，通过建立事故模型模拟交通事故的发生机理。

（3）风险效应机理

风险效应机理研究道路交通系统中可能发生的事故类型及其影响范围，根据对该事故发生概率与损失程度的评价，合理规划预防性投入与事故整改投入的关系，确定合理的投资结构。

（4）分级预防机理

道路交通事故的类型、发生概率以及可能的损失程度有很大差异，如何根据不同类型的事故采取不同的预防措施，使事故的发生概率及其损失程度保持在可接受的水平之内，是分级预防机理研究的核心所在。

2. 道路交通事故预防技术体系

道路交通事故预防技术体系是预防理论体系在技术层面的延伸，由事件预测技术、安全规划技术、安全设计技术以及安全评价技术组成。其中，事件预测技术和安全评价技术主要实现对道路交通系统的安全评估，明确道路交通系统的安全目标。安全规划技术与安全设计技术则分别从宏观角度与微观角度对道路交通安全进行合理规划与安全设计（图8.4）。

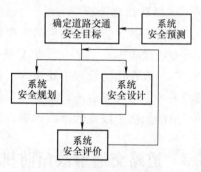

图8.4　道路交通事故预防技术体系

3. 道路交通事故预防管理体系

预防管理体系的构建是基于预防基础理论的分析以及技术条件的支撑，实现对道路交通事故的点预防、线预防、面预防的综合管理模式，主要可分为安全标准、安全教育、安全监督以及安全机制协调。

1）安全标准。构建道路交通系统的安全标准，以此标准来评价道路交通系统的安全状态，实施安全教育、安全监督以及安全机制协调。

2）安全教育。安全教育以道路交通系统中的"人"为安全的出发点及归宿，从"人机"系统中"人"的角度预防事故，提高交通安全水平以及保护人的安全。

3）安全监督。安全监督是道路交通事故预防管理体系得以顺利实施的推动力，是实施效果得以有效反馈的重要保障。

4）安全机制协调。安全机制协调要求道路交通系统中设置全面、系统、有效的安全管理组织网络，合理配置安全组织机构，科学划分安全机构职能，使安全管理的机制协调高效。

8.3.2　建立交通事故三级预防机制

以前，道路安全一直被认为只是交通部门的责任。然而，道路交通伤害的确是一个重要的公共卫生问题。在道路交通伤害的问题中，卫生部门的职责不仅仅是救治，更主要的是预防与控制。公共卫生综合了医学、生物力学、流行病学、社会学、行为科学、犯罪学、教育学、经济学、工程学和其他多学科的知识用于预防道路交通伤害的方法，预防车祸发生、减少创伤住院，以及使创伤严重程度和死亡率与伤残率降低。

　　已有许多学者运用流行病学理论对交通事故预防进行研究。为了使交通事故预防工作科学化、系统化和具体化，针对交通事故预防工作中存在的问题，本着交通事故预防的四项原则，借鉴预防医学理论，总结交通事故预防的实践经验，按照交通事故发生、发展规律和过程，提出道路交通事故的"三级预防机制"。

　　所谓"三级预防"，就是通过科学的政策、措施来消除源头事故因素的一级预防、防止事故成形的二级预防和以安全控制手段防止事故后果扩大与事故再生的三级预防。虽然三级预防体系中的每一级预防都有特定的内涵，但彼此并非独立分割，其核心思想都是以发现、控制和消除事故隐患来预防交通事故。因此，这三级预防应该有机结合，同时、同步进行，以收到全方位、全过程预防事故的成效。

　　1. 一级预防——消除源头事故致因

　　一级预防是指通过一定途径，利用一定手段来消除人、车、路等源头上存在的事故致因，主要消除导致事故的间接因素。事故一级预防管理应由各级政府交通安全委员会落实实施，通过在宏观上制定政策、法规来规范和控制人、车、路源头的安全使用状态与安全服务水平，在宏观上形成交通事故预防的决策与控制体系、法规体系，以法规的强制力消除事故源头的不安全因素来预防事故的发生。

　　(1) 严把驾驶员培训考核关

　　驾驶员的生理条件、心理素质、经验等，直接影响交通事故的数量以及后果的严重程度。驾驶员队伍中少数不合格的事故倾向性驾驶员的存在，是产生大量事故的主要原因。严格驾驶员考核制度，提高驾驶员考核要求，将一些存在生理或心理不足的人拒之门外，是减少交通事故的最根本、最有效的一项措施。具体可以针对驾驶员采取以下措施：

　　1) 提高驾驶员入行门槛，进行驾驶适应性检测以利于淘汰少数事故倾向性驾驶员，使具有诸如色盲、听力丧失过多、心理素质太差等缺陷的人不能进入驾驶员行列。

　　2) 驾驶员培训中应用先进模拟设备，对驾驶员进行系统性的危险感知训练和事故防御训练，使之体察和积累在危急情况下控制车辆安全运行的经验，提高心理和技术上化险为夷的能力，培养安全型驾驶员。

　　3) 加强驾驶员安全教育，使之深切感受交通事故给自己、他人以及社会带来的巨大危害，让安全行车的思想根植于头脑中。

　　4) 加强交通心理学教育，要求每个驾驶员掌握自己的生理周期，当情绪曲线处于与时间轴交界期时最好避免驾车行驶。这个方法被很多运输企业证明是减少交通事故的有效措施。

　　(2) 做好驾驶员再教育

　　1) 对驾驶员违章记分、肇事和春运临时性实施差异化教育。对于违章记分教育应着重警示教育，可以通过举办交通事故展览、观看事故录像资料，以血淋淋的现实，唤起驾驶员的警觉，使之认识到违章驾车的危害。肇事教育应注重交通法规和一般业务知识教育，使驾驶员对自己的错误行为有一个修正的认识，经过理论提高，结合血的实事，使驾驶员"吃一堑、长一智"。春运教育一定要加强责任教育，明确驾驶员的责任和职业道德，正确处理个人利益与国家利益，经济利益与社会利益之间的关系，要求驾驶员不开超载车、不开违章车、不开带病车。

　　2) 客运与货运驾驶员教育应有所区别。由于客运驾驶员关系到数人乃至数十人的生命安全，相对于货运驾驶员来讲，应该有更高的安全系数、更严格的管理，因而客运与货运驾驶员教育侧重应有所不同。对客运驾驶员的要求应更严格，职业道德要求更完美，技术能力要求更高，教育管理手段更严格。对客运驾驶员的教育要从社会责任、职业道德、人生信念上加以引导，帮助他们树立高尚的人生观、价值观和良好的职业道德意识，同时要注意提高他们的操作技术水平。对货运驾驶员注意从货运装载常识、安全常识等方面进行教育，这样才具有针对性。

3）不同驾龄的驾驶员阶段性、日常性教育内容也应有所区别。驾龄的划分最好分为3个阶段，一是高危群体阶段，一般指3年（含3年）以下驾龄驾驶员；二是复发群体阶段，一般指具有5～8年驾龄的驾驶员；其余驾龄基本上可称为平稳阶段。因而应突出3年（包括3年）以下的驾驶员再教育力度，因为通过上面分析，3年以下驾龄的驾驶员是肇事的主要群体，他们主要处在"磨合阶段"，对他们的教育侧重于常识教育、警示教育和技能、技巧教育，特别要讲清违章超车、超速行驶、酒后驾驶等严重违章的危害。对具有5～8年驾龄的驾驶员，为什么称其为复发群体呢？主要是因为他们的驾驶技能、法规掌握、社会经验日益丰富，容易自以为是、争强好胜，爱开"英雄车""霸王车""经验车"，因而这部分人群引发的事故不容忽视，对他们侧重警示教育。而对于处在平稳阶段的驾驶员，基本上可以采取日常的安全教育手段，做到警钟长鸣。

（3）充分发挥道路交通事故后果的抑制作用

交通事故当事人的法律责任指交通事故的当事人，由于违反道路交通管理有关法规的规定而造成交通事故，其所应承担的带有强制性的否定性后果。交通事故有关的当事人可能承担的法律责任有民事责任、行政责任和刑事责任。但目前事故处理机关普遍存在"重罚轻处"和"降格处理"等做法，驾驶员往往免于被追究应承担的行政和刑事责任，导致驾驶员普遍存在"花钱消灾"而忽视安全的心理。对此，各级公安交通管理事故处理机关一定要重视对驾驶员行政、民事和刑事责任的追究，做到"三管齐下"，才能取得实际效果。

1）行政责任对交通事故的抑制。行政责任指交通事故当事人违反道路交通管理有关法规的规定造成交通事故，尚不触犯刑律，由公安交通管理部门依法给予交通事故当事人的行政处罚。行政处罚的种类有：警告、罚款、行政拘留、吊扣或吊销机动车驾驶证。

2）民事责任对交通事故的抑制。交通事故的民事责任是交通事故中一方当事人向另一方当事人承担的损害赔偿责任。交通事故的损害赔偿高额可达数万元至数十万元，直接牵涉到事故当事人的经济利益。

3）刑事责任对交通事故的抑制。交通事故的刑事责任，指交通事故的当事人由于其交通肇事行为违反了《刑法》有关条款的规定，依法应承担的法律责任。交通肇事罪是指违反交通法规，因而发生重大事故，致人重伤、死亡或使公私财产遭受重大损失的行为，凡构成交通肇事罪的，均应追究刑事责任。因此驾驶员从心理上会尽可能地安全小心驾驶，即使发生事故，也会尽力降低事故后果。

（4）赋予预防职权，建立事故预防中心

设立预防交通事故的专门机构，例如设立研究、指导防治事故和驾驶员安全保健的机构——交通事故预防中心，重抓事故预防的服务、预测、研究与咨询等工作。赋予或调整相应业务管理系统的事故预防职权，组合协调成预防决策、预防控制与预防监督的组织体系与管理机制，并由上至下层层划分预防内容与预防职权，逐级落实预防交通事故的各项规章制度，保证预防措施有效地实施。

（5）建立健全预防法规体系，依法预防交通事故

法规是事故预防的重要手段。我国交通安全法规还不太完善，交通事故预防方面的法规存在漏洞。如前所述，一些交通事故的发生有很大一部分责任是由于交通管理者的失职造成的，但是现实中鲜有追究管理者责任的案例，这就是法规上存在的疏漏。因此，必须建立健全事故预防的法规体系。当前，需要设立或者加强的交通事故预防方面的法律法规有：

1）加大对交通违法行为的打击力度和惩罚力度。违反交通法规的行为是交通事故的重要源头。加大对这类行为的打击力度，如加重罚款或量刑，必然会使驾驶员提高警惕，可有力地减少交通事故。

2）改变过去单一追究交通肇事者责任的局面，设立专门的法规，对管理者的失职进行惩处，使管理者真正主动地投入交通事故预防工作中；立法监督交通安全措施实施者，保证交通安全措施落到实处。

3）对车辆强制实行定期安检，消除车辆隐患，保证车辆安全上路。

（6）优化道路设计，改善道路条件

道路设计不合理也是交通事故的源头因素。对交通事故进行统计和调查可以发现，事故多发点大多与道路设计不当有关。因此，在道路设计阶段就要把好安全关，对道路的设计方案做出客观评价，及时发现道路规划、设计中的不安全因素并进行改正，寻求一种更加安全的设计标准或设计方案，从而使设计出的道路更符合行车安全的要求。对确实是因为道路设计不合理而造成交通事故多发的情况，应当依法追究设计单位的责任。

路面等级越高、行车条件越好，发生交通事故的可能性就越低。对于现有道路，政府应尽可能地提高路面等级，改善道路的交通条件，增加交通工程设施。尤其对一些交通事故多发地段，改善线形，增加交通安全设施，必要时重新设计，改道重修。对于公路，有条件设置中央隔离带的道路尽量设置中央隔离带；城市道路则实行机非分离措施。

（7）加大交通安全科研投入力度

利用先进的科技手段是预防交通事故的必由之路。美英等发达国家很早就着眼于用先进的全球定位系统（GPS）、智能交通系统（ITS）等技术来引导交通和减少事故。考虑全国当前的经济水平和交通状况，可以从以下几个方面着手交通科技投入：

1）针对全社会关心和急需解决的研究课题，充分调动有关研究机构和企业的积极性，利用人类科技进步的成果，开展道路交通安全科学研究和先进技术的运用。

2）构建道路安全信息平台，建立区域道路交通事故数据库。通过建立道路交通事故数据库，不仅可以对实时的交通状况有所了解，还可以对历史的数据进行挖掘，从而提取隐藏的预测性信息，为掌握道路交通安全动向、评价安全措施的效果、制定交通安全宏观政策和具体措施提供依据。

3）在汽车维修与检测领域大力推广应用新技术、新工艺和新设备，努力提高维修质量，确保营运车辆始终处于良好的技术状态。对从事高速客运、危化品运输的车辆，推广GPS、行车记录仪等先进技术设备，以便对车辆运行、驾驶员行为进行有效监控，提高运输安全管理水平。

（8）培养全民交通安全意识

全民交通安全意识的培养是交通事故预防"治本"的关键，是交通事故预防追求的终

极目标。通过广泛的宣传途径和教育手段，让交通安全意识深入人心。培养全民交通安全意识可以通过中小学生教育社区教育、村民教育和流动人口教育等途径来实现。

2. 二级预防——防止事故成形

二级预防是针对事故显性潜伏期而采取的预防措施，即防范事故因素向成形阶段发展，主要消除导致交通事故的直接因素，是交通事故最直接的预防。二级预防需要全面落实各项规章制度和优化车辆运行的技术条件，正确使用车辆，确保安全驾驶，直接防范交通事故的发生。事故二级预防的执行者是车辆所属单位以及驾驶员。

（1）加强安全管理和监督，严格实行安全行车责任制

针对驾驶员作风纪律、驾驶技术与车辆安全状态等影响安全行车的种种隐患，加强驾驶员的安全管理与安全教育，提高驾驶员的安全责任感。同时，在驾驶员和管理者之间建立双向安全监督机制和严格安全行车责任制，落实预防事故的规章制度。排查诱发交通事故的种种间接因素，加大内控外治力度，及时、快速与可靠地控制事故因素的产生与积累，有效制约交通事故的发生。

1）充分利用罚款、扣证、拘留等手段对严重违章行为进行管理。

2）有效的记分运作是遏制违章的重要手段。

3）对客运、货运驾驶员实行差别化管理。

（2）依法采取强制手段

强制预防，就是公安交通管理部门对严重影响交通安全的行为，依法采取强制手段予以管理。交通安全只靠教育引导和交通参与者自觉行动是不够的，还必须坚持普遍教育与严格管理、强制预防相结合的原则。经常性的强制预防手段包括强制车辆报废、强制投保、强制遵守禁令、强制履行义务和强制安装保护装置等。

（3）提高风险预防意识

任何行为都有一定的风险，特别是交通行为，由于涉及因素多，情况复杂，更是充满风险。风险预防水平，是由道路交通总的技术水平所决定的。交通工具、道路、环境的复杂程度越低，风险就越小，预防就越简单；反之则越复杂。对风险的管理有两大基本对策：预防发生风险，即交通预警系统；发生后减轻风险，即交通安全设施、交通事故紧急救援系统。以风险为切入点，强化对风险进行科学和依法管理，是当前对付风险的重要手段。

在风险研究及道路交通风险研究较早的国家，这一研究目前已涉及道路交通的社会和技术的各个方面，正在形成一个交通安全对策设施独特的视角。风险预防除了采取安全带、安全气囊、速度限定等具体措施外，还应把研究对策的眼界放宽到更广的领域。

（4）保障车辆安全上路

车辆隐患是交通事故的重要原因。为确保此类事故的发生，驾驶员应该定期对车辆执行车辆安全技术检测和保养，确保符合机动车运行安全技术条件或相关标准的车辆才能挂牌上路行驶。

（5）加强路面养护，保持路面整洁

路面附着系数的降低会使得直行的汽车制动距离加长，容易发生追尾事故；转弯的车辆则由于横向摩擦阻力的减小而容易发生侧滑，尤其超重的运煤车，很容易在转弯处冲出路

面。因此,加强路面养护工作也是防止事故成形的有效措施。

3. 三级预防——防止事故的转化

交通事故预防是一个滚动、循环的过程,不但要在事故发生之前消除诱发事故的各种源头因素,在事故发生后还要从中吸取教训,为以后的事故预防积累经验。三级预防就是针对已发生事故而采取的预防措施,以控制事故后果扩大和防止事故再次发生为目的。事故三级预防的重点是减少事故损失,提高肇事单位事故预防功能,防止事故重复发生。事故三级预防管理要由政府、单位以及驾驶员来共同执行,把事故处理转化为事故预防,以事故教训为动力来预防事故。

(1) 建立交通事故紧急救援系统

在我国交通事故死亡者之中,约40%的人是当场死亡,其余60%的人死于医院或送往医院的途中,其中30%的受伤者是因为抢救不及时而导致死亡;化学危险品在运输过程中,由于交通事故而导致的二次灾害,其危害的程度及影响范围与人们能否迅速采取控制措施密切相关;交通事故对道路通行能力的影响程度,也取决于人们能否及时采取有效的控制措施。因此,为了防止交通事故后果扩大,使人员伤亡和财产损失降到最低程度,必须建立交通事故紧急救援系统。

(2) 以事故为鉴,加强交通安全教育,对肇事驾驶员处以计分、扣证等处罚

对肇事单位和个人进行处罚和教育,把事故后果转化为预防的动力,肇事单位和驾驶员恢复和提高预防事故功能,是预防事故的有效动力。对肇事单位和驾驶员应该坚持处理事故与预防事故相结合的原则,加强心理康复指导,帮助制定、落实预防事故的积极措施,让肇事单位和驾驶员能尽快地消除交通事故带来的负面影响,恢复正常工作。

(3) 坚持公平、公正、公开的事故处理原则

在事故责任的追究上,必须坚持驾驶员与管理者双向定因、定责与定罚。如果只片面追究驾驶员的责任,长此以往,管理者必将由于不承担责任而工作懈怠,变得形同虚设。管理职能的缺失又将为交通事故的再次发生埋下隐患。

在交通事故的处理上要严格按照法律程序办理,对事故双方的处理必须坚持公平、公正、公开,以责论处、依法定罪的原则,努力做到事故处理一次性结案,为事故双方节约时间。

思 考 题

1. 为什么说交通事故是可以预防的?请结合案例进行说明。

2. 如何提升交通参与者的驾驶能力?

3. 举例说明如何识别交通事故的致因。

4. 防御性驾驶的主要内容是什么?

5. 驾驶适应性检测有哪些内容?

6. 道路交通事故防治需要把握哪些基本原则?这些基本原则对交通事故防治有何指导意义?

7. 什么是交通事故预防的3E对策?

8. 什么是道路交通事故防治?道路交通事故的防与治之间有无关系?你认为是何关系?

9. 简述道路交通事故预防工作的重要性。

10. 简述道路交通事故预防的相关理论及对道路交通事故预防的指导作用。

11. 为什么说人员安全化、车辆安全化、道路安全化、管理安全化是道路交通安全化的重要保障条件？

12. 简述道路交通事故预防体系。

13. 简述交通事故三级预防机制。

14. 目前交通事故预防存在的问题有哪些？

15. 道路交通事故预测的意义和目的是什么？

16. 交通事故预警技术有哪些方面？根本目的是什么？

第9章

9章 Chapter 9

交通事件检测技术与ITS运用

交通事件定义为经常发生的非重复性事件，它在短期内引起道路有效通行能力的下降或交通需求的增加。事件一般可以分为可预测和不可预两类。可预测类是指由大型活动（如体育比赛等）、道路修筑和路面养护等引起的事件；不可预测类是指交通事故、车辆抛锚、货物散落、不正当驾驶和突发的自然灾害等。

交通事件对高速公路的影响不仅表现在事件本身的人员伤亡、货物损失和设备损坏，高速公路事件还导致局部车道阻塞，造成瓶颈，使局部或整个路段的通行能力下降，从而引起行车延误和二次事故的发生，严重影响高速公路的整体通行能力和运营效率。有关资料介绍，近年来我国每年交通事件所造成的间接经济损失是直接损失的 $10 \sim 15$ 倍，交通事件的现场堵塞造成的经济损失，按最保守的方法计算，每年要达到 300 亿元。

为了减少由交通事件带来的负效应，许多国家的运输部门建立了高速公路交通事件管理系统。该系统通过计划和协调手段对高速公路交通状况进行自动、适时、合理的监测和控制，及时、准确地检测交通事件并采取有效的管理手段，在全局上最大限度地减少各种交通事件对路网运行产生的不良影响，减少后继交通事故的发生，避免事态的扩大，保障车辆在高速公路上安全、畅通无阻地行驶。交通事件管理系统一般包括事件检测、事件性质鉴别、救援调度、为路上的出行者提供事件信息和替代路线、采取控制策略减少事件所在地上游的交通需求（如匝道控制）等内容。

智能交通系统（Intelligent Traffic System，ITS）是在一定的交通基础设施之上，将先进的信息技术、计算机技术、通信技术、自动控制技术、人工智能等有效地综合运用于交通运输领域的一项新兴交叉学科和产业。通过加强车辆、道路、使用者三者之间的联系，从而形成定时、准确、高效的综合交通系统。

智能交通系统是当代信息社会的产物，它的产生极大地提高了人们的出行效率和安全性，也提高了社会效益。由于交通智能是模拟人类智能的，因此又可称它为模拟交通智能。智能交通系统的含义有广义和狭义之分。广义的智能交通系统是指交通系统的规划、设计、实施与运行管理都实现智能化；而狭义的智能交通系统则主要指交通运输系统的管理与组织的智能化。

智能交通系统的最终目的是建立快速、准时、安全、便捷和舒适的交通运输体系，以保证社会经济可持续发展，建立与人类生存环境相协调的良好的交通运输环境。

9.1 交通事件检测技术

交通事件检测系统可以将实时采集的数据信息由一组复杂的算法与设定的事件门限值进

行比较，自动判断交通事件是否发生，从而提高运输效率，是高速公路交通管理与控制系统的重要功能之一。美国加利福尼亚州运输局曾经报告，即使在非高峰的自由流条件下，能够提前1min发现并清理交通事件，至少可以减少4~5min的延误。目前有多种事件检测技术，从单个驾驶员的电话系统到电子监视系统，每种方法都有其优缺点。在日常生活中，驾驶员使用电话亭或移动电话、公路巡逻队和其他"手工"检测手段向交通管理中心报告事件信息。然而，从性质上看它们都是"不规则"的，而且要求在当时当地有目击者才行。交通事件自动检测技术的主要优点（至少是潜在的优点）是能克服"手工"检测的不足，因其可以全天候、实时、全程地发挥作用而受到各国交通工程专家的重视。

交通事件检测的关键部分是事件判断算法，关于算法的研究在20世纪60年代早期就开始了，它是伴随着美国州际高速公路的实施而出现的。经过多年的发展，特别是随着交通量的增长和ITS的兴起，高速公路交通事件的自动检测系统越来越受到关注而且发挥的作用也越来越大。

9.1.1 交通事件检测系统

1. 事件检测方法

多年来，相关学者在研究开发和改进自动事件检测（AID）技术方面做了大量工作。可以从多个角度对AID技术进行分类，"间接检测方法"和"直接检测方法"就是一种分类法。绝大多数的AID方法都属于前一种，通过交通流的变化来间接地判断交通事件的存在。它们通过识别由检测器得到的交通流参数的非正常变化实现这一目的。

实时交通流参数可用多种手段获得，最普通、最常用的是感应线圈检测器。基于这种检测器的AID系统往往成本最低但反应速度较慢。反应速度慢是因为不论使用何种算法，在事件对交通所产生的影响到达最近检测器之前总要损失一部分时间。这类方法的另一个缺点是不适合在交通量较低的情况下使用，因为这时事件对交通参数几乎没有影响，除非事件发生在检测器附近。

"直接检测方法"是指使用图像处理技术来发现停驶车辆的一类方法。这类方法实际上是"看到"发生了交通事件而不是通过交通事件的影响来检测到它的存在。从潜在的意义上看，其在检测速度方面远远胜于"间接检测方法"，在交通量较低的情况下也能有良好的检测效果。但它需要更密集地设置检测站（摄像机），需要较高的资金投入才能保证合理的检测可靠性，而且气象条件对其影响也较大。

目前，基于交通流参数变化来检测交通事件的方法因其经济方便而成为发展中国家和大多数发达国家AID研究的主要方向。

常用的间接检测方法包括模式识别方法和统计方法。在模式识别方法中又以加利福尼亚算法系列和麦克马斯特算法应用最广。近年来，以人工神经网络为手段的检测方法也很多见。统计方法中主要有指数平滑法、标准正态分布法、贝叶斯算法和自回归移动平均方法。

2. AID系统框架的构成

AID系统一般有两个组成部分：实时交通信息采集和交通事件算法。检测算法所用的交通流参数决定了交通信息采集的手段和方式，如使用流量、车道占有率和车头时距等指标，环形线圈检测方式即可满足要求；而使用速度和密度的算法则要求至少使用双线圈的检测方式。不同的检测方式成本也不同。

以往的 AID 系统一般首先对实时交通流数据进行预处理，而后通过事件检测算法判断事件是否发生。一旦计算结果为事件状态（或经过指定次数的持续计算并显示事件状态后）即触发事件警报，由交通事件的管理者进行相应的处理。这种工作程序不足以充分发挥 AID 算法的检测作用，一方面，如果发出的警报是可靠的，则因为较长的检测时间而可能导致更多的车辆进入甚至卷入交通事件中，削弱了 AID 系统的预警作用；另一方面，如果是一个误警的话，则会浪费救援资源，影响同时发生的其他事件的处理和降低有关人员对 AID 系统的信任。因此从宏观角度看，AID 系统的警报应该有 3 个层次。第一是要求平均检测时间（MTTD）尽可能短的一级警报，可用于出行者信息系统，提醒上游的驾驶员注意可能发生的拥挤（减速、改道）。第二是各种指标都居中的二级警报，供交通事件管理者准备救援手段（如通知有关交警、医院、消防、道路部门等）。第三是误警率（FAR）较低的三级警报，供交通事件救援单位采取救援行动。AID 系统结构框架如图 9.1 所示。

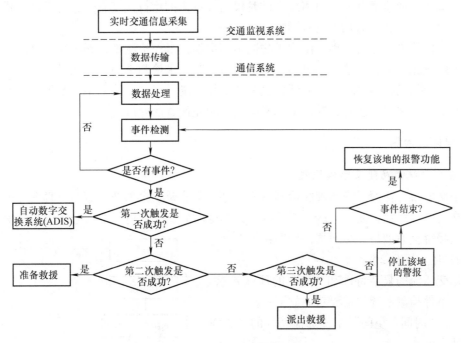

图 9.1 AID 系统结构框架

3. 评价指标

评价高速公路交通事件检测算法的性能指标是检测率（Detection Rate，DR）、误报率（False Alarm Rate，FAR）和平均检测时间（Mean Time To Detect，MTTD）。

（1）检测率

检测率是在某特定时段内，由算法检测到的有效事件数占实际发生事故数的百分比。可以表达成：

$$DR = \frac{算法检测的有效事件总数}{所有实际发生的事件总数} \times 100\%$$

交通事件检测算法并不能全部检测出所有的交通事件，尤其是对车流影响并不明显的轻微交通事件。如提高交通事件的检测率，常常会伴随更多的误报次数。

（2）误报率

误报率是指在某特定时段内，误报的事故次数占该时段内总的测试次数之比。即：

$$FAR = \frac{误报的交通事件数}{给定时段内总的测试次数} \times 100\%$$

交通事件误报率是因需求的变动而产生的，为了降低误报率，目前采用的方法是持续性测试（Persistence Test），即在呈报交通事件之前，须对此交通事件信号持续某一个时间段。在算法中加以持续性测试，可以有效地降低误报率。

（3）平均检测时间

平均检测时间是交通事件实际发生时间与被检测到的时间之间的平均延误时间。平均检测时间在比较交通事件检测算法时处于次要地位，这是因为平均检测时间的长短与算法参数的选择及门限值的高低有密切关联。当算法在线运行时，其检测时间与网络传输资料的速度以及计算机运行的速度有关，而离线测试时仅与计算机的运行速度有关，通常计算机的运行时间相当短，对检测时间几乎没有影响。

交通事件检测的任何一种算法均无法避免产生误报，而检测率、误报率与平均检测时间之间有不可避免的取舍问题，即对同一算法而言，若要求检测率高，必然带来误报率的升高和检测时间的加长；而要求误报率低，也会带来算法灵敏度低、检测率低和检测时间增长的问题。通常，在选择算法时，其误报率不能大于预先设置的允许值。

9.1.2 事件的检测

1. 检测系统的功能及结构框架

一个交通事件检测系统不仅能检测事件，还应为自动交通管理系统（ATMS）中心提供实时的交通事件信息，使之采取必要的措施，如随时间变化的适应性信号控制和车辆线路引导等，以缓解交通拥挤。交通事件检测系统在AT-MS中的作用如图9.2所示。

根据交通流的复杂特性和ATMS的环境要求，确定交通事件检测系统的主要功能如下：

1）对"时间－空间"上交通流特性的动态演变具有捕捉能力。

2）具有响应于交通模式实时变化的自学习机制。

3）能够考虑交通事件及其他干扰因素的影响。

4）能够同自适应交通信号控制系统和其他ATMS模块有效结合。

5）能够有效检测事件发生及其严重性程度，并提供实时的事件信息。

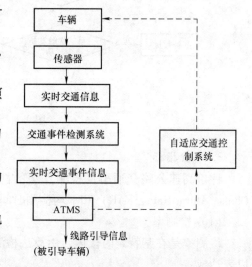

图9.2 交通事件检测系统在ATMS中的作用

6）在实时环境中高效运行。

7）在不同监测环境中灵活应用。

动态实时交通事件检测系统包括3个组成部分：实时交通流预测模块、事件确定和评估模块、智能控制模块。其框架结构如图9.3所示。系统运行时根据日常交通条件预置模型，选择一个合适的执行事件驱动交通流仿真模型，对交通条件进行预测，同时执行事件预测和监控功能。通过事件检测方案和事件确定模型，一旦检测到事件，系统即执行结构变化的自适应过程，以降低模型的自学习时间和事件的平均检测时间，提高检测率。若未检测到交通事件，则继续进行预测和监控。

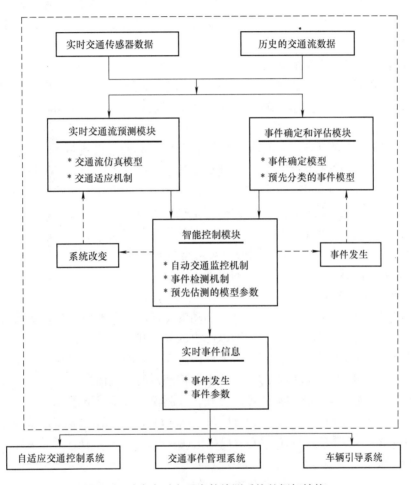

图9.3　动态实时交通事件检测系统的框架结构

2. 交通流预测模块

由于快车道的拥挤主要由交通事件引起，其交通流特性也就更加复杂，更具不确定性。因此，在建立行之有效的交通事件检测系统之前，必须深入研究在交通事件干扰下的交通流关键变量。

（1）交通流的干扰因素及关键变量

1）车辆变换车道。由于车道变换可用的时间、空间有限，持续时间短，它对交通流的干扰经常很大。影响车辆改道行为的因素一般包括车道之间的车辆速度、密度差或驾驶员自身的心理因素。对于多车道路段，车道密度倾向于演变成一个均衡状态。因此，对交通条件和这些因素内部关系的深入研究，有助于建立一个行之有效的交通流预测模型。

2）回流队列。当下游十字路口的车辆消散流率小于其到达流率时，发生队列回流现象。回流队列的长度超出上游十字路口，其影响就变得十分严重，如果道路区段长度小，则问题更大。由于这种作用正比于十字路口的车辆排队长度，在预测交通流时，必须考虑以排队长度为变量。

3）公共汽车运行。公共汽车对主要交通流的干扰可由随其后的车辆排队量确定，排队量的大小随已知参数变化：①公共汽车的驻留时间；②公共汽车停车为旅客服务的延误时间；③检测周期内的公共汽车频率；④现场的交通条件。实际使用时采用排队车辆数为变量。

4）停车车辆。路边的停车车辆对交通流的影响类似于公共汽车的运行，两者都导致车辆排队，这种作用同车道阻塞相似，只是持续时间相对较短，其影响程度也依赖于停车时间及频率。因此，可以使用一个检测周期内被延误的车辆总数为变量来描述停车车辆对交通流的作用。

5）信号配时。队列回流、公共汽车及停靠车辆引起的延误流量由信号控制做出调整，主干道的车流分流率由绿灯时间决定，因此绿信比也是必须考虑的关键变量之一。

除了上述干扰因素外，来自无灯控支路口的车辆对主干道交通流的干扰很大，它的影响依赖于支路口和主干道的通行能力，因此描述干扰作用时必须考虑支路口流量在全部相关道路流量中的比例。当然，还有一些因素会在特定的场合对交通流造成重大的影响，如与车辆质量有关的突发事件（突发损坏），驾驶员对道路交通条件的反应特性和驾驶员的突发行为等。预测交通流的困难之一是人的行为的可变性。

（2）交通流预测模型

所设计的交通流预测模块包括一个事件驱动的交通流仿真模型和一个交通适应机制，执行交通条件的实时仿真和预测。预测模型以历史的数据和实时的传感器数据为基础，根据预测的和检测到的交通条件之间的差别，由事件确定模型来确证事件的发生。在模拟一个道路区段的交通流动态特性时，模型考虑了上、下游传感器的有关信息。

考虑到交通流变量及干扰因素的可测量性，预测模型采用以下形式：

$$U_{ds}(t + \Delta t) = f\left[U_{us}(t), Q_{us}(t), O_{us}(t), U_{ds}(t), E_{LC}, E_{SBQ}, E_B, E_{PV}, E_{GT}\right] + \xi_1 \quad (9.1)$$

$$Q_{ds}(t + \Delta t) = f\left[U_{us}(t), Q_{us}(t), O_{us}(t), Q_{ds}(t), E_{LC}, E_{SBQ}, E_B, E_{PV}, E_{GT}\right] + \xi_2 \quad (9.2)$$

$$O_{ds}(t + \Delta t) = f\left[U_{us}(t), Q_{us}(t), O_{us}(t), Q_{ds}(t), E_{LC}, E_{SBQ}, E_B, E_{PV}, E_{GT}\right] + \xi_3 \quad (9.3)$$

式中，U 为速度；Q 为流量；O 为占有率；us 为上游；ds 为下游；ξ_1、ξ_2、ξ_3 为干扰项；Δt 为 t 时刻确定的，随交通条件动态变化的检测时距；E_{LC} 为车道变换的影响；E_{SBQ} 为回流队列的影响；E_B 为公共汽车的影响；E_{PV} 为车辆停车的影响；E_{GT} 为绿灯时间的影响。

这里建立的交通流模型不是从经典流体力学的角度解决复杂的交通干道流动特性，而是作为一个随机的时间序列流量观察其演变过程。为此建立一个多变量的动态统计模型，以描述各种干扰期间干道交通流的"时间 – 空间"关系。开发此模型的目的是在 ATMS 中将信号控制和交通管理相结合，通过这种实时信息的作用，可以提高适应性信号控制系统的性能，使之在拥挤形成之前采取必要措施，避免拥挤的出现。

为了使模型具有响应交通流动态变化的能力，引入了自学习的反馈机制，动态调整模型参数，使之有效地响应由交通事件引起的交通流拥挤和消散，进一步提高预测能力。这里采用 Kalman 滤波技术，它根据预测变量和检测器实际检测到的数值之间的误差调整模型参数，并产生循环的自学习模式。

将模型组成标准的状态观测方程，它可用循环滤波技术更新。

观测方程：

$$Y_t^l = B_t^l \cdot X_t^l + W_t^l \qquad (9.4)$$

状态方程：

$$B_t^l = F_t^l \cdot B_{t-\Delta t}^l + V_t^l \qquad (9.5)$$

式中，$Y_t^l = (y_1^i, y_2^i, y_3^i)^{\mathrm{T}}$；$y_1^i = U_{\mathrm{ds},i}(t_{n-1} + \Delta t_n)$；$y_2^i = Q_{\mathrm{ds},i}(t_{n-1} + \Delta t_n)$；$y_3^i = O_{\mathrm{ds},i}(t_{n-1} + \Delta t_n)$；$B_t^l$ 为模型参数；X_t^l 为独立变量；W_t^l、V_t^l 为误差项；F 为 B^l 的函数；I、i 为车道数。

值得注意的是，状态方程中的 F 是模型参数 B_t^l 的函数，在模型运行前由用户确定。一般这一函数可以通过对每一检测器的历史数据分析研究而得，使现场的特性在 F 函数中得到反映。可以选择一个合适的时间序列模型，如自回归模型，以表示与时间相关的本质；如果获得的数据量大，还可以选择更复杂的模型。对交通流的监控实际是一种模式识别问题，它将检测到的交通模式与预先分类的交通事件模式进行比较，当差别超过一定阈值时，即认为出现了交通事件。仿真模型根据事件的严重性程度，及时调整行驶时间预测模型的结构和参数。

3. 事件确定与评估模块

事件确定与评估模块包括一个事件确定模型和预先分类的事件严重性模型，它向智能控制模块提供补充信息，并评估检测到的交通事件的严重性程度。交通管理中心根据交通事件及交通流的其他信息，采取合适的控制策略，这样不仅能缓解拥挤，还将随后可能发生的第二个交通事件的可能性降至最小。如上所述，事件确定模型的实质是模式识别。由于计算效率高和实用性强的特点，这里采用"多变量判别分析"的方法，为此根据事件严重性模式的划分，针对每一类别建立与之相对应的判别函数。

（1）事件严重性模式的划分

交通事件发生后，事件所处链路下游站的车辆占有率减小，上游则上升。由于事件引起拥挤的行为取决于许多因素，如事件持续时间、阻塞车道数量和当时的交通量，因此是需要深入研究的课题。由于交通事件的复杂本质，本研究并不直接从可测量的信息确定事件模式，而是依据事件引起的车道关闭数量划分严重性程度，见表9.1。

表9.1 事件严重性模式的划分

道路类型	事件严重性模式
双车道道路	单车道阻塞
三车道道路	单车道阻塞、双车道阻塞
四车道道路	单车道阻塞、双车道阻塞、三车道阻塞

（2）建立每一事件严重性模式的判别函数

根据预先分类的事件模式，选择实时检测器信息（上游及下游站车辆的速度、流量、占有率及其差值）、道路区段的物理信息（道路长度、检测器间隔）为背景变量，建立一系列多变量判别函数，以构造交通事件的"严重性估测模型"。

4. 智能控制模块

智能控制模块是整个系统的核心，它与所有相关的模块相连，并执行必要的监控功能。

根据它在整个系统所起的作用，设计了以下功能：

1）考虑控制系统的常规变化，如高峰期和非高峰期之间的交通变化。

2）考虑系统的结构变化。

3）自学习和自动监控功能。

4）考虑交通传感器和信号系统的可能故障。

为此，智能控制模块设计了两个机制：一个自动的交通监控机制，以跟踪、控制模型的运行；一个事件检测机制，即通过预先设置的决策规则检测非常规的交通事件。

9.1.3 交通信息采集技术

1. 常用交通参数采集技术

近年来，随着传感器技术、微电子技术和信息处理技术的发展，交通检测器也有较大发展。按其基本工作原理可分为电磁感应式、电接触式、光电式、超声波式、红外线式等多种类型。这些检测器的基本功能可概括为两大类：一类为检测车辆存在的存在型检测器；另一类为检测车辆通过的通过型检测器。任何交通检测器至少应具有上述两个基本功能之一。在交通检测器中，可分为固定检测器和移动检测器，由于移动检测器的应用受到许多外部因素的影响，在一定时期内难以大范围使用，这里介绍固定检测器。

目前，固定检测器具有代表性的分类方法是按检测器的工作方式及工作时的电磁波波长范围将检测器划分为三大类：磁频车辆检测器、波频车辆检测器和视频车辆检测器。

过去的 AID 采用环形线圈作为前端数据采集工具，出现了各种各样的问题，如安装位置和数据不精确等，现在由于计算机硬件和通信技术的发展，出现了各种各样的车辆检测设备。有些虽然不够成熟或者比较昂贵，但是将来的公路管理系统将能够集成各种检测器的技术，产生更加稳健的监控和 AID 系统。以下是各种检测器的介绍。

（1）磁频车辆检测器

磁频车辆检测器是基于电磁感应原理设计的车辆检测器。这类检测器包括环形线圈检测器、地磁检测器、磁成像检测器和摩擦电检测器。这里介绍感应式环形线圈检测器（ILD）。

作为成熟技术，ILD 具有低廉的价格，已成为交通运营和监控系统必不可少的工具。线圈检测的数据通过通信线路传到交通管理中心，使用配置 AID 算法的计算机进行分析，虽然线圈可以每秒读数据多次，但是由于距离和传输的问题，只能每隔 20s 或 30s 传输一次数据。线圈可以测量交通流量、占有率和车辆速度，测量的精度取决于 ILD 的安装选位。精确地操作和维护在实际操作过程中是比较难以掌握的，须由有经验的交通工程师来完成。

（2）视频车辆检测器

基于视频图像处理的交通检测技术是近年来逐步发展起来的一种新型检测技术。它具有可一次检测多个参数、检测范围较大、信息量较大和功能较多的特点。

视频检测处理系统（VIP）通过闭路电视系统或数字照相、摄像机来进行现场数据采集，采用视频识别技术和数字化技术分析交通数据。VIP 能够采集的数据很广，一个摄像机能够采集几个车道的数据，使得检测交通动态行为（如振动波）和各种空间交通参数（如密度、速度、排队长度）成为可能，这是环形线圈不能轻易做到的。除此以外，检测能提供辅助信息，如路肩交通、停车交通、车道变化、速度差异和其他方向的交通拥挤。因此，随着高性能计算机和图像处理硬件价格的下降，VIP 将得到更加广泛的应用。

以视频采集技术为主体的交通动态信息采集系统如图9.4所示，其中也包含了一部分的环形线圈和超声波监测器，从而成为相互补充的综合性交通信息采集系统。

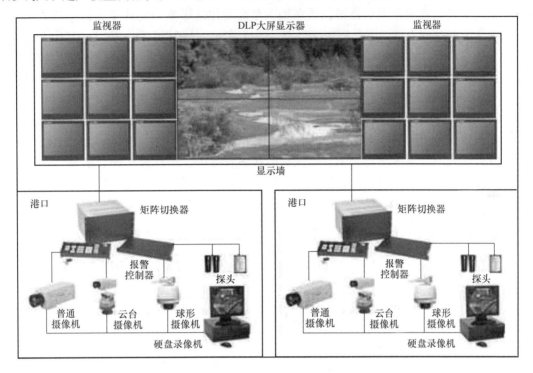

图9.4 以视频采集技术为主体的交通动态信息采集系统

（3）波频车辆检测器

波频车辆检测器是以微波、超声波和红外线等对车辆发射电磁波而产生感应的检测器。

1）微波雷达检测器。微波雷达检测器应用多普勒效应原理工作，它由发射天线和发射接收器组成。架在门架上或路边立柱上的发射天线向路面检测区域发射微波束，当车辆通过时，反射波束以不同的频率返回天线，检测器的发射接收器测出这种变化，从而测定车辆的存在。微波雷达对天气不敏感，可以适应于白天和晚上的运行，尤其是在长距离开放的公路上更能发挥它的作用。高级的微波雷达检测器组件可以测量目标之间的距离，每个组件可以检测多个区域。

2）超声波检测器。超声波检测器是一种在高速公路上应用较多的检测器，它是利用反射原理制成的。超声波检测器由探头和控制器构成，其探头具有发射和接收双重功能，被置于道路的正上方或斜上方。

超声波检测器的工作原理（图9.5）是：由超声波发生器（探头）发射一束超声波，再接收从车辆或地面的反射波，根据反射波返回时间的差别来判断有无车辆通过。由于探头与地面的距离是一定的，所以探头发出超声波并接收发射波的时间也是固定的。当有车辆通过时，由于车辆本身的高度，使探头接收到反射波的时间缩短，就表明有车辆通过或存在。

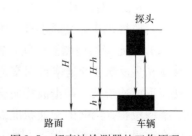

图9.5 超声波检测器的工作原理

由于超声波检测器采用悬挂式安装,与路面埋设式检测器(环形线圈)相比有许多优点。首先是不需破坏路面,也不受路面变形的影响;其次是使用寿命长,可移动,架设方便。不足之处是其检测范围呈锥形,受车型、车高变化的影响,尤其受大风、暴雨等的影响;探头下方通过的人或物也会发生反射波,造成误检。从架设、维护方便和使用寿命等方面来说,路面埋设式检测器都不如超声波检测器,因此超声波检测器成为目前使用量仅次于环形线圈的一种检测器。

3)红外检测器。红外检测器是具有良好应用前景的悬挂式或路侧式交通检测器,该检测器一般采用反射式检测技术。反射式检测器探头由一个红外发射管和一个红外接收管组成,其工作原理是由调制脉冲发生器产生调制脉冲,经红外探头向道路上辐射,当有车辆通过时,红外线脉冲从车体反射回来,被探头的接收管接收,经红外解调器解调,再经过选通、放大、整流和滤波后触发驱动器输出一个检测信号(图9.6)。这种检测器具有快速准确、轮廓清晰的检测能力。

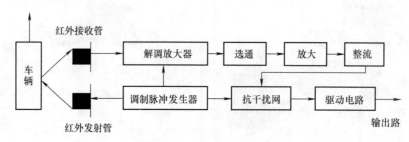

图9.6　红外检测器原理

2. 固定交通检测器空间布置方法分析

(1)固定交通检测器空间布置定性分析

交通事件自动检测需要在高速公路上安装固定检测器,可以从以下几个方面来考虑检测器的空间布置问题:

1)高速公路中的车道数。一般来说应在检测站的每一个车道上都装上检测器。

2)检测算法所要求的检测参数也会影响检测器的布置。如果仅仅要检测到交通量、占有率这两个交通参数,则在每条车道安装单环形线圈检测器即可;如果要求检测到速度这个参数,就要在每条车道安装双环形线圈检测器。

3)检测器的布置与交通事件发生的频率有关。如果某一段经常发生交通事件,安装的检测器密度就应该大一些,甚至要安装视频检测器。在正常平直的高速公路上,一般每隔500～1000m安装一个检测器就可以了。

4)环形线圈检测器经常与视频检测器相互配合使用。在交通事件多发地点,需要用摄像机进行监视,作为交通事件的验证手段。

(2)固定交通检测器空间布置的定量分析

图9.7反映了交通事件对交通流的影响。当发生交通事件时,事件下游将形成扩展波,上游将形成冲击波。冲击波将向交通事件发生点的上游传播,其强度取决于交通事件的严重性、横向位置、当时的交通状况以及道路的几何条件等。

在这里假设交通量为q(辆/h),车流的平均车速为V(km/h)。以下标1代表交通事件

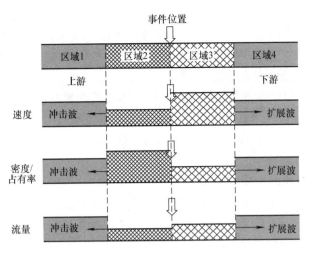

图 9.7　交通事件对交通流的影响

发生前，下标 2 代表交通事件发生后，相邻检测站间距为 L_d（m），交通事件发生时，离上游检测站距离为 X（m），交通事件发生后 T_d（s）冲击波和扩展波传播到上游和下游检测站（这里以到达上游或下游检测站时间稍长的为准），根据交通流理论，冲击波波速为 V_w 为

$$V_w = \frac{q_1 - q_2}{\dfrac{q_1}{V_1} - \dfrac{q_1}{V_2}} \tag{9.6}$$

对于单车道情况，若车辆抛锚，则车道将完全阻塞，设阻塞密度为 K_j，则式（9.6）可写为

$$V_w = \frac{q_1}{\dfrac{q_1}{V_1} - K_j} \tag{9.7}$$

发生交通事件的车辆的前导车在 T_d 内的行程为 $X_1 = V_1 T_d / 3.6$。当 $V_w < 0$ 时，将形成阻塞，冲击波以 V_w 的速度相对于车行道方向向上游传播，在 T_d 内的行程为 $X_2 = V_w T_d / 3.6$。当 $V_w \geq 0$ 时，将不形成阻塞。无论加利福尼亚算法所采用单环形线圈数据还是麦克马斯特算法采用双环形线圈数据，只要上游或下游检测站检测到交通流参数的变化，这两种算法都将对交通事件做出反应。最不利的情况是发生的交通事件位于两个检测站中间位置，因此检测站间隔的最大值为

$$L_d = 2\max\{X_1, X_2\} \tag{9.8}$$

在确定检测器间隔时，还应该根据高速公路线形的具体情况做适当的调整，比如上下匝道的位置、事件多发区等。

9.1.4　事件的算法

1. 概述

自动检测算法的研究开始于 20 世纪 60 年代早期，伴随美国州际高速公路系统的实施而出现。经过多年的发展，特别是随着交通量的增长和 ITS 的兴起，高速公路交通事件的自动检测不但越来越受到关注而且发挥的作用也越来越大。

早期的算法对以微观参数为基础的不同的事件检测方法进行了研究，研究中事件检测所用的预先设定阈值与误警率有关，这些算法都能检测出一些事件，但误警率太高。1968 年，加利福尼亚州运输局开发的事件检测算法得到最广泛的应用，被称为"加利福尼亚算法"，它采用车道占用率作为交通检测参数。

20 世纪 70 年代，FHWA 开始组织进行先进的事件检测算法的研究。此项研究以洛杉矶和明尼阿波利斯两个城市高速公路监测系统所得的数据为基础，对 10 种高速公路事件自动检测算法进行研究比较，并开发了参数标定软件。研究表明，加利福尼亚算法和指数平滑算法都能较好地进行事件检测。

20 世纪 80 年代提出的许多算法都运用了概率模型。在事件检测时，相关算法并不只简单地判断是否报警，还会给出事件发生的概率。另外，在算法研究中，常将算法作为整个高速公路管理控制系统的一部分来考虑。例如，将事件检测算法与进出口匝道控制、可变限速控制和民用广播电台信息提供系统相联系。

20 世纪 90 年代，随着各种数学方法和计算机的进一步发展和成熟，高速公路事件自动检测算法开始运用各种比较成熟的新方法，例如将神经网络理论用于事件自动检测。随着 ITS 研究的兴起，由于采集的动态交通信息量的增加，提高了事件检测效果，有关各方对交通事件检测系统的功能更加关注，高速公路的事件检测算法研究又再一次成为热点。

2. 交通事件自动检测经典算法

（1）模式识别方法

模式识别方法的检测原理是通过一个或多个交通参数来判别事件模式和非事件模式，其难点在于阈值的确定。经典算法有麦克马斯特（McMaster）算法和加利福尼亚（California）算法以及以此为基础形成的多种改进方法。

1）McMaster 算法。McMaster 算法不仅能识别拥挤，而且能确定拥挤原因（常发性拥挤或偶发性拥挤）。由于该算法是由加拿大 McMaster 大学土木工程系开发出来的，因而称为 McMaster 算法。

McMaster 算法基于下述假设：当交通从拥挤变为非拥挤状态时，其速度急剧变化，而流量和占有率缓慢变化，使用从拥挤到非拥挤交通变化的流量－占有率关系，该算法开发了流量－占有率模型。该算法把一个检测站采集到的交通流量和占有率作为这种算法的输入值，并在运行过程中要把实测数据和流量－占有率模型相对照。这种算法应用了两个不同的流量－占有率模型，一个是用于正常流的检测站点，另一个用于常发性拥挤或偶发性拥挤的检测站点。当发现一个事件连续 3 个时间段属于常发性拥挤或偶发性的流量－占有率模型时，就会报警。

在 McMaster 算法中，下游检测器出现故障不会影响事件的检测。这种算法在确认可能的事件时采用流量作为一项输入量，其数据采样时间间隔为 30s。McMaster 算法在确认事件时也把常发性拥挤或偶发性拥挤考虑了进去，这样就会使误警率更低。

McMaster 算法主要的不足是数据都是在同一条道路截面的快车道上采集的，当交通事件发生在路肩或者是靠右的车道上时，这种算法会需要一个更长的检测时间，直到交通事件影响到快车道上的交通流时，它才会检测到事件的发生。

2）California 算法。California 算法于 20 世纪 60 年代晚期研制，用于洛杉矶高速公路和监视控制中心，属于双截面算法。所谓双截面算法是指根据两个相邻的监视信息进行事件检测。加利福尼亚算法基于事件发生处上游截面占有率将增加、下游检测面占有率减少这一事实。它用1min平均占有率OCC（i, t），即在时刻t从检测站$i=1$，2，$\cdots$，n得到的平均占用率，按下面3个条件来判断事件是否发生：

$$OCCDF = OCC(i,t) - OCC(i+1,t) \geqslant K_1 \tag{9.9}$$

$$OCCRDF = \frac{OCC(i,t) - OCC(i+1,t)}{OCC(i,t)} \geqslant K_2 \tag{9.10}$$

$$DOCCTD = \frac{OCC(i+1,t+2) - OCC(i+1,t)}{OCC(i+1,t-2)} \geqslant K_3 \tag{9.11}$$

式中，OCCDF为上下游占用率绝对差值；OCCRDF为上下游占用率的相对差值；DOCCTD为下游检测站前后2min占用率相对差值；i为上游检测站；$i+1$为下游检测站；K_1、K_2、K_3分别为相应的阈值。

如果上面3个条件都满足，则事件发生。

1973年FHWA项目组出资对加利福尼亚算法进行改进，检测并确定了10种改进的加利福尼亚算法。在这10种算法中，加州#7和加州#8提供了最好的较为全面的效果。

在加州#7中，第3个参数式（9.11）被当前的下游占有率测量序列取代，因此压缩波，即误警率重复发生的原因能容易地识别出来，而且该算法要求事件状态的持续检测必须至少重复2次。加州#8使用压制特性，在压缩波被检测出来后，推迟5min再发出事件警报。

加利福尼亚算法主要的不足是只考虑了与占有率有关的参数作为输入，而没有考虑与流量有关的参数。加州#8算法主要的优点是具有低的误警率。

3）多目标事件检测算法（APID）。APID的开发主要用于多伦多COMPASS高级交通管理系统。它吸收和推广了California算法的精华，集成为一个独立系统。APID系统还包括了大流量算法、小流量算法、中等流量算法、事件终止算法、压缩波检测和连续检测算法。在线测试表明，APID系统在大交通流条件下性能优越，在小交通流条件下性能较差。

4）莫尼卡（Monica）算法。Monica算法开发于1991年，属于欧盟DRIVE1项目中的一部分，该算法在HERMES项目的前两年被测试。它建立在连续车辆之间车头视距的测量值和方差，以及连续车辆之间的速度差的基础之上，当这些参数经历大规模扰动超过预设阈值时，事件报警系统启动。Monica算法与车道数和其他路段的交通行为无关，但要求检测器间距较短，通常在500~600m。

（2）统计预测算法

这类算法是基于这样一种假设：交通流模型和交通特征满足统计学原理。这类算法是根据历史时间序列数据做出预测模型，并利用该预测值与实际观测值进行比较，两者之间的差异程度即作为事件发生与否的判定标准。根据模型的不同可以分为标准偏差算法、贝叶斯算法和时间序列算法。其中，时间序列算法包括移动平均、双指数平滑、高占有率、滤波算法和动态模型法等。

1）标准偏差算法（SND）。标准偏差算法是由得克萨斯州交通协会（TTI）在1970—1975年期间开发的，用于休斯敦海湾公路的交通监视和控制中心。该算法基于这样的判断，即如果交通变量测量值突然变化，那么公路上存在交通事件。算法用超过1min时间的占有率平均值、标准差和历史数据进行连续比较。通常情况下，计算3min或者5min的均值和标准差，连续迭代一次或两次，当存在显著差异时，触发事件报警系统。

2）贝叶斯（Bayesian）算法（BA）。贝叶斯算法是采用当路段通行能力下降时事件发生的频率和历史数据，使用贝叶斯统计技术计算由下游车道阻塞引起的交通事件的概率。虽然该算法和 California 算法一样，使用相邻两个检测器之间的相对占有率之差作为基础，但是不同之处在于它是计算由事件引起的相对占有率之差的条件概率。完成该算法需要 3 个历史数据库，即事件发生条件下的流量和占有率、无事件发生条件下的流量和占有率以及发生事件的类型、位置和影响。

3）时间序列（ARIMA）算法。通过对各个交通控制中心的数据库分析，美国研究人员发现公路上的交通流可以通过求和自回归滑动平均时间序列模型描述。该模型能够通过平均前 3 个时间段的观测值和预测值之间的误差来预测当前时间段（t）和前一时间段（$t-1$）交通变量的差值。该模型通常用作短期交通流预测和置信区间预测。预测数据与观测数据存在很大的偏差时，启动事件报警系统。

4）滤波算法。滤波算法是 Stephandes 和 Chassiakos 于 1991 年和 1993 年提出的，首先对原始交通数据进行处理，消除短期的交通扰动，在此基础上判断是否存在拥挤以及是否属于由交通事件引起的拥挤。

设 t 时刻从某路段上游、下游两个检测站测得的占有率分别为 $OCC_w(t)$ 和 $OCC_d(t)$，则该路段内事件检测所采用的信号比定义为两占有率之差：

$$x(t) = OCC_w(t) - OCC_d(t) \tag{9.12}$$

为减少原始数据 $x(t)$ 所含随机误差的影响，采用均值滤波的方法对实测数据进行处理，假设 t 时刻发生事件，则计算出 t 之后 M_{min} 内 $x(t)$ 的均值 $y_a(t)$ 和 t 之前 N_{min} 之内 $x(t)$ 的平均值 $y_b(t)$：

$$y_a(t) = \frac{1}{M+1}[x_1(t) + x_2(t+1)\cdots + x_m(t+m)] \tag{9.13}$$

$$y_b(t) = \frac{1}{M+1}[x(t-n) + \cdots + x(t-1) + x(t)] \tag{9.14}$$

一般取 $M=3$、$N=5$。式（9.13）和式（9.14）具有低通滤波性质，限制了不希望的高频成分，因此 $y_a(t)$ 和 $y_b(t)$ 所含的随机成分大大减少。交通流变化过程具有很大的惯性，其演变总是较多地受前状态的影响，不应该出现严重的不均匀和急剧的不连续，除非有严重的交通事件发生。

为了在不同占有率情况下使用相同的门限值，需要对 $y_a(t)$、$y_b(t)$ 做归一化处理，引入变量 M_t，它表示 t 之前 N_{min} 内上游和下游检测站平均占有率的最大者。

$$M_t = \frac{1}{N+1}\max\left\{\sum_{i=0}^{N} OCC_w(t), \sum_{j=0}^{N} OCC_d\right\} \tag{9.15}$$

若 $\frac{y_a(t)}{M_t}$ 大于门限值 K_1，则存在拥挤；若 $\frac{y_a(t) - y_b(t)}{M_t}$ 大于门限值 K_2，则有事件发生。

式（9.13）~式（9.15）均假定 $OCC_d(t)$ 的检测周期为 1min，若检测周期为 30s，则取 $M=6$、$N=10$。

5）高占有率算法（HIOCC）。高占有率算法（HIOCC）是由英国人开发检查平稳和缓慢行驶的车辆的存在性，通过环形线圈检测这些车辆的占有率数据。使用一台计算机每秒扫描检测器占有率数据 10 次，检查连续几个瞬时值是否超过阈值，并启动事件报警系统。

6）单、双指数平滑算法。单、双指数平滑算法就是通过过去和现在的占有率观测值的权值，预测将来的交通事件。大多数此类算法在数学上表示为单指数、双指数函数，用一个平滑常数表示过去观测的权重。在有些模型中，可以通过跟踪信号，即所有以前预测值和观测值之差的总和来识别事件发生。在无事件发生条件下，跟踪信号稳定在0左右。事件发生时，预测参数值和实际参数值显著不同，跟踪信号显著地偏离零值。

7）荷兰算法。荷兰（Dutch）算法和 Monica 算法相似，单独分析某公路路段的数据，与上下游情况互不影响。它通过指数平滑滤波方法检测车道滤波后的平均速度。如果测量的参数超过预设的阈值，则启动事件报警系统。

（3）高级事件检测技术

1）模糊几何算法。模糊几何算法把不确切的推论引入事件检测逻辑中。该算法通过开发模糊边界对不精确数据和资料不全的数据进行近似推理。反之，确定性算法（如加利福尼亚算法和 McMaster 算法）基本属于二进制决策过程，而模糊算法可以得到事件发生任何可能的概率。一些模糊算法使用占有率趋势和相邻检测器之间速度密度数据比较方法。

2）Logit 基础算法。Logit 基础算法试图用事件的数据来认可事件模型。事件指标表现为事件事故率，被多项的 Logit 模型评价。当交通变量（速度）的两条分布曲线通过常态和事件条件交叠，它就在区域内变成了一个更大的变量。根据该算法，当路段上的事故率大于普通情况时，触发报警系统。

（4）基于神经网络技术的交通事件检测算法概述

随着神经网络在交通运输系统中广泛的应用，我国也有很多专家对基于神经网络的交通事件检测算法进行了研究，主要有基于多层感知器（MLP）神经网络经典算法与基于 MLP 神经网络改进算法。这些算法是根据不同采样间隔的交通参数来进行事件检测的，需要的环形线圈检测器多，增加了检测成本，且必须是不同的采样间隔时间，使得神经网络对于交通事件的反应不敏感。

3. 交通事件检测算法比较

根据检测率、误报率与平均检测时间性能指标，对交通事件检测算法进行比较（表9.2）。

表9.2　检测算法评估结果

检测算法		检测率（%）	误报率（%）	平均检测时间/min
加利福尼亚算法	基本算法	82	1.73	0.85
	CA#7	67	0.134	2.91
	CA#8	68	0.177	3.04
	综合算法	86	0.65	2.5
标准差算法		92	1.3	1.1
贝叶斯算法		100	0	3.9
时间序列算法		100	1.5	0.4
指数平滑算法		92	1.87	0.7
低频传递滤波算法（LFP）		80	0.3	4.0

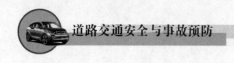
（续）

检测算法		检测率（%）	误报率（%）	平均检测时间/min
改进的 McMaster 算法		68	0.0018	2.2
神经网络算法	MLP	89	0.01	0.96
	PNN	89	0.012	0.9
模糊几何算法		良好	良好	最多比常规算法快 3min
波动分析算法		良好	良好	良好
荷兰算法		良好	较差	良好
莫尼卡算法		较差	良好	良好
低流量算法		49～78	当流量 <400 辆/h 时，每 7h 误报 1 次 当流量在 900～1000 辆/h 时，每 2h 误报 1 次	—
Logit 算法		96.3	6.3	良好

9.2　智能交通系统在交通安全中的运用

9.2.1　智能交通系统的技术特点和作用

（1）ITS 的技术特点

1）ITS 既不是传统的交通运输工程也不是信息技术的简单叠加，而是运用高新信息技术改善道路交通运输的一项复杂的系统工程。

2）ITS 建立在各种交通运输信息共享的基础上，通过对这些信息的采集、融合与提炼，达到对诸如交通流等参数的控制与诱导等功能，使出行者由被动地遵守交通管制变为主动地选择出行方式。因此，先进的交通管理系统与先进的出行者信息系统是 ITS 的基础。

3）形成定时、准确、高效的综合运输系统，实现自动化车辆与自动化公路是 ITS 的最终目的。

4）ITS 不仅仅是高新技术与传统交通工程结合的系统工程，更是 21 世纪主要的新兴产业之一。根据美国 ITS 专家的估计，ITS 产业在 21 世纪可以与 IT 产业相媲美。

（2）ITS 的作用

ITS 能使交通运输基础设施发挥出最大的效能。提高服务质量，使社会能够高效地使用现有交通设施，从而获得巨大的社会经济效益，主要表现在：

1）提高交通运输系统的安全水平，减少阻塞。国外的经验证明，一旦 ITS 投入使用，至少可以把城市的交通堵塞减少 50%，甚至可以减少 80% 的交通事故。

2）增加交通运输的机动性。

3）降低交通运输对环境的影响。ITS 每年可减少 45.46 亿 L 的燃料消耗，促使公路网络通行能力成倍增长，并减少尾气污染。

4）提高交通运输的通行能力和火车、飞机运输生产率和经济效益。

9.2.2 智能交通系统的组成

ITS 主要由 7 个系统组成。

（1）先进的交通信息服务系统（ATIS）

ATIS 是建立在完善的信息网络基础上的。交通参与者通过装备在道路上、车上、换乘站上、停车场上以及气象中心的传感器和传输设备，向交通信息中心提供各地的实时交通信息。ATIS 得到这些信息并通过处理后，实时向交通参与者提供道路交通信息、公共交通信息、换乘信息、交通气象信息、停车场信息以及与出行相关的其他信息。出行者根据这些信息确定自己的出行方式、选择路线。更进一步，当车上装备了自动定位和导航系统时，该系统可以帮助驾驶员自动选择行驶路线。

（2）先进的交通管理系统（ATMS）

ATMS 有一部分与 ATIS 共用信息采集、处理和传输系统，但是 ATMS 主要是给交通管理者使用的，用于检测控制和管理公路交通，在道路、车辆和驾驶员之间提供通信联系。它将对道路系统中的交通状况、交通事故、气象状况和交通环境进行实时监视，依靠先进的车辆检测技术和计算机信息处理技术，获得有关交通状况的信息，并根据收集到的信息对交通进行控制，如信号灯、发布诱导信息、道路管制、事故处理与救援等。

（3）先进的公共交通系统（APTS）

APTS 的主要目的是采用各种智能技术促进公共运输业的发展，使公交系统实现安全便捷、经济、运量大的目标。例如，通过个人计算机、闭路电视等向公众就出行方式和事件、路线及车次选择等提供咨询，在公交车站通过显示器向候车者提供车辆的实时运行信息。在公交车辆管理中心，可以根据车辆的实时状态合理安排发车、收车等计划，提高工作效率和服务质量。

（4）先进的车辆控制系统（AVCS）

AVCS 的目的是开发帮助驾驶员实行本车辆控制的各种技术，从而使汽车行驶安全、高效。AVCS 包括对驾驶员的警告和帮助、障碍物躲避等自动驾驶技术。

（5）货运管理系统（CVOS）

CVOS 是指以高速道路网和信息管理系统为基础，利用物流理论进行管理的智能化的物流管理系统。CVOS 综合利用卫星定位、地理信息系统、物流信息及网络技术，有效组织货物运输，提高货运效率。

（6）电子收费系统（ETC）

ETC 是世界上最先进的路桥收费方式。通过安装在车辆风窗玻璃上的车载器与在收费站 ETC 车道上的微波天线之间的微波专用短程通信，利用计算机联网技术与银行进行后台结算处理，从而达到车辆通过路桥收费站不需停车而能交纳路桥费的目的，且所交纳的费用经过后台处理后清分给相关的收益业主。在现有的车道上安装电子不停车收费系统，可以使车道的通行能力提高 3 ~ 5 倍。

（7）紧急救援系统（EMS）

EMS 是一个特殊的系统，它的基础是 ATIS、ATMS 和有关的救援机构和设施，通过 ATIS 和 ATMS 将交通监控中心与职业的救援机构联系成有机的整体，为道路使用者提供车辆故障现场紧急处置、拖车、现场救护、排除事故车辆等服务。具体包括：

1）车主可通过电话、短信、翼卡车联网三种方式了解车辆具体位置和行驶轨迹等信息。

2）车辆失盗处理：此系统可对被盗车辆进行远程断油锁电操作并追踪车辆位置。

3）车辆故障处理：接通救援专线，协助救援机构展开援助工作。

4）交通意外处理：该系统会在10s后自动发出求救信号，通知救援机构进行救援。

图9.8所示为美国ITS组成体系架构，与上述系统组成大致相同。

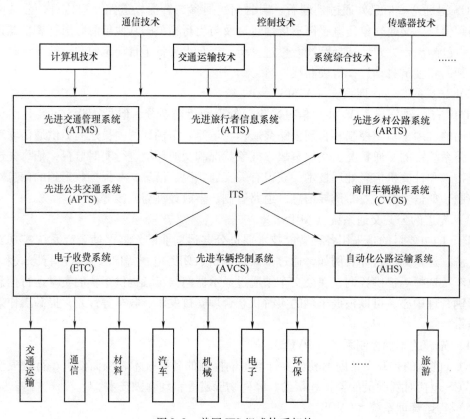

图9.8　美国ITS组成体系架构

9.2.3　智能交通系统的战略目标

1）实现ITS"保障安全、提高效率、改善环境、节约能源"的目标。

2）改变传统上主要依靠兴建道路来解决交通问题的状况，而主要采用高科技的管理手段提高运输效益。

3）通过提高管理水平，ITS可以节约时间，改善环境和生活的质量，提高商业活动的生产效益。

智能交通系统的最终目的是建立快速、准时、安全、便捷和舒适的交通运输体系，以保证社会经济可持续发展，建立与人类生存环境相协调的良好的交通运输环境。智能交通系统的优势可以用方便、安全、舒适、快捷来概括。

9.2.4 ITS 在交通安全中的运用

ITS 技术能够通过信息的交互（图9.9），将人、车、路等各因素集成为一个联系紧密且相互协作的整体，在道路交通事故的预防、预警以及事故救援方面有着独特的优势和应用潜力；能够及时探测和发现驾驶员视野范围内、外的潜在危险，并及时向驾驶员发出警示信息，引导驾驶员关注周边的各种潜在危险，为驾驶员的驾驶行为提供支持和建议，甚至能够采取控制措施以减少事故发生的风险；在道路交通事故发生后，能够有效地缩短救援队伍抵达事故发生现场的时间，并能够有效地缩短交通运行恢复至正常状态的时间（图9.10）。

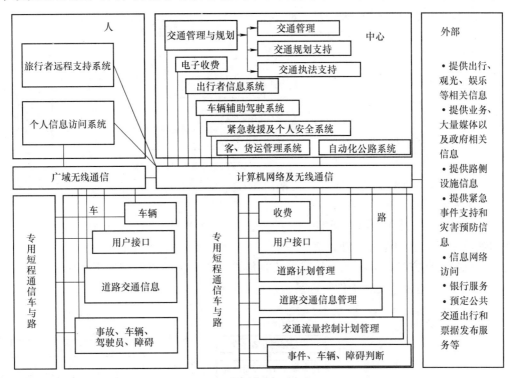

图 9.9 ITS 通信体系

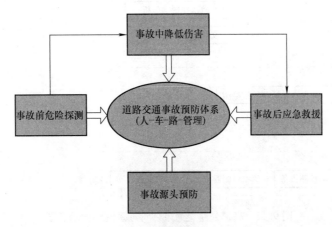

图 9.10 交通事故的 4 个环节

1. 事故预防

事故预防主要是指长期的道路交通事故预防措施，旨在提高道路交通系统的本质安全。例如，道路交通安全教育、驾驶员及车辆管理、优化公路设计、为道路交通系统的设计者和管理者提供反馈信息的道路交通安全评价等。这些措施主要针对人的非理性及各种错误的特点，用以改善整个道路交通系统。传统的道路交通安全方法主要是基于道路交通事故统计数据的分析，随着多年数据的积累，使得进行相关研究逐渐成为可能，从而明确诸如超速或酒后驾驶的概率以及驾驶员年龄分布等因素。而这需要连续且准确的道路交通事故数据报告以及依据数据分析进行决策管理。

ITS 技术能够连续记录各种性能数据（图 9.11）。作为公安交通管理部门的道路交通事故数据报告的有效补充手段之一，它将提供引发道路交通事故相关事件的多角度数据信息，如行驶记录仪；ITS 能够为车队管理提供支持，特别是可以实现与驾驶员的实时联系，这将确保对驾驶员的驾驶行为和工作状态进行更密切的监控，并消除各种潜在的危险情况，如监控驾驶员的连续工作时间；ITS 能够在驾驶员的正常感知能力之外，提

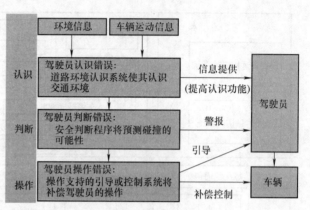

图 9.11　ITS 车载系统

前向驾驶员提供前方各种潜在危险状况的及时预警，如不利的道路交通天气条件信息发布。图 9.12 所示为高速公路交通事件管理系统结构示意图。

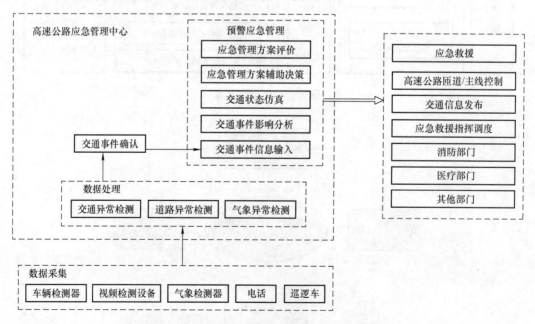

图 9.12　高速公路交通事件管理系统结构示意图

2. 危险探测及事故预警

危险探测及事故预警主要是指在交通安全隐患或道路交通事故发生前提前检测到危险存在并能及时向驾驶员发出预警信息的技术或措施。ITS 技术能够向驾驶员提供更为及时准确的信息；能够探测各种潜在的危险并建议驾驶员采取相应的措施，特别是在诸如其他车辆处于其驾驶盲区等超出驾驶员观察范围或观察能力的情况下，能够为驾驶员的驾驶行为提供支持，甚至能够采取控制措施以减少事故发生的风险。图 9.13 所示为道路预警应急管理子系统的运营模式。

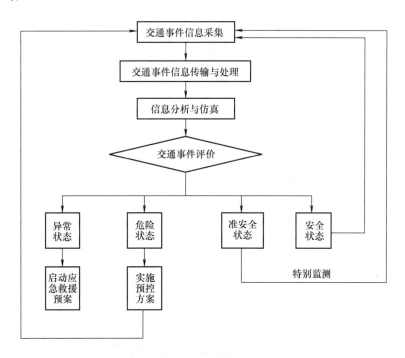

图 9.13　道路预警应急管理子系统的运营模式

一项在英国的试验研究表明，智能速度辅助系统（ISA）在控制超速行驶方面具有显著效果，如果所有的车辆都装有 ISA 设备，那么致死的交通事故可以减少42%。

3. 减轻事故伤害

减轻事故伤害主要是指在道路交通事故的发生已不可避免的情况下所采取的减轻人员受到伤害的各种措施，如安全带预紧技术等。

ITS 技术在这一领域的主要优势在于：技术的先进性意味着如果系统探测到交通事故发生的可能性已经非常大时，其相应措施的采取将会比正常人的反应时间快得多。

4. 事故后应急救援

如果能够及时得到医疗救助，那么在道路交通事故中受伤的人员生命是很有可能被挽救的，而这需要及时地获得有关道路交通事故发生位置及伤员情况等具体信息。

ITS 技术在事故后应急救援方面（图9.14）的主要优势在于：将大幅度缩短救援队伍抵达事故发生现场的时间，并为其提供准确有效的道路交通事故发生位置及事故性质等相关信息，便于救援队伍提前做好准备。ITS 将根据当时道路交通状态为救援车辆制定更加合理的救援路线和救援方案；还能够提供多种信息发布手段，确保更多的出行者获取事故救援信息，从而提前让出救援通道。这种快速反应能力将不仅仅让道路交通事故中的受伤人员受益，在道路交通事故发生后，还能够有效地缩短交通运行恢复至正常状态的时间。

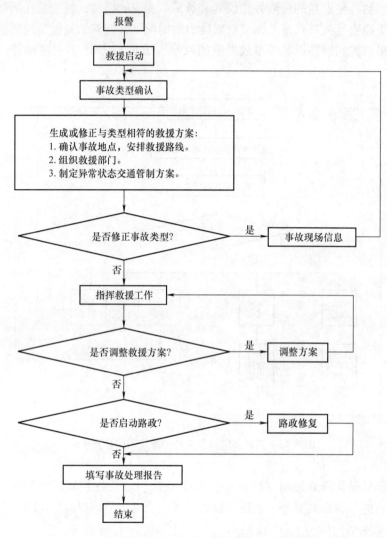

图 9.14　交通事故应急救援处理流程

借助广泛应用在车辆和道路上的信息采集设备以及快速可靠的数据处理、通信及发布设备，ITS 技术能够通过信息的交互，将人、车、路等各因素集成为一个联系紧密且相互协作的整体，这有助于构建一个更为安全的道路交通系统。ITS 技术在改善道路交通安全，特别是在道路交通事故的预防、预警以及事故救援方面有着独特的优势和应用潜力。

思　考　题

1. 简述交通事件的分类及其对交通的影响。
2. 简述事件检测方法。
3. 简述事件检测的评价指标。

4. 常用交通参数采集技术有哪些?
5. 简述交通事件对交通流的影响。
6. 交通事件自动检测经典算法有哪些?
7. 简述 ITS 的技术特点和作用。
8. 简述 ITS 在交通安全方面的具体运用。

道路交通速度管理

速度是人们出行选择路线和运输方式的主要因素之一。一条公路的吸引力，取决于旅客所花费的旅行时间、安全可靠度、方便程度及油耗、费用等因素，这些都与速度有关。驾驶员根据道路和交通条件，总期望尽可能以高速换取较好的运输效率，但速度常常是诱发事故的一个重要因素。

速度是道路交通安全中最关键的风险因素，约40%的死亡事故与速度有关，尤其在混有行人、骑车人等弱势道路使用者的区域，速度更是最大威胁。一方面，速度越高，事故发生风险越大，造成的伤害也越大；另一方面，速度离散性越大，不同速度的车辆发生碰撞的概率及伤害也越大。在大规模的道路交通基础设施建设完成后，欧美发达国家以"人的生命健康高于一切"为宗旨，于20世纪90年代先后采取道路限速管理、道路接入管理等一系列管理措施来提升交通安全水平，提出交通事故"零死亡"的发展愿景，并制定了系统的速度管理框架和措施，如瑞典的"零死亡愿景"、荷兰的"可持续安全"和澳大利亚的"安全系统"等。近年来，越来越多的国家开始以交通安全为目标，逐步完善速度管理对策，力求将事故严重程度降至最低。

10.1　速度管理及基本概念

10.1.1　速度管理

速度管理（Speed Management，SM）可以保障道路交通安全，维持安全有序的驾驶环境，同时又能保证交通运输的效率。在国家和政府制定的法律、法规框架下，速度管理是指沿着道路行驶方向给予驾驶员建议性、提示性、警告性和强制性等各种适宜的信息。速度管理是道路安全管理的一部分，早在道路规划设计阶段，就必须提前进行详细的准备工作。在道路建成通车后须立即进行速度管理，并且必须长期不间断地进行，主要原因是由于各种与道路相关的环境（包括速度环境）在时间和空间上不断地发生变化。速度管理就是针对道路或路网全线车流呈现复杂多变的速度环境进行系统性的专业化管理。

这里的"道路环境"包括执法环境、速度环境、驾驶环境与养护施工环境。"速度环境（Speed Environment）"即车辆以不同的速度在道路上出现的各类现象。其中，运行速度、平均速度、百分位速度等速度类型在道路通车后才会陆续出现，而85%位车速最能代表车辆的运行速度，是设置道路限速值的重要参考。速度管理是综合的，是人、车、路三者的系统管理。要设置更加安全、合理、高效的限速值，需要全面搜集各种量测速度数据和道路数据，并建立一系列完善的限速值确定流程。在设施设计时，各类交通设施均是根据预期运行速度进行设计的，而道路通车后的运行速度可能与预期运行速度（Anticipated Operating Speed）有显著不同。交通运输管理部门在道路完工通车后要不间断地搜集各类车速数据，并对搜集到的数据进行处理，分析运行速度、平均速度、百分位速度、速度差以及速度的分布情况，在对车速数据分析的基础上结合道路线形、路侧用地性质、历史交通事故数据、横向干扰等因素对限速值进行修正。在某些特殊路段或事故多发路段，可采用限速辅助措施并结合执法将速度降低到限速值附近。

目前，我国关于限速的规定还停留在最高限速、最低限速与特殊路段限速方面，在基于运行速度及限速影响因素对限速值进行修正方面的规定不是很明确，缺乏一套全面、翔实的针对不同等级公路分别实施的标准、指南或流程，导致我国限速管理比较粗放。

道路是长距离的实体构造物，沿途驾驶环境必然不同，由于时空环境变化特性（含天候变化或其他异常状况），相对应的适宜运行速度也不同。基于道路交通安全，同时为保障道路的易行性（Mobility）与运输效率（Efficiency），道路系统必须进行速度管理。

图 10.1 所示即是典型的速度管理示例，沿着某条道路，由于环境、几何线形不同，驾驶员适宜的运行速度不同，限速值自然不同。例如，临近学校区、施工区等都应提示、警告驾驶员，运行速度不可超过某数值。

| 法定限速值 | 公示限速值 | 校区限速值 | 施工区限速值 | 可变限速值 | 忠告速度 |

图 10.1　道路沿线各种限速变化值示例

观测发现，发达国家在降低道路限速值或设置限速街区后，道路交通安全均有显著提升（表 10.1）。

表 10.1　发达国家限速效果

国家	道路等级	初始限速值 /（km/h）	修订限速值 /（km/h）	事故变化情况
瑞典	高速公路	110	90	死亡交通事故下降21%
瑞士	高速公路	130	120	死亡交通事故下降12%
丹麦	城市道路	60	50	伤害交通事故下降9%
澳大利亚	高速公路/乡村公路	110	100	伤害交通事故下降19%
英国	高速公路	100	80	交通事故数量下降14%
德国	城市道路	60	50	交通事故数量下降20%

速度管理在先进发达国家已被定位为道路交通管理的重点工作事项，尤其是高、快速公路系统与车流量较大的都市圈路网。其终极目的在于增进道路交通的实质安全（Substantive Safety），同时兼顾道路的易行性。

10.1.2 速度管理的工作进程

图 10.2 所示是道路交通工程与管理领域中，速度管理的工作进程。从图中可以清楚地看出，速度管理的真正工作是从道路完工通车后才正式开展，不过早在道路规划设计时便必须提前进行翔实的前置准备作业，例如拟定如何在道路沿线某地点安装何种型式及必备的调查、监测、监控设备等细节。

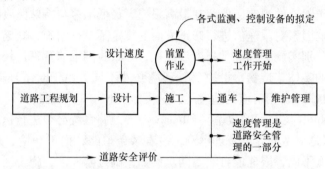

图 10.2 速度管理的工作进程示意图

道路安全评价（Road Safety Audit，RSA），在道路交通工程全生命周期内均可适时介入，其主要目的在于随时纠错，避免任何错误被无意隐藏其中，增进道路实质安全。RSA 的组成团队成员必须是专业背景极深厚的第三方公正人士，以确保公众安全。

道路交通主管机关对其辖区内的道路安全应有自定义的严谨且全面性管理配套方法，速度管理只是道路安全管理（Road Safety Management，RSM）系统中应进行的重点工作之一。RSM 系统在世界各国中并无标准流程与方法，依国情而异。

由图 10.2 可知，道路完工通车后须立即开展速度管理工作，且必须长期持续不可中断，其主要原因在于道路各种相关环境（含速度环境）随时空变化持续保持在变化状态。当然，理论上任何道路完工通车后都须有速度管理，不过依道路等级、路网规格、服务水平不同，工作内容差异极大，道路交通工程主管机关与执法单位应自有考量。

图 10.3 所示是道路交通工程规划设计时的设计速度与道路完工通车后的速度管理，两者之间具有不可切割的"承先启后"关系。

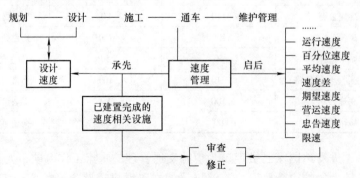

图 10.3 道路速度管理与设计速度的承先启后关系

10.1.3 限速

道路上各种车流形成的各种速度特征或现象可统称为"速度环境"。速度环境复杂性的主要原因在于道路上各种车辆的运行速度不仅随时空环境变化，也因不同驾驶员的自身特性而大不相同。图10.4所示即是影响驾驶员速度选择的各种不同因素，因素之间相互交叉影响，其复杂性显而易见。

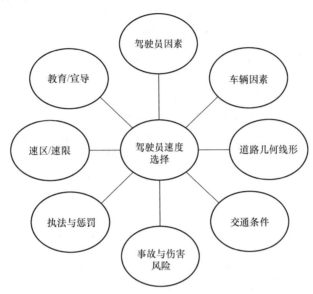

图10.4 影响驾驶员速度选择的各种因素

道路上车辆的运行速度具有下列特征（速度管理必要性）：

1）由驾驶员自行选择，其他人无法掌控。个别驾驶员会把自己的冒险行为强加给他人，他们为缩短行程时间，宁愿以发生事故、受伤甚至死亡作为代价，一旦发生事故，其他人可能会受到牵连。

2）没有任何单一速度值可代表某道路上车辆应采用的运行速度值。一些驾驶员低估了事故发生的可能性和严重程度而高速驾驶车辆。

3）不同的驾驶员选用不同的运行速度。驾驶员凭借对道路状况的直接感觉，根据自身经验而采取其认为最适宜的运行速度。驾驶员没有能力去判断他们驾驶设备工作状态的好坏（如制动装置、操作装置），也没有足够的能力通过观察线形和路侧条件以及评估交通行为而采取合适的驾驶速度；同时，不论是对于有经验的还是没有经验的驾驶员，在不熟悉的环境中都有可能低估风险、采取不合适的驾驶速度。

驾驶员自行选择的运行速度可能违背道路设计的安全考虑，即驾驶员自行选择的速度可能比道路安全工程设计考虑的安全速度高，以致形成安全隐患。基于此，道路交通工程主管机关或执法机关有责任告知驾驶员清晰的运行速度限制值，即限速值。

1. 限速的目的

限速的主要目的是通过减少驾驶员在速度选择时强加给自己和他人的危险来提高交通安全。限速可以从两个方面来提高安全：第一，制定速度的最大界限，目的是降低事故的严重程度和减小事故发生的概率；第二，减小速度的离散性，如在同一时间同一条道路上减少车辆之间的速度差，由此降低车辆发生冲突的机会。

2. 限速法规

世界各国国情不同，与限速相关的法律或法规也有差异，不过在道路交通工程实务上，常用的交通限速法规根据适用情景不同可大致分为以下三类：

1）绝对限速值法规（Absolute Speed Limits Law）：任何车辆，凡运行速度超过法定限速值，一旦被执法机关正式查出，都必须接受法律规定的罚则，无可辩解。

2）基本限速值法规（Basic Speed Limits Law）：任何驾驶员在驾驶过程中，都有注意车前状况的责任与义务。在某特定道路状况下，即使车速在法定限速值以下，但车速却明显超过当下道路交通状况所容许的条件，如在道路拥挤路段及道路交叉口高速行驶。

3）可辩解限速值法规（Presumed Speed Limits Law）：即使有超速实据被执法机关举证，但若不接受裁罚，当事人仍有权利向当地交通法庭申请当庭辩护。

前述三种不同法规中，第一种"绝对限速值法规"最普遍，其可能硬性规定于相关法律条文中，或是以交通控制设施的形式布设于道路范围内、驾驶员可明视之处。第二种"基本限速值法规"主要针对"与当下道路状况不匹配的驾驶速度"，若发生事故，必须进行严谨的事故鉴定，甚至事故重建才能清楚鉴别肇事者当时的车速是否适宜，及其可能必须承担的事故责任。第三种"可辩解限速值法规"在全球各国中较少使用。

3. 限速值种类

1）法定限速值（Statutory Speed Limits）：由政府依法颁布相关交通法规，应用于不同等级、不同道路形态（高速公路以及城市中的快、慢车道等）。驾驶员应注意，即使道路旁侧无限速标志，仍应遵守法定限速值的约束。

2）公示限速值（Posted Speed Limits，PSL）：又称标志限速值，通常以警告标志（路侧或置顶式）、路面标示的形式向驾驶员传递限速值。当法定限速值有变化时，就必须重新设立公示限速值的标志或标识文字。

3）绝对限速值（Absolute Speed Limit）：指不论涉及任何条件或状况，绝对不容许驾驶员超过的限速值。一旦被执法机关查实或导致事故，超速当事人都必须受罚扣分，且负事故连带法律责任。前述的法定限速值与公示限速值都属于绝对限速值范畴，执法机关拥有绝对的执法权。

4）忠告速度（Advisory Speed）与建议速度（Suggested Speed）：忠告或建议速度为限速值众多形式之一，警告或建议驾驶员在此处用比此限速值更低的速度行驶，其原因可能是道路几何线形的限制、路面状况、视距不佳或其他特殊因素（如已临近施工区）。

5）环境限速值（Environmental Speed Limits）：根据环境保护（如空气质量指针、PM2.5 浓度等）标准制度而定的不同限速值。此种限速值通常只适用于特定地区，例如高科技科学园区的厂商可能有无尘的高标准要求。

6）特殊状况限速值（Special Conditions Speed Limits，SCSL）：在某些道路交通状况下，必须针对驾驶员运行速度进行实时性的提醒、建议，甚至警告。例如，事故区、施工区、临近学校儿童出入频繁区；道路几何线形变化可能出乎驾驶员意料，如受地形限制而形成的急弯道；车流拥堵路段或事故区域，以可变信息标志（Changeable Message Sign，CMS）提醒、警告驾驶员减速至此限速值内；天气状况异常时，以可变信息标志告知驾驶员降低运行速度。

7）最小伤害度限速值（Injury Minimization Speed Limit）：此种限速值将安全性远置于道路交通易行性之上。道路系统安全限速值主要根据碰撞事故中会造成死亡或受伤的人体承受撞击的能量而定。凡是住宅区、行人出入频繁商业区、邻近学校区等的限速值都是以保障行人安全为优先，车辆的运行速度已非重点。

8）固定与动态限速值：固定限速值（Fixed Speed Limits）的限速标志、标字自布设开始就保持固定，除非撤除，否则一直存在且内容永不改变，道路交通工程中采用的限速值绝大部分都属于此类；动态限速值（Dynamic Speed Limits）可能因特殊需要而调升或调降，依道路交通状况（如车流量）而异，且绝大部分都以电子方式显示。

9）重型车限速值（Heavy Vehicle Speed Limits）：针对平均行车速度较低、体积大、载重量大或危化品载运车辆设定的限速值。由于重型车辆与小型车易形成突出的速差现象，一旦发生事故易造成"群死群伤"，因此设定的限速值必然比小型车低。为了安全起见，甚至必须限定某些车种只能行驶在特许的道路。

10）变化限速值（Variable Speed Limits，VSL）：属于主动交通管理（Active Traffic Management，ATM）领域中的一部分，前述动态限速也是变化限速值其中一种，依道路路网车流状况而适时调整限速值，同时兼顾安全与车流顺畅。凡变化限速值均需布设相应的电子侦测设备，如车辆侦测器（Vehicle Detector，VD）、可变信息标志（Changeable Message Sign，CMS）等。

11）车种差异化限速（Differential Speed Limits）：指在同一道路上，针对不同车种制定不同的最大容许可运行速度。通常针对小型车限定一个最大限速值，而对大型车设定一个比小型车限速值低的最大可运行速度值。

12）限速区间（Speed Zone）：经过严谨的工程研究，在一条已有法定限速的道路的某一区间可制定适合此区间的限速值。

影响限速值的因素主要有设计速度、平均速度、道路线形、历史交通事故数据、路侧用地性质、交通流因素、环境、天气等。

判断道路的限速值是否合理，须经长期观察，且有大量交通数据支撑，以完整的工程研究为基础。以图10.5为例，瑞典为了推动道路交通零死亡愿景，制定限速值的指导思维随着年代背景而改变，由最早期以速度为准演变至20世纪90年代以伤亡准则为依据。

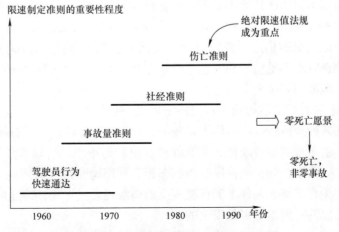

图 10.5　瑞典限速制定准则的演进

10.2　速度特性

10.2.1　交通的速度特性

由交通流特性可知，车速与交通量呈抛物线关系。在交通量未达到饱和状态前，车速随交通量增加而下降（图 10.6a）。但这种趋势关系不稳定，速度 – 交通量关系曲线呈不同的斜率分布，是由于交通密度不同，导致交通流内部车辆相互作用的结果。按密度变化，通常形成五种交通流运行状态，不同交通流状态下车速和事故的特征如图 10.6b 所示。

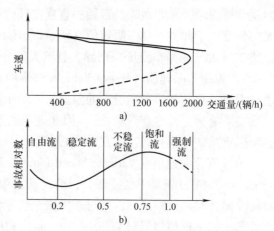

图 10.6　交通量 – 速度 – 事故的关系

1）自由流运行状态：其交通负荷不大于 0.2，由于交通负荷小，在没有同向和逆向汽车干扰的情况下，驾驶员通常以较高速行驶，个别驾驶员因车速过高、麻痹大意、控制失灵而发生事故。交通管制不完善是这种事故发生的主要原因。交通管理应做好车道画线、设置警告标志、向驾驶员提示道路危险路段等工作，采用限制高速行驶是有效的交通管理方法。

2）稳定流运行状态：交通负荷达到 0.2～0.5，开始出现同向汽车间相互影响，逆向汽车明显增加，超车必须选择适当时机，驾驶员大多谨慎行车，车速相对稳定，车队逐渐形成，事故相对较少，个别驾驶员违章超车是事故的主要原因。此时，交通管理应采用管制设施限制超车，最有效的是提供情报调整整个交通流和各车组的行车速度，合理组织超车。

3）不稳定流运行状态：交通负荷升至 0.5～0.75，交通量进一步增大，车流间隙减少，超车困难，超车风险加大。同时，超行汽车对逆向汽车流形成障碍，迫使对方降速或制动。驾驶员超车时对前面车辆速度估计不正确、所选行车间距估计不足而导致车辆相撞是事故的主要原因。事故的相对数量曲线急剧上升，在接近交通量饱和状态时上升幅度达到最大值。此时，交通管理要运用交通信号、情报板以及交通标志提示驾驶员正确保持车距、限制车速。为避免交通稠密时看不见信号和标志，建议在路的两侧均设置标志和信号，利用平行的相邻路段和路网来疏散和调整整个交通流。

4）饱和流状态及其后的运行状态：交通密度进一步加大，交通负荷达到 0.9 或 1.0 以上时，交通流呈现队列缓慢行驶或停停走走现象，只要个别车辆速度掌握不准，就有可能发生车辆相撞事故。由于车速相对较低，多数驾驶员也较为小心，所以事故发生率相对较低。此时，交通管理主要是维护好交通秩序、控制车距，利用周围路网调整和疏导车流。

交通事故的多少与道路上各种车辆行驶速度的离散程度成正比，即速度太快或太慢均易肇事，而顺应交通流的一般速度则是安全的。

车速分布的标准偏差值越大，车流中各车辆之间的车速差异程度越大，超车和变速行驶的机会增多，从而使车流中的事故隐患增多。要减少车流中的事故隐患，应尽量使标准偏差值降低。对车流限速是降低标准偏差的有效措施。

道路交通负荷的变化改变着交通流的运行特性，车速的变化（图 10.6）以及由此而来的事故形态和事故相对数量呈现出一定程度的规律性（图 10.7）。

随着交通负荷的增加，交通流车速减少，但各段的曲线斜率不同，在负荷 ≤0.2 以及负荷 ≥0.7 的两段曲线斜率平缓，中间一段较陡，说明不稳定流车速偏离平均车速较大。车速与平均车速偏离越大，事故出现的概率也越大。

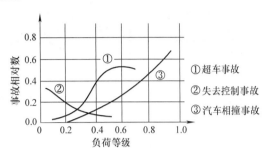

图 10.7　交通负荷与事故数量的关系

图 10.7 所示为不同交通负荷下三种典型事故原因而造成事故相对数量的变化。负荷水平超过 0.4 以后，汽车碰撞事故会急剧增加，而控制失灵的事故数量却大大减少；负荷水平在 0.5~0.6 时，超车事故达到相对数量的最大值。

10.2.2　速度的道路特性

不同技术等级的道路，其设计车速和设计技术标准不同。技术等级高的公路采用较高的设计车速，道路各项技术指标也高；而等级较低的公路，采用低的设计车速，道路各项技术指标也偏低。但道路上的实际行驶车速并不等于该道路的设计车速。

道路线形中的平曲线、竖曲线、纵坡度、视距等都是按照道路技术等级规定的设计车速而制定的，其最低标准值能满足安全运行。当车辆实际行驶速度大于设计车速时，显然不能保证交通安全。例如，长直线末端连接小半径平曲线或者大半径平曲线连接小半径平曲线的路段常常是事故多发点，就是因为长直线上或大半径平曲线上的实际行驶速度大大超过了小半径平曲线上的设计车速。

当车辆按设计车速行驶，逐个驶过各个孤立的道路特征路段，安全都是可以保证的。但在大多数情况下，尤其是丘陵和山岭地区的道路，往往是平曲线、竖曲线在同一路段上结合出现，也就是线形组合的道路特征。在这种情况下，对孤立的平、纵要素所适用的最低标准值，在线形组合不当的情况下就不安全了。例如，凹形竖曲线的底部插入小半径平曲线，由于下坡行驶、视距良好，容易造成超速行驶，形成事故多发点。

1. 安全系数

对道路条件不良路段，建议选定特征断面观测实际行车速度，用该路段安全要求的容许速度 $V_{容}$ 与进入该路段的实际速度 $V_{实}$ 之比 $K_{安}$（称为安全系数）来评价其危险性，并按危险性分级进行管理：

1）当 $K_{安} > 0.8$ 时，必须采取保证安全的措施。

2）当 $K_{安} = 0.6~0.8$ 时，属危险性小的路段，应在路面中心画实线、设警告标志。

3）当 $K_{安} = 0.4~0.6$ 时，属危险路段，除设限速标志外，需设护栏、禁止超车、加宽行车道等。

4）当 $K_{安} < 0.4$ 时，属非常危险路段，按实际情况除考虑上述措施外，可设置辅助车道

（爬坡车道、应急撤离车道以及出入干线公路的加减速车道）和颠簸车道、渠化路口等。

2. 实际车速频率曲线在速度控制中的应用

实际行驶车速一般采用选择特征断面进行观测、统计，绘制速度频率分布曲线和累积频率曲线，分析曲线取得所需资料。

（1）速度频率分布曲线

将观测取得的数据，由小到大分组计算其频率，绘出速度频率分布曲线（图10.8）。

从速度频率分布曲线可以得知如下信息：

1）曲线最高点，也就是最大频率（本例为27.5%），其对应的横坐标为最常见速度，本例为65.0km/h。

2）曲线从最高点向两侧快速单调下降，呈正态分布。

3）曲线的宽窄程度用观测数的标准离差 σ 表示（图10.9）：σ 越大，曲线越宽，表示车速越分散，说明这段道路上混合交通程度比较严重；σ 越小，曲线越窄，表示车速越集中。

4）当曲线最高点偏向一侧时，可认定车速呈偏态分布。当然，并非所有交通条件下的检测数据均呈现某种特定的统计分布特征。

（2）车速累积频率分布曲线

将车速频率逐级累加，即可绘制累积频率分布曲线。从该曲线上可获得如下数据：

1）最高限制速度：曲线上第85%位速度可用作公路交通管理的最高限制速度标准。

2）最低限制速度：公路上一般以第15%位速度为最低限制速度标准。

3）平均超速度：为了评价车速控制的水平，对超过最高限制速度的程度可用平均超速度作为评价的指标。

速度频率计算

速度分组/ (km/h)	速度中值/ (km/h)	车次 数 f_1	频率 f_1/Σ_1 (%)	累积频率 (%)
20~30	25.0	3	1.5	1.5
30~40	35.0	10	5.0	6.5
40~50	45.0	21	10.5	17.0
50~60	55.0	31	15.5	32.5
60~70	65.0	54	27.5	59.5
78~80	75.0	43	21.5	81.0
80~90	85.0	21	10.5	91.5
90~100	95.0	10	5.0	96.5
100~110	105.0	5	2.5	99.0
110~120	115.0	21.0	100.0	200~100

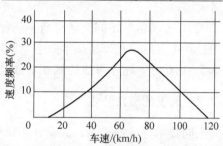

图10.8　速度频率分布曲线

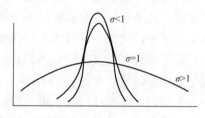

图10.9　曲线的宽窄程度

10.3　交通事故中的速度因素

10.3.1　速度因素的道路交通事故及伤害

1. 速度、能量转移和伤害

速度已被视为在道路交通伤害方面一项关键性的风险因素，不仅影响道路交通事故发生的风险性，而且与事故所导致伤害的严重程度相关。速度越快，驾驶员越难于在较短时间内制动和避开碰撞，发生碰撞时冲击力也越大；碰撞导致伤害的概率与车速的 2 次方成正比，重度创伤发生率与速度的 3 次方成正比，死亡率与车速的 4 次方成正比。

$$A_1/A_2 = (V_1/V_2)^2$$
$$I_1/I_2 = (V_1/V_2)^3$$
$$F_1/F_2 = (V_1/V_2)^4$$

式中，A_1 为状态 1 某路段交通事故数量；A_2 为状态 2 某路段交通事故数量；V_1 为状态 1 某路段平均速度；V_2 为状态 2 某路段平均速度；I_1 为状态 1 某路段的人员受伤人数；I_2 为状态 2 某路段的人员受伤人数；F_1 为状态 1 某路段的死亡人数；F_2 为状态 2 某路段的死亡人数。

这组公式表明交通流的事故数量、受伤人数、死亡人数与平均速度分别成 2 次方、3 次方、4 次方的关系，即交通流平均速度较小范围增幅，将导致交通事故数量和伤亡人数特别是伤亡人数大幅度增加。因而控制交通流平均速度，可有效地减少交通事故及其交通事故中的伤亡人数，特别是对于大幅度减少交通事故中伤亡人数具有更大的成效。经过各方面的数字调查证明，这组公式可真实地表达发展中国家道路平均速度与交通事故和伤亡数量的关系。

研究表明，损害性伤害是"能量交换"的结果。在碰撞中，由能量转移导致的人体伤害，能破坏细胞结构、组织、血管和其他身体结构。在诸如动能、热能、化学能量、电能和辐射能量等多种能量形式中，动能能量转移是造成伤害的最主要成因。对道路交通伤害预防研究人员和从业者来说，了解动能伤害的生物力学有助于研发相关对策来限制道路事故中这种能量的生成、分配、转移和影响。

不管动能是由车辆碰撞、抛出还是坠落产生的，人体组织在碰撞时所要承受的冲击力与质量和速度有关，对身体的损害程度也取决于碰撞表面或物体的形状和刚度，但速度起到至关重要的作用。

弱势道路使用者，比如行人、自行车使用者、机动脚踏两用车使用者和摩托车使用者，在受到机动车撞击时，他们具有严重伤害或致命伤害的高风险性。这是因为他们通常是几乎没有防护，或者仅有非常有限的防护，如摩托车使用者。一个行人被车辆撞击后死亡的可能性随车速的增加而急剧增加。图 10.10 所示为一个与车辆碰撞的行人身体部位与车辆接触情况。

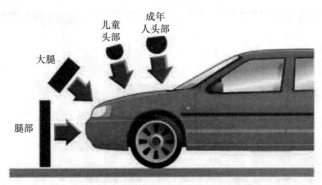

图 10.10　行人身体部位与车辆碰撞情况

在多数严重和致命事故中，之所以造成伤害是因为车辆局部生成的负荷和加速度超过了人体的承受能力。如果车辆行驶速度超过 30km/h，其所造成的伤害将超过人体的承受能力。行人被 50km/h 速度的车辆撞击时，死亡的风险约 80%（图 10.11）。对汽车乘员来说，佩戴安全带和驾驶设计良好的车辆,一般可以为他们提供不超过 70km/h 的正面碰撞和多数的 50km/h 的侧面碰撞情况下的保护。如果道路基础设施和车辆之间的界面设计良好并进行了碰撞防护,如在路侧护栏尖端放置防撞垫,那么还可以承受更高的速度。

与年轻人相比,老年人更处于弱势地位。65 岁或以上的行人被车速 75km/h 的小轿车撞击导致死亡的概率在 60% 以上,相比之下,15 岁以下的年轻人的这一概率只有 20%。

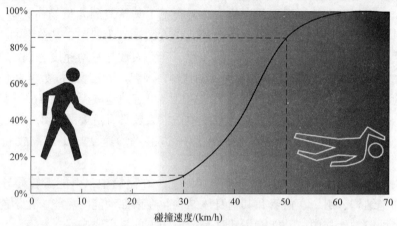

图 10.11　行人与车辆碰撞遭受致命伤害的可能性

2. 速度与道路交通事故和伤害的关系

大多数道路安全专家认为,造成世界上道路死亡的最重要的单个成因是不良的速度选择,通常解释为不恰当的车辆速度,或"超速"。由于多种原因,更高的速度增加了事故发生的风险。一个驾驶员很可能会失去对车辆的控制,不能及时预见到面临的危险,并且也会引起其他道路使用者对车辆速度的错误判断。

(1) 制动和反应时间

很明显,在特定时间内,在更高速度情况下车辆行驶的距离要更长,并且驾驶员或骑行者对道路前方不安全情况做出反应期间行驶的距离也更长。此外,经过驾驶员反应和制动后,在高速情况车辆停车距离也会更长。

研究表明,反应时间可以短到 1s,但多数反应时间介于 1.5~4s(图 10.12)。

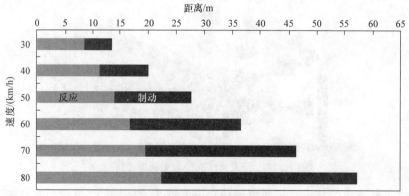

图 10.12　紧急制动下停车距离示意图

在很多国家,过高和不当的速度是最大的道路安全问题。虽然鉴别交通事故的成因可能会有一定的主观性，但有调查和研究表明，死亡事故中多达 1/3 涉及超速这一因素。在所有碰撞事故中，速度是一个加重伤害的因素。

（2）速度与事故

1997 年，Anderson 及 Nilsson 研究了速度对碰撞及死亡的影响（图 10.13）。研究发现，更高的速度增大了事故、伤害和死亡概率，而降低速度会减小这些概率。Power 模型估计了改变平均速度对交通事故发生及其严重程度的影响，它认为平均速度增加 5%，将导致与伤害有关的事故数量增加约 10%，与死亡有关的事故数量增加约 20%。

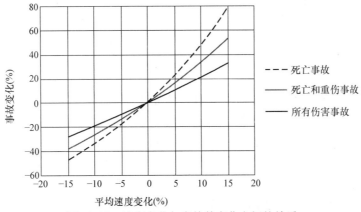

图 10.13　速度变化与事故数变化之间的关系

对事故发生前一瞬间的行驶速度统计表明，车速较高的事故在中国、美国有所增加，在日本有所降低（图 10.14）。在我国，60% 的交通事故发生在 50km/h 以下；而在日本，90% 的交通事故发生在 50km/h 以下（图 10.15）。

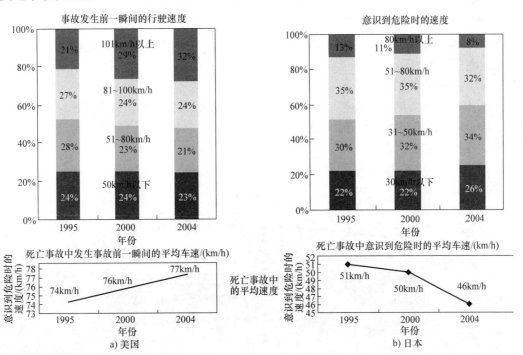

图 10.14　事故发生前一瞬间的行驶速度统计

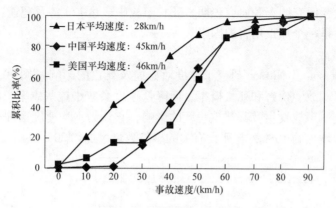

图 10.15　事故速度分布

（3）速度与视距的关系——交通安全的关键问题

视距是指具有指定标准视线高度的驾驶员对路上标准高度障碍物连续可见的道路长度，通俗地讲就是驾驶员在行车期间能够清楚地看到的前方道路某处的距离。行驶车辆前方的视距和视野对于在行车辆安全和高效运行极为重要，这是因为驾驶员在驾车过程中对速度和行车路线的选择，主要取决于其所能看清的前方道路及其周围的瞬时交通环境。因此，足够的视距和清晰的视野是保证行车安全的重要因素之一。

视距是道路几何设计的重要参数，其长短对于行车安全、行车速度以及通过能力都有很大影响。视距根据行车状态具体场景的不同，可进一步分为停车视距、会车视距、错车视距、超车视距，此外还有弯道视距、纵坡视距、平面交叉路口视距等。

停车视距是指驾驶员在行车过程中看到同一车道上的障碍物时，从开始制动至到达障碍物前安全停车的最短距离。根据前述对汽车制动过程的讨论，停车视距 S_T 为

$S_T = S_F$（驾驶员在反应时间内车辆行驶的距离）$+ S_Z$（开始制动至停车的制动距离）$+$

$\quad S_A$（安全距离）

$\quad =$ 反应距离 + 制动距离 + 安全距离

由图 10.16 可以看出，车速为 30km/h 时，停车视距约为 13m，行人受伤情况为 0；车速为 50km/h 时，行车视距加倍，行人受伤情况为严重。一般来说，车速越高，停车视距越长，行人受伤情况就更为严重。

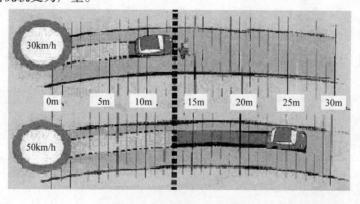

图 10.16　车速与视距的关系

其他类型视距可按照具体场景依此类推，涉及具体分析计算参见第3章。

（4）超速行驶与酒后驾驶

"超速"包括两层含义：驾驶员操控车辆的速度"明显"超过法律规定的法定限速值；在某些特定道路状况（如路侧人群众多或车流拥堵）下，驾驶员操控车辆的运行速度虽在法定限速值内，但从道路交通安全的观点来说，此运行速度已明显不合理。

2006年，Aarts及van Schagen对车速与碰撞之间的关系进行了研究。二者之间的具体关系是复杂的，并且依赖于大量的实际因素。然而，一般来说，速度越快，发生碰撞的风险越大，且碰撞中受伤更加严重。容错的安全理念正是试图最小化这两种情况。当道路上的车速增加时，碰撞率也会增加。根据澳大利亚Kloeden等人的研究小组于1977年得出的结论，超速与酒后驾驶同样危险（图10.17）。

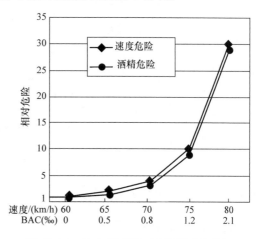

图10.17　澳大利亚城区道路酒后驾驶与超速行驶的危险

（5）超速与翻车

超速增加了翻车的可能性。汽车行驶转向时会产生离心力，离心力的大小与弯道半径成反比，而与车速的2次方及车的质量成正比。在质量和弯道半径一定的情况下，车速增加2倍，离心力将增加至原来的4倍。因此，车速越高，产生的离心力越大；离心力越大，横向的作用力也越大，当车辆遇急转弯或遇紧急情况而急打转向时，就很容易发生翻车事故。

（6）流量分布、超速与速度差

从"流量分布"角度看，当道路上车流量均匀分布时，随行驶车辆增多，事故率反而降低；当车流量非均匀分布时，事故发生率与非均匀车流量呈正相关，即车流量越大，事故率越高。从"超速"角度看，首先，超速常伴随超车行为，增加了车流交叉、冲突的可能性，加大了事故隐患的可能性；其次，超速易导致车辆在做曲线运动时，外部所提供的横向力不足，使车辆操作性、稳定性遭到破坏，从而导致交通事故；最后，超速会造成驾驶员受交通信息刺激的感受减弱、反馈思考信息的时间减少、视距缩短及视野变小等不良后果，易引发交通事故。从"速度差"角度看，通常认为车流中车辆速度的离散程度越大，交通事故率就越高，并有以下亿车千米事故率（AR）与车速标准差（σ）的关系模型成立：

$$AR = 9.5839e^{0.0553\sigma}$$

美国联邦公路管理局数据显示，车辆速度的差值的绝对值在10km/h之内时，百万车公里交通事故率为0.46；而当车辆速度的差值的绝对值增加到20km/h以上时，百万车公里的交通事故率增加到了2.67。

对不同等级公路运行速度的研究结果表明，机动车运行速度与平均速度之差与交通事故率呈U形曲线关系，车速与平均车速的差值越大，事故率越高（图10.18）。车辆以接近运行速度V_{85}的速度行驶时，事故率维持在较低水平。

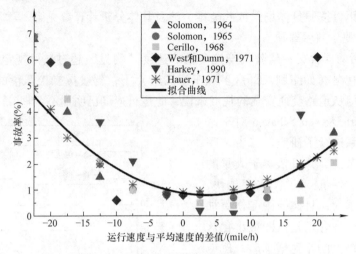

图 10.18　速度差与事故率的关系（见彩插）

10.3.2　基于速度的交通事故分析

1. 速度与事故的关系

交通事故调查分析常以速度来鉴定事故主要原因，说明速度对事故的发生起着举足轻重的作用。目前，国内外交通研究人员对事故与速度的关系进行了大量、广泛、深入的分析研究并取得了共识，美国、英国、法国、德国、加拿大等都认为速度与事故之间的关系十分密切。加拿大对城乡双车道公路调查分析后得出的平均速度、速度差与伤亡事故率的关系式为

$$r = 0.01802V_a + 0.01884V_d - 1.94294$$

$$R^2 = 0.9598$$

式中，r 为伤亡事故率；V_a 为速度累积曲线中的 85% 位车速；V_d 为速度差，$V_d = V_{85} - V_{15}$；R^2 为相关系数。

在对大量的事故多发地点（不包括道路交叉口）进行速度调查后发现，速度、速度标准差与事故率间的关系并不十分密切，其回归公式为

$$r = 0.08273V_a + 0.07502V_s - 1.606$$

$$R^2 = 0.6944$$

式中，r 为事故率；V_s 为速度样本标准差；V_a 为平均车速；其他符号意义同上。

其回归系数并不太高，但是当加入速度单位长度变化率 V_c 后，其回归公式为

$$r = 0.1801V_a + 0.2303V_s + 0.2303V_c - 11.07$$

$$R^2 = 0.9827$$

式中，V_c 为平均速度在 100m 长度上的变化值，为实际测量的换算值；其他符号意义同前。

速度单位长度变化率在一定程度上反映了速度的连续性，也反映了驾驶员操作强度大小及对车辆性能的考验，因而其大小将对事故产生直接影响。相关系数达到 0.9 以上，可以证明速度与事故相关性很强，在一定意义上可以通过对速度的研究来实现对事故的研究。

目前在道路交通管理实践中，经常采用路段平均车速与地点车速检测并举的方法来实施道路交通的速度管理，较好地规避了驾驶员的投机心理，体现了交通过程中速度一致性的理

念，具有较好的运用价值。

2. 速度与道路条件的关系

道路条件对交通流的影响主要体现在速度上，而交通流变化复杂的地段也将主要是事故多发地段。在人、车、路组成的交通系统中，人作为系统中枢总是不断从道路环境中汲取信息，并根据自己的车辆性能、驾驶经验和个人习性做出分析判断，不断调整车速，从而达到安全、快速行驶的目的。因此，不同的道路条件其行驶车辆的平均速度也不同。

同时，由于驾驶经验、个人素质、行驶车辆的机动性能的不同，驾驶员对各种道路条件做出的反应也不同，其选择的行驶速度也不同，这种不同可以用速度方差来表示。对速度方差与道路条件进行试验分析以后发现其存在密切的关系，同时速度变化率与道路条件同样有着很强的相关性。

这里以道路几何线形条件与速度的关系为例进行说明，其结果的得出是通过对特定道路条件（现实道路条件及人为创造道路条件）进行观测分析的结果。这样进行统计分析时，其样本具有一致性、可比性和代表性，其结果的应用性也很强。

在对多条长度4km以上的长直线统计后得出结果如图10.9所示。另外，当道路条件发生变化后，要求其行车速度相应地发生变化，于是造成速度在道路沿线的不同分布。同样，不同速度之间相互转化时，加速、减速需要的过渡段长度也不相同，造成速度单位长度变化也不同。

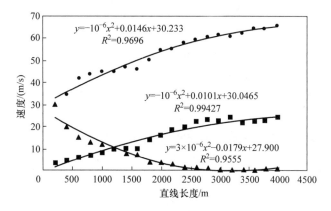

图 10.19　直线长度与速度变化的关系

$$V_a = -10^{-6}x^2 + 0.0146x + 30.233$$

$$V_s = -10^{-6}x^2 + 0.0101x + 30.0465$$

$$V_c = 3 \times 10^{-6}x^2 - 0.0179x + 27.900$$

式中，x 为直线长度。

代入 r 计算式得：

$$r = 0.566 \times 10^{-6}x^2 - 0.001238x + 1.525$$

r 存在最小值，将 x 值代入上式，解得 $r = 0.8568$，即存在最佳直线段长度为 1.1km 时使事故率达到最小，为 0.84/(100 万车·km)。

这一结果与勘测设计的思路基本符合。设计中要求直线长度不宜过短，但也不宜过长，因为过短可能造成驾驶员心理紧张，加、减速频繁，操作强度增大，也可能在视线上造成误导。直线长度过长，可能造成超速行驶，超车频率增加，同时可能造成疲劳驾驶。另外，长直线造成行驶速度过高使事故的严重性急剧增加，因此要力争控制直线长度。

按照常用判断事故多发地点的标准，连续 3 年内在长度不大于 4km 的路段内出现的事故多于 3 次，即认为是事故多发地段，可根据设计交通量来换算出事故率大小。假设昼夜交通量为 2000 辆，在 4km 的道路上发生 3 起交通事故，换算其事故率为

$$r = 3 \times \frac{1000000}{4 \times 365 \times 2000} = 1.028 / (100 \text{ 万车} \cdot \text{km})$$

推出合理的直线设计长度范围：

$$0.566 \times 10^{-6} x^2 - 0.001238x + 1.525 \leqslant 1.028$$

可以解得：$x_1 = 450$；$x_2 = 1756$。也就是说，要想控制直线上的事故率，达到不出现最低事故多发地点的要求，应该力争控制直线长度在 450~1756m 范围内，表 10.2 是规范中关于直线长度的要求。

表 10.2 规范中关于直线长度的要求

计算行车速度 /(km/h)	最大直线长度 /m	最小直线长度/m	
		同向曲线间	反向曲线间
100	2000	600	200
80	1600	480	160
60	1200	360	120
40	800	240	80

可见，由于试验是在二级公路上进行的，分析结果与设计车速 80km/h 的规定基本相同，证明上述分析比较符合实际情况。

同样，可针对不同的曲线半径，分别选取若干样本，并在曲线前方截取相同的直线长度分析曲线半径与速度的关系，也可分析线形的组合与速度的关系，以及其他各种道路条件与速度的关系，进一步分析各种道路条件组合与事故率的关系。

10.4　车速审计

大约从 1985 年起，道路研究人员开始注意到应在道路的整个建设与运营过程中采取一定的措施，以尽可能在早期消除道路的不安全因素。最初在英国开始逐步应用道路安全审计技术，期望在道路的规划、设计、施工、运营的每个阶段，检查道路的不安全因素和事故隐患，从而降低事故率。1992 年以后，澳大利亚、新西兰等国也相继应用这项技术，澳大利亚在 1994 年完成了《道路安全审计指南》。美国在 1994 年提出交互式道路安全设计的概念，其本质就是将道路设计和道路安全审计整合为一体，运用车辆动态模型、一致性模型、事故预计模型、路侧安全结构模型、驾驶员模型、交通流模型、政策评价模型和费用、效益模型等几个子模型，对道路设计过程中不符合安全要求的设计加以指出并校核，从而使设计成果既符合有关的道路设计规范，又满足道路安全审计的一系列要求，最大限度地保证道路用户的安全和社会效益。

道路安全审计的详细内容包括道路线形、道路路况、车速等多方面内容。这里针对其中涉及运行车速安全评价的部分进行阐述。

10.4.1 运行车速在道路安全审计中的评价指标

车辆进入危险路段制动时的速度变化强度，即减速度，是车速变化状态最客观的指标。但是，在分析交通安全条件时应用这个指标会使分析复杂化，而且由于交通流中汽车速度以概率性质分布，从而会影响到从本质上分析出的结论的明确性。因此，沿道路长度方向行车速度变化图上车速降低的数值，是保证道路交通安全的指标。其中车速降低的数值包括 ΔV 和 SRC。

1. 相邻路段车速差值 ΔV

路段是指在适当的路段划分原则下形成的多个道路单元。每一道路单元（即单个路段）应具备相似的线形特征和恒定的车速，因此，如何划分路段是确定两相邻路段车速变化的基础。路段划分原则如下：首先，每个直线自成一段，半径大于600m的大半径曲线应视为直线；当直线位于两小半径曲线段之间，且长度小于或等于临界值160m时，该直线段为短直线段，可以认为在此路段上车辆运行车速不发生变化。短直线段临界长度的确定难以通过定量计算来实现，一般情况下这是一个经验值。在国外的研究成果中，瑞士取定的短直线段临界长度为145m，澳大利亚取定的短直线段临界长度为200m。根据实际可能存在的短直线长度，以及对我国驾驶员行为的研究，通常认为取定160m是适宜的。其次，小半径曲线段应单独划分为一个分析路段。相邻路段车速差值 ΔV 是保证线形设计质量的关键参数，也就是保证同一设计区段内，驾驶员能够采用连贯的驾驶方式行车，从而避免或最大限度地减少由于出乎意料或判断失误造成的操作错误，提高驾驶的稳定性和安全性。

$$\Delta V = |V_{85i} - V_{85i-1}|$$

式中，V_{85i} 为调查断面上的85%车速；V_{85i-1} 为连续的前一断面的85%车速。

车速差值法建议，当两相邻路段上的运行车速差值不超过10km/h时，线形设计为优；当两相邻路段上的运行车速差值在10~20km/h之间时，线形设计为一般；当两相邻路段上的运行车速差值超过20km/h时，线形设计为差。优秀的线形设计事故率为0.56次/（百万辆·km），一般的线形设计为1.44次/（百万辆·km），而差的线形设计为2.76次/（百万辆·km）。这种将 ΔV 作为评价交通安全的手段，在美国及欧洲许多国家得到广泛的应用。

2. 车速降低系数（Speed Reduction Coefficient，SRC）

在实际运行中，车辆从60km/h减速到30km/h和从120km/h减速到90km/h的速度变化率是不一样的，前者发生事故的可能要大于后者。因此，在 ΔV 方法的基础上，需引进国外的SRC方法。采用如下计算公式：

$$SRC = \frac{V_{85i}}{V_{85i-1}}$$

莫斯科国立大学的学者们对15000多辆汽车进行了观测，得出事故率与SRC的关系如图10.20所示。研究认为，车速降低系数、加减速度和年平均事故率之间有着可量化的联系。这种方法对于新建道路桥梁较为适用，在建设初期既不需要大量的历史数据进行回归，又不需要大量的统计资料支持，使道路工作者在道路建设初期就能够预测道路的使用性能，从而最大限度地满足安全规范的要求。

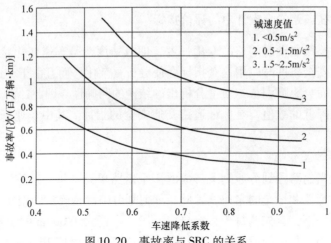

图 10.20 事故率与 SRC 的关系

10.4.2 速度安全评价指标标定

1. ΔV 的标定

瑞士的 ΔV 要求：两连续曲线路段或连续的曲线和直线路段之间，小客车运行车速之差不应超过 20km/h，尤其当路段运行车速小于 70km/h 时，车速变化要小于 10km/h。

澳大利亚采用的 ΔV 要求：两连续路段的预测运行车速之差不宜超过 10km/h。

美国 Leisch 设计方法的 ΔV 也称作 16km/h 原则：①在采用同一计算行车速度的路段内，平均小客车车速的变化不应超过 16km/h；②当相邻路段计算行车速度需要降低时，降低值不应超过 16km/h。

部分国家 ΔV 取值见表 10.3。

表 10.3 国外相邻路段运行速差取值

国家	美国	瑞士	澳大利亚
$\Delta V/(\mathrm{km/h})$	16	20	10

参考国外经验，建议我国的 ΔV 指标为：两相邻均匀路段之间小客车运行车速之差不可超过 20km/h，大货车运行车速之差不可超过 15km/h。

2. SRC 的标定

参考国外 SRC 值，建议制定我国 SRC 值见表 10.4。

表 10.4 基于 SRC 的安全指标

交通状态		加减速度/$(\mathrm{m/s^2})$			
		<0.5	0.5~1.5	1.5~2.5	2.5~3.5
初始速度 90~100km/h	无事故	>0.55	>0.7	>0.75	>0.8
	事故较少	0.45~0.55	0.55~0.7	0.6~0.75	0.65~0.8
	事故多发	<0.45	<0.55	<0.6	<0.65
初始速度 100~110km/h	无事故	>0.75	>0.8	>0.85	>0.85
	事故较少	0.6~0.75	0.65~0.8	0.7~0.85	0.7~0.85
	事故多发	<0.6	<0.65	<0.7	<0.7

ΔV 法和 SRC 法作为两种道路安全评价指标，二者既是互相区别也是相辅相成的。二者的不同之处在于：ΔV 法反映了道路不同路段上的运行车速梯度差，而 SRC 法则表征了道路前后路段上的运行车速比值的大小。在实际运行中，车辆从 60km/h 减速到 30km/h 和从 120km/h 减速到 90km/h 的速度变化率是不一样的，前者发生事故的可能要大于后者，此时运用 ΔV 法很难看出这两种减速情况的安全程度，而 SRC 法则可以判定两种减速情况的优劣。同理，车辆从 60km/h 减速到 30km/h 和从 120km/h 减速到 60km/h 的车速比值是一样的，但 ΔV 值不同，后者发生事故的可能要大于前者，应选用 ΔV 法判定其安全程度。同样是反映道路安全的指标值，二者也存在着内在的联系。一般来说，ΔV 与 SRC 成反比关系，因此在一条道路的安全评价中，经常将二者结合起来，综合地评价道路各路段的线形质量。

10.5 基于速度的交通工程对策

10.5.1 道路在规划和设计时应考虑安全性问题

1. 伤害的危险性来自于规划与设计不当

在城市，至少有 7 类机动车和非机动车，此外还有行人和骑行者共同使用道路。动能的差异（重型汽车高速行驶和轻型车辆低速行驶）使许多乘机动车者处于高度的伤害危险之中。

在我国，道路网络的规划以及多数道路的设计主要是从机动车使用者的角度来考虑的。从步行者和骑行者的角度来看，把他们的出行同高速行驶的机动车混杂在一起是最大的道路安全问题。只有当机动车行驶速度低于 30km/h 时，行人和骑行者才相对较为安全。即使如此，他们也必须与机动车隔开，为在独立设置的人行道、自行车道或通道上出行。从行人和骑行者的角度来看，横越交叉道口是第二个重要的道路交通安全问题。在城市里，许多致死性的自行车事故或严重的碰撞主要发生在交叉道口。

2. 在道路设计时的安全意识

高度关注安全的道路网络是由等级分明的道路组成的，各级各类道路有其特定的服务功能。1998 年，荷兰制定了一个将道路重新分类和改建的规划，使每一条道路都有一个清晰明确的功能。一项早期的研究预测，把所有道路进行功能上的分类可使每车千米行程的道路交通伤亡平均下降 1/3 以上。

3. 适合道路功能的设计

每一条道路的设计应根据其在道路网络中特定的功能而定。判断一条道路的设计是否合理，一个关键的特征是能够使驾驶员自然地遵从该路段所设计的速度限制。

较高速度的道路（机动车道、快速路和多车道高速公路）应该具备以下条件：限制进入；大半径的水平或垂直弯道；防撞路肩；中间隔离屏障；设有分级的进口/出口分叉坡道。如果具备这些条件就是最安全的道路。同时，应为两轮摩托车设立专用车道。

乡村道路应该具备以下条件：设置供超车和拐弯横越对面来车时使用的环形车道；设立中间防护栏，防止在危险路段超车；在交叉口设立指示灯；道路交叉处设置环形路；在急转弯处建立限速提示标识；定点设立限速提示；设立减速振动带；除去路旁危险物（如树木和立杆等）。

过渡的道路起着连接较高速道路和较低速道路的作用，或者从高速路段进入低速路段（如进入村庄的乡村公路）的作用。这些道路应该有标识和其他设计特征来提醒驾驶员及时减速，也可在人行道和弯道设置减速振动带、减速路障和视觉警示。在加纳的一些地方，由于设置振动带使碰撞事故减少了35%，死亡率降低了55%。

某些道路允许居民穿行，这些道路应把车速限制在30km/h以下，并设立标识以保障交通安全。

10.5.2 安全性评价

在每一项新的道路工程中，道路安全性评价通常需要经过可行性研究、草案设计、详细设计、开工前和开工数月后5个阶段进行。评价工作应由资深的、独立于工程小组的评价小组来完成。

多数国家并不开展此类评价，但也有如马来西亚等一些国家在这样做，可以提供借鉴。安全性评价的成本 - 效益分析发现，这样做是极其有效的，投资可在早期得到回报，而且之后会显著节约花费。丹麦的一项研究发现，13个实施安全性评价的工程首年回报率超过100%。新西兰运输公司（Transit New Zealand）估计，潜在的成本 - 效益比约为1:20。在对工程计划书修改之前，应结合区域性安全性影响进行评估，有助于优化整个道路网络的安全性。

10.5.3 提供可见度好的、防撞性能优良和智能型的车辆

降低因车辆设计缺陷和维护不良导致伤害的危险、改善车辆和弱势道路使用者的可见度、完善机动车辆的防撞性能等内容。

近期英国的一项研究得出的结论指出，如果能综合改进车辆、道路、法律和执法，就能使致命的或严重的道路交通碰撞数量减少33%，仅对车辆进行改进就能获得减少15.4%的结果。

10.5.4 交通平抑技术

交通平抑技术（Traffic stabilization technology）是指在居住区和有许多行人及非机动车的街道，采取措施降低机动车的行车速度。交通平抑技术包括在道路上设置障碍和缩窄行车道宽度。可以采用水平绕行设施，如环岛、路口突出物、斜坡、树井和倾斜的中央隔离带等影响心理的装置，强制驾驶员接受，从而降低车速。

10.5.5 制定和实行速度限制

速度限制对于道路使用者来说是非常现实的，那些能主动限制速度的驾驶员通常会自觉遵守交通法规。速度摄像仪和雷达测速器可以捕获驾驶员超速驾驶的画面。

从交通工程的角度来看，通常采用以下4种方法来设定限制车速：

1）工程方法：以交通工程学原理，对道路基础设施条件和交通状况进行调查分析，如行人穿越道路、中间隔离带等，考虑各项因素而制定限制速度。工程方法又分为运行速度法（以第85百分位速度为基准点设置限制速度）和道路风险法（以道路功能分类和设计参数为基准设置限制速度）。

2）专家系统方法：限制速度由计算机程序设定，该程序是由美国联邦管理局编写，利

用积累的相关知识和经验，由计算机模拟判断，提供最合适的限制速度。该系统存储有知识库，在得到特定的条件数据后，可进行分析模拟道路条件和交通状况，得出适合条件的限制速度值。

3）最佳优化方法：以减少运输的总社会成本来设定限制速度。确定最佳限制车速时要考虑旅行时间、车辆运营成本、道路交通事故、交通噪声和空气污染等因素。

4）伤害最小化或安全体系方法：根据可能发生的碰撞类型，撞击力产生的结果以及人体对这些力的耐受性来设置限制速度。

10.5.6　限速技术手段

对各类道路上行驶的各种车辆的行驶速度的限制都有明显的规定。要达到这个要求，国内外的实际情况证明采用下列措施是有效的。

1. 运用限速标志降低车速

在标志牌上标明最大行车速度，用以提示驾驶员降低速度。在韩国，高速公路的限速标志标明最大值和最小值，其目的是缩小交通流的分布范围，保证车辆稳定、顺畅行驶。

2. 运用心理学原理降低车速

1）连续设置同类交通标志。在我国高速公路出口会设置一组出口预告（出口预告、出口2km预告、出口1km预告、出口500m预告），用以提示驾驶员距离目的地越来越近，从而给驾驶员一种步步逼近的心理效应，自然地降低车速。在高速公路终点接地方路段（俗称断头路），是事故多发段，在设计中常常在路段连续设置标有120km/h、100km/h、80km/h、60km/h、40km/h的限速标志，并且在限速标志处设置减速标线，这种做法使驾驶员连续降低车速效果很好。

2）路旁绿化。在危险的交叉口附近种植乔木，使乔木的树梢连接在一起。这样一来，驾驶员视觉上认为道路狭窄，感觉道路受到森林地带的障碍，从而自发地降低车速。

3）路面标识、标线。常用的路面交通标识是在行车道上施画有限制车速的数字，它主要是法规上的作用，心理上作用不明显。在路面上施画减速标线（虚线或实线）的道路交通标识，会对驾驶员产生要降低车速的明显的心理效果。

4）彩色路面。在道路交叉口、急弯处、下坡处采用彩色路面，用以提醒驾驶员降低车速。

5）采用塑料交通警察和雷达测速区标志。这两种方法都是对驾驶员形成一种威慑作用，当驾驶员看到这两种标志时，都会有一种惧怕心理，担心有交通警察或有固定的雷达测速，于是本能地降低车速。

3. 采用物理方法降低车速

1）粗糙路面。在限制车辆行驶的步行区，将原来平整路面改为凹凸的粗糙路面，限制车辆的速度。这种路面对行人步行没有不舒适的感觉，但对车辆行驶速度有显著的抑制作用。

2）振动标线。在标线上等距离设置高出路面的突起，车辆压过去的时候，会发出振动的声响，提醒驾驶员减速。该方法在公路上及城市道路广泛使用，效果明显。

3）限速丘。路丘的设置在不损害车辆的情况下，被证实能有效地将速度降低20～30km/h。不同类型的使车道变窄的障碍物的应用也能使车辆减速，但这种限速丘对驾驶员来说，只能用适当的速度行驶，否则就会造成一种不舒适感。

以上提及的标志、心理因素、物理因素的限速方法已被证明可有效地控制路段的平均速度。最佳平均速度不同于道路的设计速度，设计速度是根据道路不同等级及地形测算的速度。目前，道路的设计速度往往成为道路的限速值，而最佳平均速度是道路交通流理想的平均速度，不能作为限速值；限速是达到最佳平均速度的手段。

思 考 题

1. 何为道路交通速度管理？
2. 试阐述车速与交通量的关系。
3. 速度管理中最高限制速度和最低限制速度是如何确定的？
4. 如何开展车速审计？
5. 基于速度的交通工程对策有哪些？
6. 何为安全性评价？
7. 简要介绍限速的技术手段有哪些。

参 考 文 献

[1] 刘志强. 道路交通安全研究方法 [J]. 中国安全科学学报, 2000 (6): 17-22.

[2] 刘志强, 蔡策, 童小田. 我国道路交通安全现状分析 [J]. 公路交通科技, 2001 (2): 70-73.

[3] 刘志强, 王文锦, 李亚政, 等. 论道路交通安全环境 [J]. 中国安全科学学报, 2002 (4): 30-33.

[4] 刘志强, 宫镇, 蔡东. 道路交通事故多发点鉴别 [J]. 交通运输工程学报, 2003 (2): 120-123.

[5] 刘志强, 赵艳萍. 中国交通安全技术分析 [J]. 中国安全科学学报, 2003 (8): 21-24.

[6] 刘志强. 道路交通事故预测方法比较研究 [J]. 交通与计算机, 2001, 19 (5): 7-10.

[7] 刘志强, 王兆华, 钱卫东. 基于速度的交通事故分析 [J]. 中国安全科学学报, 2005 (11): 35-38.

[8] 刘志强, 汪旸. 驾驶员疲劳监测方法设计 [J]. 农业机械学报, 2006 (4): 26-29.

[9] 刘志强, 汪旸. 基于机器视觉的驾驶疲劳检测方法 [J]. 中国制造业信息化, 2006 (3): 63-66.

[10] 刘志强, 钱卫东. 中美日道路交通安全状况比较分析 [J]. 现代交通技术, 2005 (5): 61-64.

[11] 刘志强, 龚标. 中国道路交通安全现状和对策 [J]. 安全与环境学报, 2004 (S1): 76-78.

[12] 刘志强, 陈彦博, 葛如海. 基于路面图像对称性的车道偏离识别方法研究 [J]. 汽车工程, 2007 (7): 626-629.

[13] 葛如海, 陈彦博, 刘志强. 基于计算机视觉的驾驶疲劳识别方法的研究 [J]. 中国安全科学学报, 2006, 16 (9): 134-138.

[14] 刘志强, 李伟强. 基于驾驶员视角的汽车行驶轨迹跟踪模型 [J]. 农业机械学报, 2007 (7): 35-38.

[15] 刘志强, 温华. 基于单目视觉的车辆碰撞预警系统 [J]. 计算机应用, 2007 (8): 2056-2058.

[16] 刘志强, 汪澎, 张建华, 等. 交通事故再现技术研究现状与发展趋势 [J]. 中国安全科学学报, 2007 (4): 16-20, 177.

[17] LIU Z Q, QIN H M, WANG Y, et al. DDDS design for drowsy driver detection system [J]. Journal of Jiangsu University (Natural Science Edition), 2008 (1): 25-28.

[18] LIU Z Q, LI W Q. The preview model of automobile traveling path based on driver heading angle [C] //The 14th Asia Pacific Automotive Engineering Conference. [S. l. : s. n.], 2007: 35-38.

[19] 王光娟, 詹永照, 刘志强. 基于 DM642 的嵌入式疲劳驾驶监测系统的实现 [J]. 计算机应用, 2007 (10): 2612-2614.

[20] 刘志强, 汪澎, 张建华. 斜碰撞再现反推算法研究 [J]. 公路交通科技, 2009 (1): 148-152.

[21] 呼长春, 詹永照, 刘志强. 基于边缘特征的车道偏移检测与预警 [J]. 计算机应用与软件, 2009, 26 (1): 118-119, 128.

[22] 刘志强, 秦洪懋, 汪旸, 等. 驾驶疲劳监测系统 DDDS 设计方法 [J]. 江苏大学学报 (自然科学版), 2008, 29 (1): 25-28.

[23] 刘志强, 王运霞. 公路雾区探测与预警系统 [J]. 公路交通科技 (应用技术版), 2008 (9): 157-160.

[24] 王运霞, 刘志强, 黄成. 基于 BP 神经网络的路基工程投资估算模型 [J]. 中外公路, 2008 (2): 66-68.

[25] 王运霞, 王磊, 刘志强. 道路线形组合与交通安全的关系 [J]. 公路与汽运, 2008 (1): 51-54.

[26] 刘志强, 张海水, 詹永照. 基于红外差频嵌入式疲劳驾驶监测系统的研究 [J]. 计算机工程与设计, 2009, 30 (9): 2096-2097, 2300.

[27] 刘志强, 程红星, 王运霞. 车辆防撞检测技术研究 [J]. 公路交通科技 (应用技术版), 2008 (6):

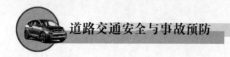

32 – 35.

[28] 刘志强，王运霞，黄成. 基于 85MSR 的道路线形连续性评价方法研究 [J]. 公路交通科技（应用技术版），2008（6）：36 – 38.

[29] 刘志强，张建华，王运霞，等. 基于 ITS 的道路速度管理方法研究 [J]. 公路交通科技（应用技术版），2008（6）：39 – 41，45.

[30] 刘志强，王运霞，黄成. 交互式道路安全设计模型 IHSDM 与设计一致性模型 DCM 的应用 [J]. 公路交通科技（应用技术版），2008（6）：42 – 45.

[31] 刘志强，陈洁，宋世亮. 双车道公路设计一致性评价软件开发及应用 [J]. 公路交通科技（应用技术版），2008（6）：46 – 50.

[32] 倪捷，刘志强，张晓娜. 双车道公路速度与流量关系及限速研究 [J]. 公路交通科技（应用技术版），2008（6）：51 – 52，58.

[33] 刘志强，王运霞，黄成. 双车道公路线形连续性及舒适性评价研究 [J]. 公路工程，2008（5）：45 – 47，55.

[34] 刘志强，王运霞，钱卫东，等. 双车道公路线形连续性分析与评价 [J]. 公路交通科技，2008（12）：176 – 179，193.

[35] 倪捷，刘志强. 基于蚂蚁算法的公交网络优化方法研究 [J]. 交通与计算机，2007（1）：36 – 39.

[36] 倪捷，刘志强，王运霞. 双车道公路线形一致性分析及评价 [J]. 中外公路，2009，29（1）：4 – 7.

[37] 刘志强，高亦益，高敏. 干线 T 型交叉口协调中分层控制技术的应用研究 [J]. 公路交通科技（应用技术版），2010，6（6）：258 – 260.

[38] 刘志强，宋世亮，汪澎，等. 基于视觉的车辆侧后方道路图像检测技术 [J]. 计算机工程与设计，2010，31（12）：2800 – 2803.

[39] 刘志强，仲晶晶，汪澎，等. 不确定背景环境下车道检测技术的研究 [J]. 中国安全科学学报，2009，19（12）：159 – 164，204.

[40] 许波文，张建明，刘志强. 基于分段归类拟合算法的车道检测系统 [J]. 计算机工程与设计，2009，30（20）：4766 – 4769.

[41] 钱卫东，刘彬霞，刘志强，等. AHP – SWOT 法在道路交通安全改善策略中的应用 [J]. 中国安全科学学报，2009，19（4）：121 – 126.

[42] 钱卫东，刘志强. 基于灰色马尔可夫的道路交通事故预测 [J]. 中国安全科学学报，2008（3）：33 – 36，179.

[43] LIU Z Q, WANG P, ZHONG J J. The study of driver distraction characteristic detection technology [C] // 2010 International Forum on Information Technology and Applications. NYC：IEEE, 2010：188 – 191.

[44] LIU Z Q, YANG L, ZHANG G D. Pylon course slalom test and simulation of the hydraulic power steering system vehicle [C] //2011 International Conference on Electric Information and Control Engineering. NYC：IEEE, 2011：4354 – 4357.

[45] LIU Z Q, ZHANG L, LYU X, et al. Evaluation method about bus scheduling based on discrete Hopfield neural network [J]. Journal of Transportation Systems Engineering and Information Technology, 2011, 11（2）：77 – 83.

[46] LIU Z Q, CHEN J, NI J, et al. Restriction analysis of residual capacity of intersection on land development intensity [J]. Journal of Transportation Systems Engineering and Information Technology, 2011, 11（1）：73 – 78.

[47] ZHANG X N, HE R, LIU Z Q, et al. Moving vehicle detection method based on Gaussian mixture model of spatial information [J]. Journal of Jiangsu University（Natural Science Edition），2011, 32（4）：385 – 388.

［48］秦洪懋，刘志强，汪澎．基于多通道信息融合的疲劳驾驶行为分析研究［J］．中国安全科学学报，2011，21（2）：115－120.

［49］刘志强，翟营，秦洪懋．梯度向量直方图的行人检测［J］．机械设计与制造，2011（11）：245－247.

［50］张建明，张玲增，刘志强．一种结合多特征的前方车辆检测与跟踪方法［J］．计算机工程与应用，2011，47（5）：220－223，241.

［51］张晓娜，何仁，刘志强，等．基于空间信息高斯混合模型的运动车辆检测［J］．江苏大学学报（自然科学版），2011，32（4）：385－388，473.

［52］刘志强，焦立峰．疲劳驾驶的转向特征研究［J］．重庆交通大学学报（自然科学版），2011，30（3）：432－435.

［53］刘志强，杨磊，张国栋．液压动力转向车辆的蛇行试验与仿真［J］．机械设计与制造，2011（9）：161－163.

［54］钱卫东，刘志强，郑明伟，等．基于 Google 地图的交通 OD 调查方法研究［J］．中外公路，2010，30（1）：25－28.

［55］刘志强，廉飞，茅峻杰，等．人－车－路闭环系统下的车辆稳定性研究［J］．车辆与动力技术，2012（2）：18－21，34.

［56］刘志强，於以辰，汪澎．驾驶员注视行为模式识别技术研究［J］．中国安全科学学报，2013，23（6）：80－85.

［57］WANG P, LIU Z Q. Research on evaluation of vehicle dangerous traveling state based on information fusion method［C］//Advanced Materials Research. ［S. l.］: Trans Tech Publications Ltd, 2013：1018－1022.

［58］WANG P, LIU Z Q. Study on driver's unsafe gaze behavior detection technology［C］//Applied Mechanics and Materials. ［S. l.］: Trans Tech Publications Ltd, 2013：1903－1906.

［59］汪澎，刘志强．基于视频检测的交通工程学教学方法研究［J］．教育研究与实验．2013（6）：89－93.

［60］倪捷，刘志强，董非，等．工科专业课教学质量评价体系建设研究［J］．中国电力教育，2014，18（313）：17－18.

［61］刘志强，王天，冯新颖．后视镜可视化在汽车驾驶仿真系统中的实现［J］．计算机仿真，2015，32（2）：165－169.

［62］ZHOU G L, LIU Z Q, SHU W N, et al. Smart savings on private car pooling based on internet of vehicles［J］. Journal of Intelligent & Fuzzy Systems, 2017, 32（5）：3785－3796.

［63］刘志强，韩静文，倪捷．基于驾驶人特性的自适应换道预警算法研究［J］．汽车工程，2019，41（4）：440－446，454.

［64］LIU Z Q, ZHANG T, WANG Y F. Research on local dynamic path planning method for intelligent vehicle lane－changing［J］. Journal of Advanced Transportation, 2019（PT. 2）：4762658. 1－4762658. 10.

［65］刘志强，张春雷，张爱红，等．基于驾驶行为的追尾避撞控制策略研究［J］．汽车工程，2017，39（9）：1068－1073，1080.

［66］刘志强，吴雪刚，倪捷，等．基于 HMM 和 SVM 级联算法的驾驶意图识别［J］．汽车工程，2018，40（7）：858－864.

［67］刘志强，濮眖．摩擦－电磁耦合制动系统及制动模式切换控制算法研究［J］．汽车技术，2018（11）：49－53.

［68］刘志强，王一凡，吴雪刚，等．基于线性路径跟踪控制的换道避撞控制策略研究［J］．中国公路学报，2019，32（6）：86－95.

［69］刘志强，冒金堂，陈林．基于混杂理论的电磁与摩擦集成制动方法［J］．中国公路学报，2019，32（9）：183－190.

[70] 刘志强，濮眈．电动汽车连续再生制动系统防抱死制动试验研究［J］．汽车工程，2018，40（7）：804 – 811.

[71] 陶伟，刘志强．基于阻尼状态切换的装载机座椅悬架控制［J］．江苏大学学报（自然科学版），2019，40（5）：504 – 510.

[72] 刘志强，王玲，贾海江，等．基于BP神经网络的驾驶员制动行为模型研究［J］．机械设计与制造，2019（6）：37 – 41.

[73] 刘志强，韩静文，倪捷．智能网联环境下的多车协同换道策略研究［J］．汽车工程，2020，42（3）：299 – 306.

[74] 孙超，姚明，刘志强，等．复杂工程问题背景下"交通工程学课程设计"教学改革研究［J］．教育教学论坛，2020（13）：174 – 175.

[75] 刘志强，张腾．基于车联网信息的自动换道方法研究［J］．重庆理工大学学报（自然科学），2020，34（4）：11 – 17.

[76] 姬广奥，刘志强．一种基于Edline线特征的车道线识别算法［J］．河北工业科技，2020，37（3）：190 – 195.

[77] 刘志强，张光林，郑曰文，等．基于检测无迹信息融合算法的多传感融合方法［J］．汽车工程，2020，42（7）：854 – 859.

[78] 刘志强，王磊，张光林．城市工况下的两段式紧急换道轨迹规划［J］．中国科技论文，2020，15（10）：1196 – 1202，1214.

[79] 刘志强，张光林，邱惠敏．基于多传感融合的目标跟踪方法研究［J］．重庆理工大学学报（自然科学），2021，35（2）：1 – 7.

[80] 刘志强，张凯铎，倪捷．基于自然驾驶跟车数据的驾驶人差异性分析与辨识［J］．交通运输系统工程与信息，2021，21（1）：48 – 55.

[81] 郭忠印，方守恩．道路安全工程［M］．北京：人民交通出版社，2003.

[82] 刘运通．道路交通安全指南［M］．北京：人民交通出版社，2004.

[83] 王澍权．道路交通事故分析与处理方法［M］．北京：人民交通出版社，1998.

[84] 任福田，刘小明，荣建．交通工程学［M］．北京：人民交通出版社，2003.

[85] 过秀成．道路交通安全学［M］．南京：东南大学出版社，2001.

[86] 李江，等．交通工程学［M］．北京：人民交通出版社2002.

[87] 巴布可夫．道路条件与交通安全［M］．景天然，译．上海：同济大学出版社，1990.

[88] 段里仁．道路交通事故概论［M］．北京：中国人民公安大学出版社，1997.

[89] 刘志强，赵艳萍，汪澎．道路交通安全工程［M］．北京：高等教育出版社，2012.

[90] 美国土木工程师协会公路分会，公路路线设计几何与美学委员会．实用公路美学［M］．北京：人民交通出版社，1981.

[91] 大冢胜美，木仓正美．公路线形设计［M］．沈华春，译．北京：人民交通出版社，1981.

[92] 美国AASHTO协会．公路与城市道路几何设计［M］．西安：西北工业大学出版社，1988.

[93] 海顿．交通冲突技术［M］．张苏，译．成都：西南交通大学出版社，1994.

[94] 中华人民共和国交通运输部．公路项目安全性评价规范：JTG B05—2015［S］．北京：人民交通出版社，2016.

[95] 洛伦茨．公路线形与环境设计［M］．尹家骅，等译．北京：人民交通出版社．1985.

[96] HASSAN Y，SAYED T，TABERNERO V．Establishing practical approach for design consistency evaluation［J］．Journal of Transportation Engineering，2001，127（4）：295 – 302.

[97] REAGAN J A．The interactive highway safety design model：Designing for safety by analyzing road geometrics［J］．Public Roads，1994，37（4）：53 – 58.

［98］ KRAMMES R A. Interactive highway safety design model: Design consistency module ［J］. Public Roads, 1997, 61 （2）: 47.

［99］ FITZPATRICK K, WOOLDRIDGE M D , TSIMHONI O, et al. Alternative design consistency rating methods for two – lane rural highways ［J］. Drivers, 2000 （8）: 99 – 172.

［100］ HASSAN Y , GIBREEL G, EASA S M . Evaluation of highway consistency and safety: Practical application ［J］. Journal of Transportation Engineering, 2000, 126 （3）: 193 – 201.

［101］ KRAMMES R A , BRACKETT R Q , SHAFER M A , et al. Horizontal alignment design consistency for rural two – lane highways ［J］. Geometric Design, 1995, 48 （6）: 127 – 135.

［102］ GIBREEL G , EASA S . State of the art of highway geometric design consistency ［J］. Asce Journal of Transportation Engineering, 1999, 125 （125）: 305 – 313.